Auf Tour in Schleswig-Holstein

Gerhard Wagner

Auf Tour in Schleswig-Holstein

BOYENS

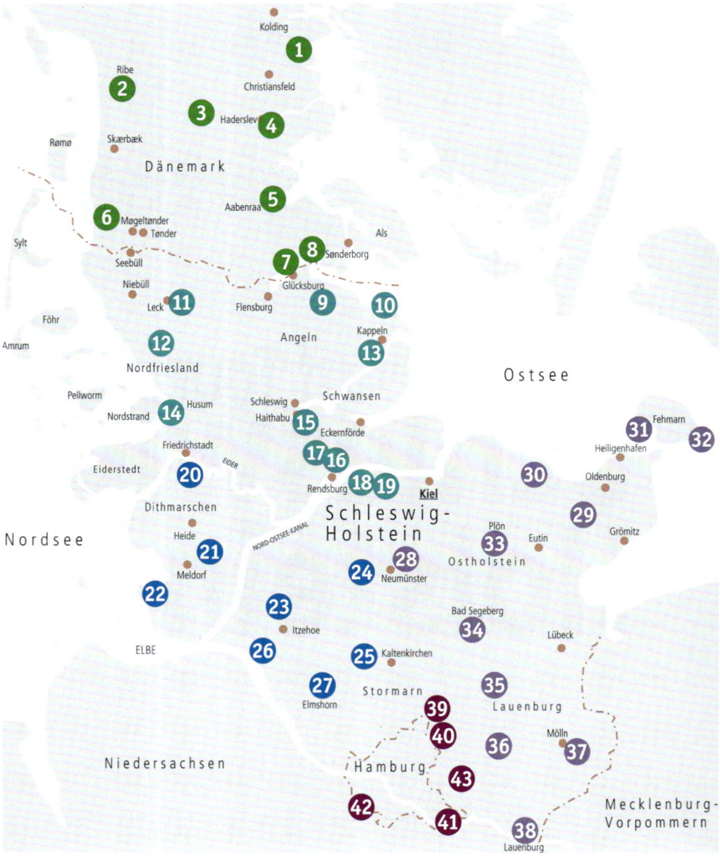

BOYENS
BUCHVERLAG

ISBN 978-3-8042-1556-6

Herstellung: Boyens Buchverlag
Fotos: Gerhard Wagner
Gestaltung: Dörte Kromrei
Druck: BELTZ Bad Langensalza GmbH, Bad Langensalza
Printed in Germany

www.boyens-buchverlag.de

INHALT

OSTHOLSTEIN UND LAUENBURG

GROSSRAUM HAMBURG

GEMÜTLICH AUF TOUREN KOMMEN

2006 erschien im Boyens Buchverlag der Wanderführer „Wandern in Schleswig-Holstein". Seinerzeit mit dem Anspruch, das gesamte Bundesland abzudecken und nicht nur einzelne Regionen. Die Auflage ist längst vergriffen. Doch die Idee einer umfassenden Darstellung blieb erhalten. 16 Jahre sind seither vergangen. Während dieser Zeit haben meine Frau und ich etliche der Routen wiederholt. Oft gemeinsam mit Freunden und in wechselnden Gruppen. Mit dem unschätzbaren Vorzug, auf diese Weise kritische Rückmeldungen zu den von uns ursprünglich ausgewählten Wanderungen aus erster Hand zu erhalten. Unterwegs hatte sich zwar einiges verändert. Dennoch entsprach die Beschreibung vieler Strecken noch denen des alten Buches. Sie übten weiterhin ihre magische Wirkung auf uns aus. Andere allerdings hatten ihren Reiz eingebüßt oder waren durch Landschaftseingriffe wie Baugebiete, Nutzungsänderungen und neue Straßen einfach verschwunden. Hinzu kam unsere eigene Entdeckerfreude, die uns nach neuen Wegen suchen ließ.

Verändert hat sich noch etwas anderes: Waren wir früher gelegentlich ganz allein unterwegs, so stellten wir bald fest, dass die Freude daran, sich draußen bei fast jedem Wetter bewegen zu können, inzwischen von vielen anderen geteilt wird. Den schon vor Jahren herbeigeredeten Wanderboom gibt es mittlerweile tatsächlich. Corona hat diese Entwicklung mit Sicherheit beschleunigt. Zum Glück bietet das Land zwischen den Meeren jedoch genügend Raum, um nicht plötzlich in großen Pulks unterwegs sein zu müssen, wie häufig in überlaufenen Wanderregionen des Südens.

Wanderungen in Schleswig-Holstein sind keine Kilometer fressenden Gewaltmärsche. Wer beim Wandern Entspannung durch Einsamkeit sucht, ist in Schleswig-Holstein nach wie vor gut aufgehoben. Die Touren in der neuen Ausgabe wurden so angelegt, dass immer genügend Zeit bleibt für Erkundungen am Wegesrand, Ruhepausen oder ein Bad. Muße und Entspannung sind charakteristisch im Urlaubsland Schleswig-Holstein. Und damit auch ein Leitmotiv der Wanderungen. Sei es in Wanderschuhen unterwegs über die sanften Hügel der Geest oder auf dem Fahrradsattel durch die Marschen der Westküste. Denn hinzugekommen zu den Fußwanderungen sind Radtouren. Auch diese haben wir allesamt ausprobiert, jeweils mit einfachen, normalen Fahrädern und später noch einmal mit Elektrorädern. Die angegebenen Geh- und Fahrzeiten sind nur ein Anhalt, um bei der Planung den Zeitaufwand einschätzen zu können. Insgesamt zurückgelegt haben wir 320 Kilometer per Pedes und 520 Kilometer per Pedale.

Geprägt von der Gewissheit, von sehr viel Wasser ungeben und begleitet zu werden, überraschte uns noch etwas anderes: Ohne dass es uns zunächst bewusst gewesen wäre, wurde uns im Lauf der Erkundungen und der Dokumentierung der Wanderungen klar, wie waldreich das norddeutsche Flachland doch ist. Gilt unsere Region im Vergleich zu den Mittelgebirgen oder der Lüneburger Heide eigentlich als eher baumlos. Dem ist aber überhaupt nicht so. Jedenfalls dann nicht, wenn man sich entschließt, auf Wanderfahrt jenseits der eigenen, unmittelbaren Umgebung zu gehen. Und glauben Sie mir: Das Unerwartete ist immer nur ein paar Schritte entfernt.

Dieser Reisebegleiter ist zwischen Februar und Dezember 2021 unter Corona-Bedinungen entstanden. Viele der Gaststätten unterwegs waren bis weit in den Sommer hinein geschlossen oder nur abends geöffnet. Trotz erkennbarer Außengastronomie war es uns häufig nicht möglich, Einkehrmöglichkeiten aufzusuchen und Ihnen als Lesern entsprechende Empfehlungen mitzugeben.

Wir hatten uns insofern auf die Situation eingestellt, als wir uns sehr leichte, zusammenschiebbare Hocker und einen kleinen Rolltisch zulegten, die problemlos im Rucksack transportiert wurden. Dazu Campinggeschirr und die guten alten Thermosbehälter für Eintöpfe und Heißgetränke. Ansonsten gilt auch für das Wandern in Schleswig-Holstein, was überall beachtet werden muss: Der Witterung entsprechende Kleidung im Zwiebelprinzip und immer ausreichend Wasser. Wichtig ist ferner, den Zustand der Wanderschuhe regelmäßig zu überprüfen. Fast jeder hat schon einmal erlebt, wie sich die Sohlen vom Stiefel lösen. Insofern gehören leichte Sandalen mit mehreren Klettverschlüssen vorsorglich mit ins Gepäck.

Viel getan hat sich auch auf dem Gebiet der Wanderstöcke. Ultraleichte und faltbare Stöcke aus Carbon, die sich auf etwa 35 Zentimeter verkleinern lassen, sind inzwischen günstig zu haben. Vor wenigen Jahren lagen die Preise noch deutlich über 100 Euro.

Eine weitere erhebliche Erleichterung beim Wandern ist die Entwicklung der Navigation. Alle Touren dieses Wanderführers wurden aufgezeichnet und nachbearbeitet. Sie können als GPX-Dateien von unserer Internetseite heruntergeladen werden. Verwendbar sind sie mit Ihrem bevorzugten Navigationsgerät oder einer entsprechenden App. Zu diesem Zweck halten wir die

Routen unter https://kurz.sh/auftour als GPX-Download bereit. Geben Sie auf der genannten Seite einfach das Kennwort **auftour** ein und Sie erhalten Zugriff auf alle GPX-Dateien.

Sie können auch den QR-Code auf Seite 11 mit einem Codescanner in ihr Mobiltelefon einlesen und gelangen so direkt auf die Seite. Nach Eingabe des Kennworts **auftour** stehen Ihnen die GPX-Tracks zur Verfügung.

Ich empfehle allen Wanderern, die Vorteile der GPS-Navigation in diesem Buch zu nutzen. Analoge Papierkarten haben zweifellos ihren Reiz. Dennoch hat es überaus viele Vorteile, zu wissen, wo genau man sich gerade tatsächlich befindet und nicht nur zu mutmaßen, wo in etwa. Zumal die satellitengestützte Streckenkontrolle einen erheblichen Zeitgewinn bringt, um sich vermehrt dem Genuss der Landschaft widmen zu können.

Nun sind selbst Navigationsgeräte noch nicht so perfekt, dass sie die Verantwortung für die richtige Richtung oder die Nutzbarkeit eines Weges den Wanderern abnehmen. Und das ist auch gut so. Denn das Zurechtfinden im Gelände bleibt eine Denksportaufgabe, auf die man nicht verzichten sollte.

Wie schon sein Vorgänger ist dieses Buch ein reiner Wanderführer. Und eben inzwischen Radwanderführer. 43 ausgewählte Touren führen durch typische Landschaften Schleswig-Holsteins, Dänemarks und Hamburgs. Auf eine detaillierte Beschreibung von Sehenswürdigkeiten wurde zu Gunsten der präzisen Darstellung der Strecken verzichtet. Wer mehr über touristische Anziehungspunkte erfahren möchte, sei auf die reichhaltige Reise-Literatur hingewiesen.

UNTER FALSCHER FLAGGE: DER UNECHTE NORDEN

Seit einigen Jahren führt Schleswig-Holstein die Bezeichnung „Der echte Norden" als werbliche Dachmarke. So ähnlich wie „Wir können alles. Außer Hochdeutsch" (Baden-Württemberg) oder „Großes entsteht immer im Kleinen" (Saarland). Man kann unterschiedlicher Meinung sein, ob der vorherige Slogan „Land der Horizonte" das Wesen der Landschaft und ihrer Menschen besser trifft. Fakt bleibt: Die Landesbezeichnung Schleswig-Holstein ist nur teilweise richtig. Und echt schon gar nicht.

Deutschlands Norden ist ein südlicher Landesteil. Denn nur Südschleswig liegt überhaupt in Deutschland. Es erstreckt sich von der Eider bis zur dänischen Grenze. Um es noch etwas komplizierter zu machen, gibt es eigentlich noch Mittelschleswig – die Region um Niebüll und Flensburg. Zwischen Flensburg und Kolding, Süderlügum und Ripen/Ribe liegt Nordschleswig. In Dänemark ist dies heute die Region Süddänemark/Syddanmark, die deutlich größer ist als das historische Nordschleswig.

Schleswig-Holstein war bis 1864 ein von Kopenhagen aus regiertes Land der dänischen Krone, mit dem Verwaltungssitz Schloss Gottorf (Schleswig-Stadt) für die beiden Herzogtümer Schleswig und Holstein. Die historische Grenze Schleswigs verlief weiter nördlich als heute, ostwärts von Kolding beginnend, an den Flüsschen Kolding Au und Königsau entlang zur Nordsee. Unter Einschluss der Königsstadt Ripen/Ribe als Exklave innerhalb des Herzogtums Schleswig. 1460 wurde in eben dieser Stadt der dänische König von den schleswig-holsteinischen Ständen als Regent für das ganze Land gewählt, und dafür versprach er in einer Urkunde die Einheit des Landes: „dat se bleven ewich tosamende ungedeelt".

Ein frommer Wunsch, die Wirklichkeit gestaltete sich ungleich komplizierter. In der dänischen Zeit unterstand Schleswig zwar zumeist direkt der dänischen Krone, Holstein dagegen wurde zeitweise durch Herzöge, die wiederum mit dem König verwandt waren, regiert. Es gab jedoch kein festes schleswigsches oder holsteinisches Gebiet. In Schleswig lagen herzogliche (holsteinische) Anteile, in Holstein königliche. Altona war übrigens eine holsteinische Stadt, während Lübeck und das Herzogtum Lauenburg gar nicht zu Schleswig-Holstein gehörten. Der Herzog von Holstein war in seiner Funktion Mitglied des Deutschen Bundes. Das galt wiederum nicht für den Landesteil Schleswig. Alles schien also recht undurchsichtig, aber problemlos. Bis sich in der Mitte des 19. Jahrhunderts nationale Strömungen etablierten.

Plötzlich war es von Bedeutung, ob man dänisch oder deutsch sprach, der einen oder anderen nationalen Gesinnung anhing. 1848 kam es zur schleswig-holsteinischen Erhebung gegen Dänemark, weil der Landesteil Schleswig zum dänischen Verfassungsgebiet werden sollte, ein Verstoß gegen den Vertrag von Ripen. Gezeigt wurden damals zum ersten Mal die heutigen Landesfarben Blau-Weiß-Rot an Stelle des Danebrogs. 1852 war die Erhebung mit Unterzeichnung des Londoner Protokolls gescheitert. Das Land stand nach wie vor unter dänischer Herrschaft.

Einen erneuten Versuch des dänischen Königs, Schleswig von Holstein zu trennen und unter Aufgabe Holsteins fest nach Dänemark zu integrieren, nahm Otto von Bismarck zum Anlass, in Schleswig-Holstein einzumarschieren. 1864 schlugen preußische und österreichische Truppen im Auftrag des Deutschen Bundes das dänische Heer und besetzten ganz Schleswig-Holstein.

Nach dem Krieg Preußens gegen Österreich 1866 mussten die Österreicher aus Schleswig-Holstein abziehen. 1867 wurde Schleswig-Holstein preußische Provinz und schließlich ab 1871 Teil des Deutschen Reiches. Schwarz-Weiß-Rot war nun angesagt. Die nördliche Reichsgrenze wurde leicht korrigiert. Ribe und einige Gemeinden in der Umgebung Koldings verblieben bei Dänemark. Nach Ende des Ersten Weltkrieges wurde in einer Volksabstimmung die bis heute gültige Grenze zwischen Deutschland und Dänemark festgelegt, Schleswig wurde also geteilt. Auf dänischer Seite gilt das Jahr 1920 als das der Wiedervereinigung (Genforening). Sprachliche Gemeinschaften von Dänen und Deutschen leben seitdem beiderseits der Grenze.
So ist es kein Wunder, dass dem Wanderer in Schleswig -Holstein auf Schritt und Tritt eine wechselvolle, zuweilen kuriose und kaum verständliche Geschichte begegnet und dass er unter Umständen verschiedene historische oder sprachliche Grenzen überschreitet.

HINWEISE ZUM GEBRAUCH DES BUCHES:

Allen Wanderungen ist eine kurze Charakterisierung der Strecke vorangestellt. Der farbig unterlegte Teil enthält wichtige Informationen zur Streckenlänge, Anfahrt zum Parkplatz und weitere Hinweise zur Vorbereitung der Tour. Jede Wanderung verfügt über eine Wegeskizze. Sie gibt einen groben Überblick über den Streckenverlauf. In sie eingearbeitet wurden Wegepunkte (POI) des GPS-Navigationssystems mit einigen zusätzlichen Informationen, die über die jeweiligen Navigationsgeräte aufgerufen werden können. In der gedruckten Beschreibung der Wanderung wurde auf die Wegepunkte Bezug genommen. Sie finden sich, wie in der Karte dargestellt, auch im Text wieder. Die Touren sind ausnahmslos Rundwanderungen. Der Startpunkt ist somit immer der Endpunkt.

Gerhard Wagner
Heide, im März 2022

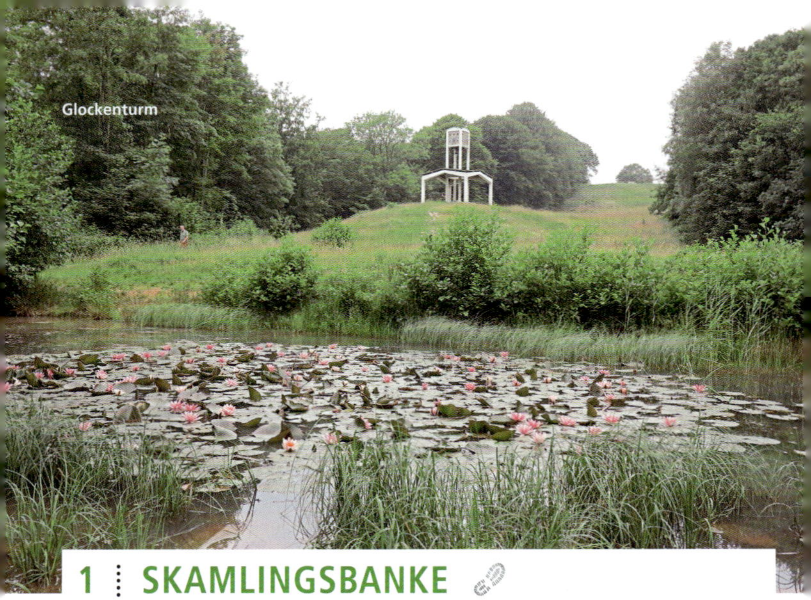

Glockenturm

1 SKAMLINGSBANKE

Die Anhöhe Skamlingsbanke ist mit 113 Metern die höchste Erhebung Nordschleswigs. Sie bietet eine großartige Aussicht in alle Richtungen. Skamlingsbanke ist zugleich eine bedeutende dänische Gedenkstätte, die an die Auseinandersetzung um die dänische Gesinnung in Schleswig während des 19. Jahrhunderts erinnert.

- **Ausgangspunkt:** Parkplatz direkt am Badestrand am südlichen Ende von Grønninghoved Strand, einer Ferienhaus-Kolonie bei Christiansfeld. Straße: Fredskovvej. Rechts neben dem Haus Nummer 2 geradeaus zum Parkplatz (Wendeplatz)
- **Charakter:** Die Wanderung verläuft durch eine hügelige Gegend sowohl in Mischwaldgebieten als auch über freie Flächen und direkt am Strand der Ostsee entlang. Dort gibt es Bademöglichkeiten. Einige Steilstücke haben es in sich
- **Gehzeit ohne Pausen:** 2:15 Std.
- **Streckenlänge:** 7 km
- **Markierungen:** Skamlingsbanke Stien mit weißem Dreieck
- **Einkehren:** Restaurant und Café auf Skamlingsbanke

Vom **Parkplatz** (1) aus gehen wir auf der Asphaltstraße, auf der wir mit dem Auto gekommen sind. Bald biegen wir rechts in den Fuglsangweg ab. Wir gehen dort geradeaus bis zu einem Weg, an dem zum ers-

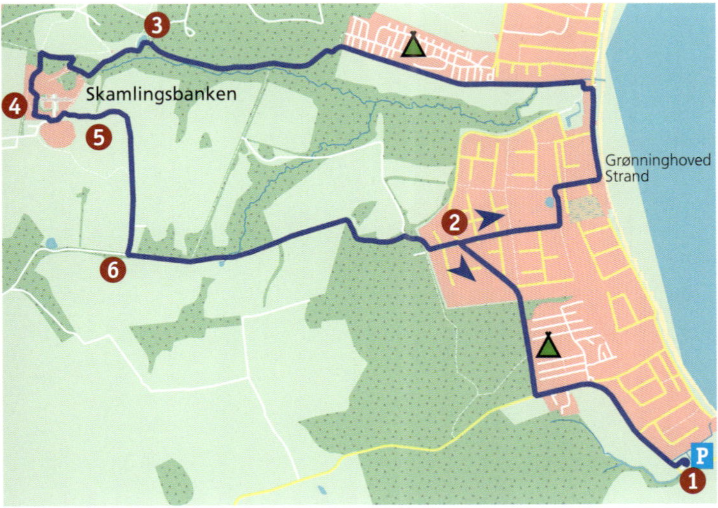

ten Mal die Pfeilmarkierung **Skamlingsbanke Stien** erscheint ❷. Wir gehen rechts. An einem Wege-T zeigt die Markierung nach links. Wir folgen ab jetzt unbeirrt der Markierung. Sie bringt uns zum Strand, danach links langsam bergauf, am Camping vorbei durch dichten Wald bis zu einer offenen Fläche.

Hier an einem **Teich** ❸ sehen wir den Glockenturm, der bereits zur Gedenkstätte gehört. Wir steigen auf steilem Pfad bergauf und erreichen das Restaurant, mit der **Skamlingsbankesäule** ❹. Ein Rundgang ist lohnenswert. Eine weitere Einkehrmöglichkeit befindet sich in dem in den Höhenzug eingebauten Café.

Dort vorbei, wenden wir uns nach rechts, noch ohne Markierung. Diese sehen wir kurz darauf. Wir öff-

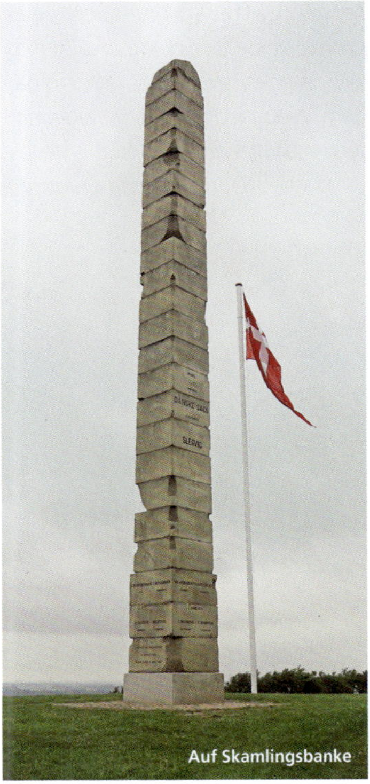
Auf Skamlingsbanke

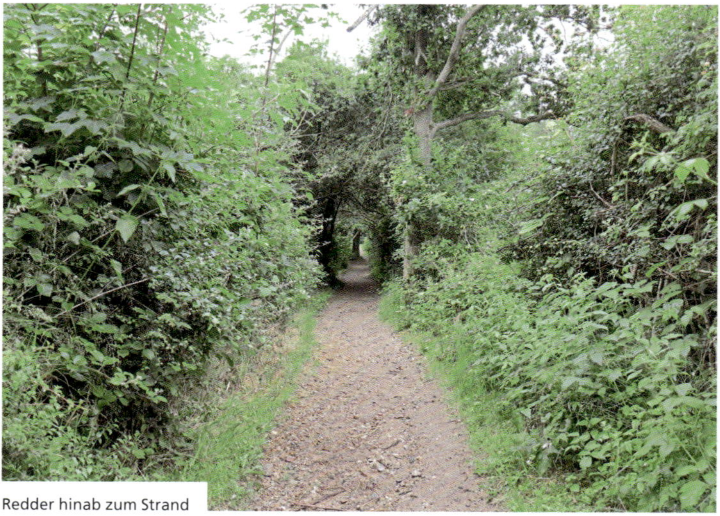

Redder hinab zum Strand

nen ein **Gatter** 5 und queren eine große Weide für Schafe und Ziegen. Wir steigen in Kehren ab, folgen dem Weg nach rechts. Weiter hinten rechts sehen wir bald das nächste Gatter. Dort verlassen wir die Koppel nach links 6. Wir kommen an einer Häusergruppe vorbei. Der Weg steigt noch einmal steil an. Wir erreichen den **Fuglsangvej**, wenden uns nach rechts und gehen zurück zum Ausgangspunkt.

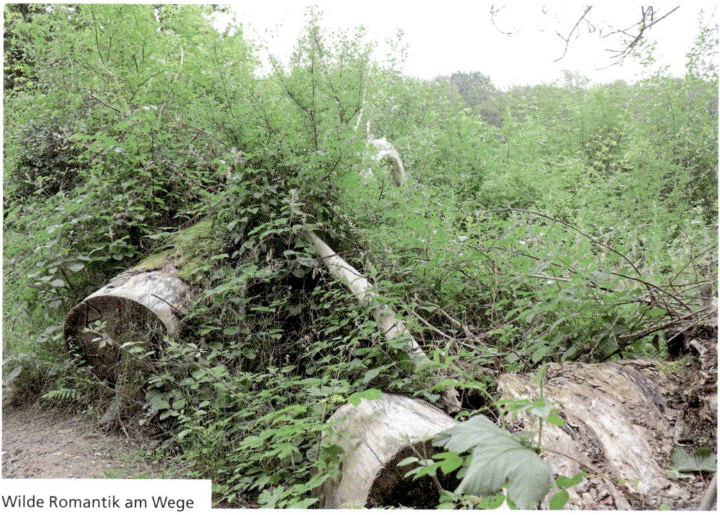

Wilde Romantik am Wege

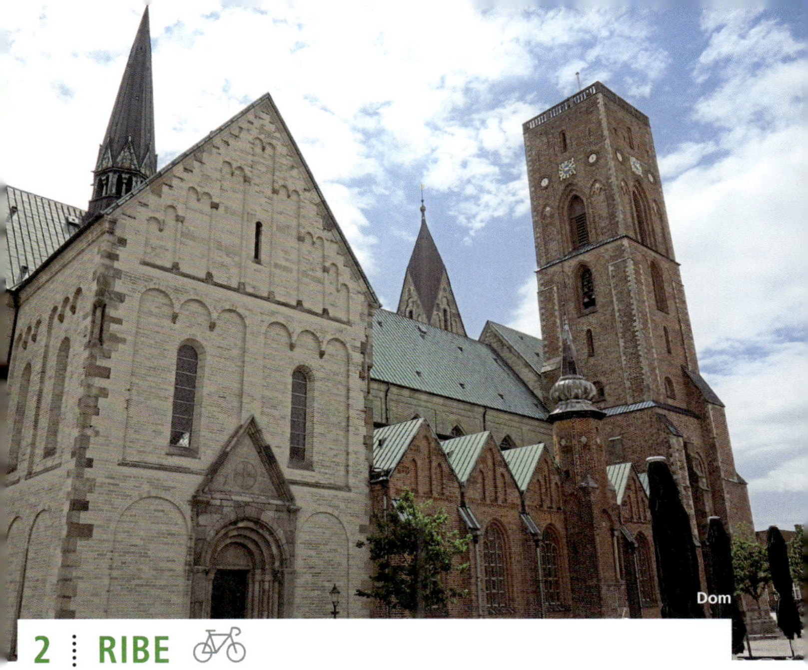

Dom

2 RIBE

Ribe ist die älteste Stadt Dänemarks. Die idyllische Stadt lädt zu einer ausgiebigen Erkundung ein. In der Umgebung sind einige Besonderheiten zu sehen. Diese steuern wir während der Panorama-Runde durch die Marsch an. In Vester Vedstedt werden Tagestouren mit dem Traktorbus nach Mandø angeboten (siehe unten).

- **Ausgangspunkt:** Ribe, Parkplatz Centrum Syd, Stampemøllevej
- **Charakter der Tour:** Kurze Rundfahrt. Bis auf zwei Deichüberfahrten ohne Steigungen
- **Fahrzeit ohne Pausen:** 2:30 Std.
- **Streckenlänge:** 25 km
- **Markierungen:** Dänische Radwegemarkierungen 1 und 403
- **Einkehren:** In Ribe und an der Kammerschleuse

Vom **Parkplatz** ❶ folgen wir der Route 1 bis zum Dom. Dort können wir die Räder in den Fahrradständern neben dem Museum abstellen und die Stadt zu Fuß erkunden. Zur Weiterfahrt nutzen wir ab dem Gamle Rådhuset wieder die 1. Wir passieren den Kreisel am Bahnhof nach links und fahren jetzt ohne Markierung weiter, ohne die Gleise zu überqueren. Den nächsten Kreisel umrunden wir ebenfalls auf der

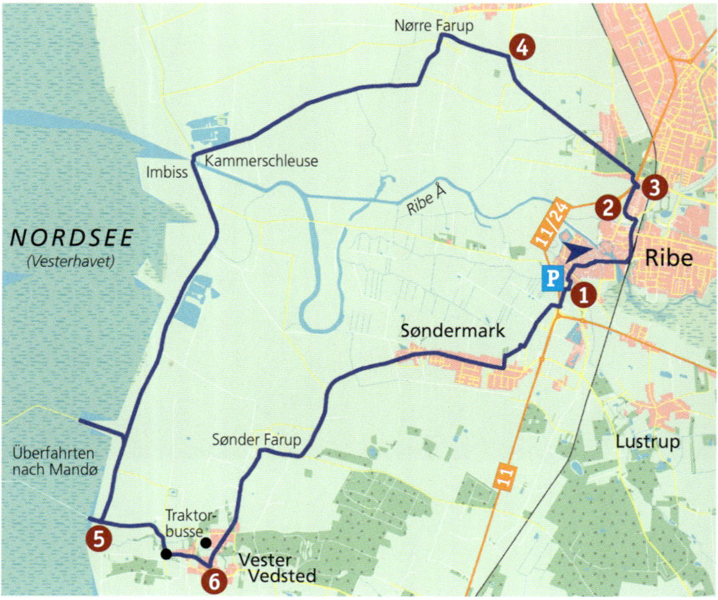

rechten Seite (Radweg) und biegen ein in den **Plantagevej** ❷. Uns rechts haltend fahren wir auf einer breiten Straße durch ein Industriegebiet parallel zur Ringstraße 11 Richtung Esbjerg.

Nach einer Linkskurve fahren wir durch eine **Unterführung** unter der Ringstraße hindurch ❸. Wir folgen dem Farupvej geradeaus. Etwas später kommen wir an eine Straße, die nach links in Richtung **Nørre Farup** führt ❹. Wir verlassen hier die 1 und folgen der 403 nach links.

Wir erreichen bald die Kammerschleuse. Am Deich entlang geht es weiter. Es gibt zwei Überfahrten nach Mandø. Bei beiden können wir kurz über den Deich fahren, um die bei Ebbe trocken liegenden **Überfahrten** zu betrach-

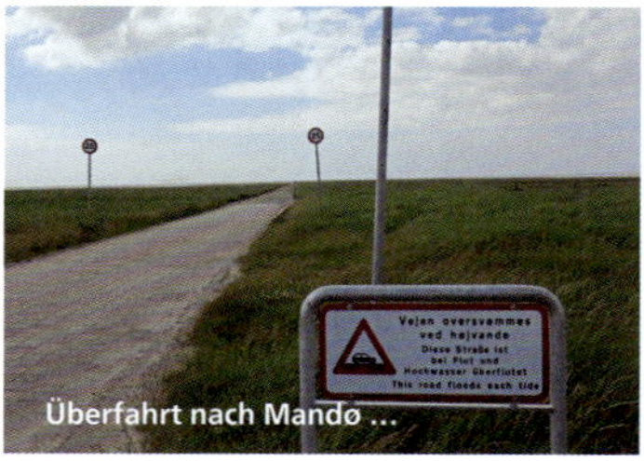

Überfahrt nach Mandø …

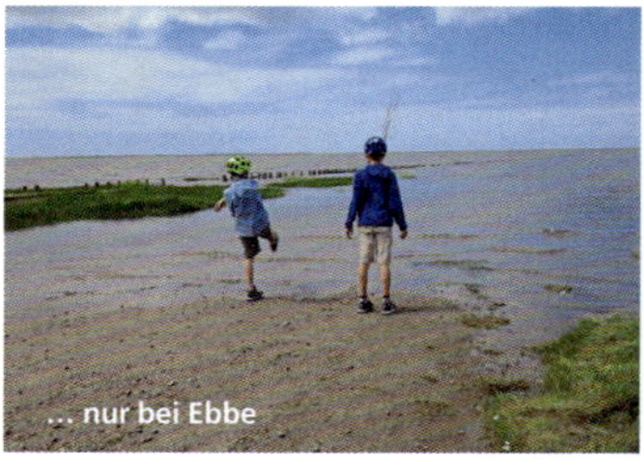
… nur bei Ebbe

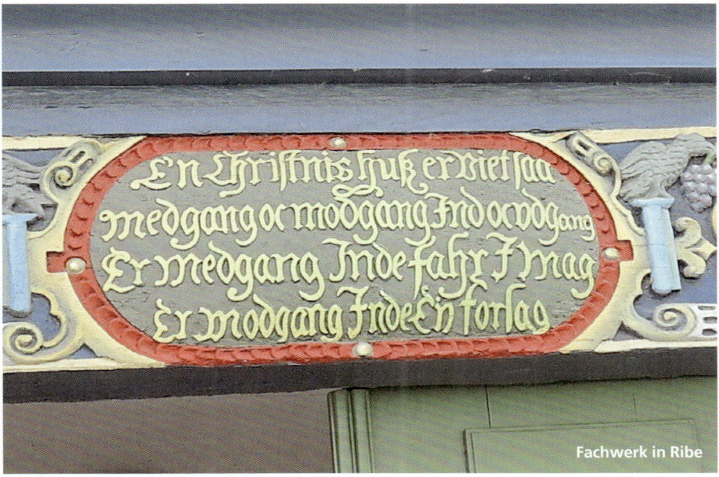

Fachwerk in Ribe

ten. Bei der zweiten 5 biegen wir links ab und kommen nach Vester Vedstedt. Hier gibt es zwei Stationen, die Traktorfahrten als Tagestouren nach Mandø anbieten. Informationen unter mandoekro.dk, Mandøvej 31 oder im Okholmvej 5, Information unter mandoebussen.dk/de/

Wir folgen mit dem Rad der 1 nach Ribe hinein zum Ausgangspunkt. Man muss gelegentlich aufpassen, weil die Hinweisschilder manchmal nicht gut zu sehen sind 6.

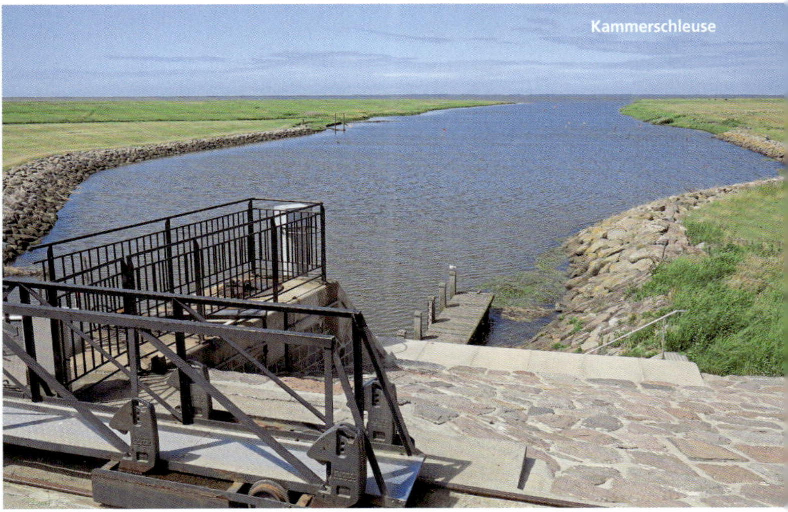

Kammerschleuse

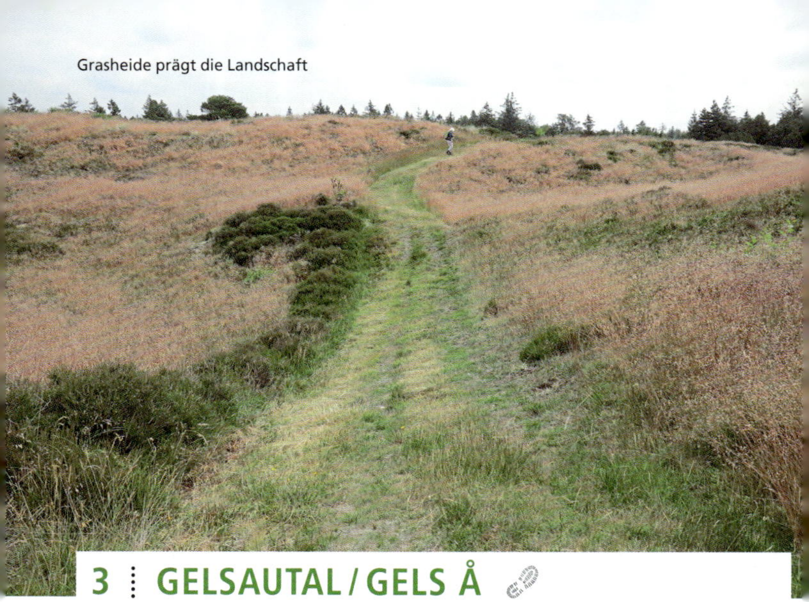

Grasheide prägt die Landschaft

3 ⋮ GELSAUTAL / GELS Å

Das Gelsautal ist eine wild-herbe Landschaft, deren Reiz sich aus der Abwechslung von Heide, Grasflächen, Wald und kleinen Bachläufen ergibt. Teilweise führt der Weg auch durch hügeliges Gelände. Besondere Aufmerksamkeit verdienen die Klimper pl. Klimperne (dän. feuchte Sanddünen), die durch die Erosion zu flachen Sockeln aufgetürmt sind.

- **Ausgangspunkt:** Parkplatz in Enderupskov. Im Ort Richtung Stensbæk fahren. Der Parkplatz liegt 200 Meter hinter dem Abzweig links
- **Charakter der Tour:** Rundwanderung, überwiegend auf unbefestigten Wegen, Schotter, Reitwege, Sand, Gras. Orientierung nicht immer ganz einfach
- **Gehzeit ohne Pausen:** 3 Std.
- **Streckenlänge:** 11,5 km
- **Markierungen:** Reitwege, verschiedenfarbige Punkte und Dreiecke, stilisierter Wanderer
- **Einkehren:** Keine Möglichkeit an der Strecke. In Gram, z. B. im Schloss

Vom Parkplatz (1) aus gehen wir – den Parkplatz im Rücken – nach links die Asphaltstraße entlang und überqueren die Gelsau. Die Asphaltstraße geht in eine Schotterpiste über. Vor dem Gebäude Åskovhus und dem Schild nach rechts „Mølby" (Mølbyvej) biegen wir nach rechts ab. Wir passieren einen Parkplatz mit Sitzgruppe. Bald dar-

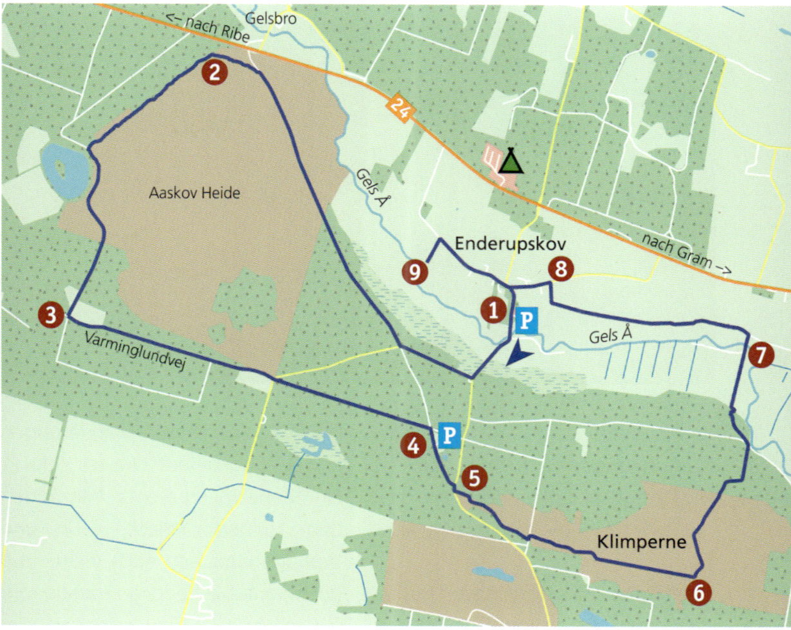

auf zweigen wir auf einen parallelen Reitweg links ab und gehen auf Gras. Dieser Weg führt uns bei den ersten Häusern von Gelsbro an der Hauptstraße wieder auf den Wald zu. An einer Kreuzung nehmen wir den Pfad nach links, **Grænsestien** 2.

Am nächsten Querweg wenden wir uns nach links und folgen dem markierten Grænsestien. Wir gehen in den Wald hinein und gehen auf dem Hauptweg weiter, eine Abzweigung nach links ignorierend. Ebenso die nächste mit blauem Punkt. Erst an der nächsten **Kreuzung** 3 (Abzweigung) gehen wir links (Varminglundvej). Wir kommen an einer auffälligen Kreuzung an. Wir gehen auf dem Hauptweg geradeaus weiter.

Wir erreichen eine Kreuzung, an der wir nach rechts abbiegen. Dort liegt gleich darauf links ein **Parkplatz** 4. Der Weg ist grün markiert. Wir gehen auf dem Hauptweg weiter. An einer Asphaltstraße gehen wir kurz rechts und dann links über den Parkplatz **Goliaths Hoved** 5, Sitzgruppe. Wir gehen auf dem Pfad rechts weiter und nicht nach links in den Hundewald. An einem Pflock sind alle Markierungen angebracht.

Am nächsten Querweg gehen wir kurz nach links und folgen der gelben Markierung durch ein Schafgatter sofort nach rechts. Wir sind jetzt im Bereich der Klimperne. Wir

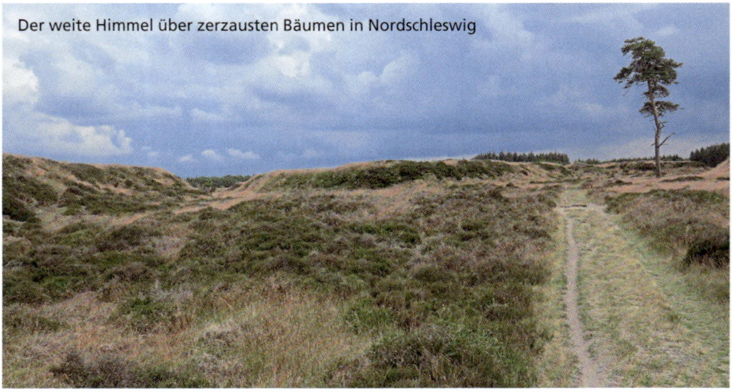
Der weite Himmel über zerzausten Bäumen in Nordschleswig

folgen dem Hauptpfad. An einem **Markierungspflock** mit gelb ist jetzt auch links und rechts ein grüner Punkt zu sehen. Wir gehen links **6**.

Über ein zweites Schafgatter gehen wir wieder in den Wald hinein und folgen dem grünen Punkt. An einem Querweg gehen wir ganz kurz

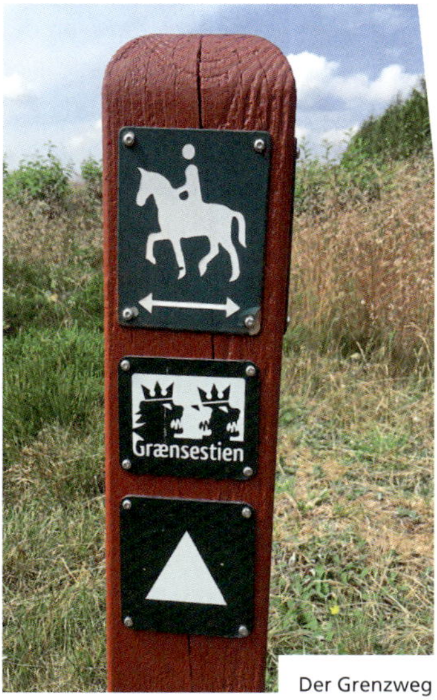

Der Grenzweg

links und folgen den Markierungen grünes und gelbes Dreieck Spor 1 landscabet nach rechts. Wir folgen dem gelben Dreieck, grün und Wandermännchen nach rechts und gehen anschließend geradeaus. Wir passieren einen Hinweis nach Enderupskov und zur Stc. Thøgers Kirche, überqueren eine **Behelfsbrücke** **7** und gehen links. Geradeaus gehend kommen wir an einigen Häusern vorbei. Ein kurzes Stück verläuft der Weg offenbar über den Grund eines privaten Anwesens.

Bei den Hausnummern 6 und 8 erreichen wir eine **Asphaltstraße** **8**, auf der wir nach links gehen. An der Abzweigung nach Stensbæk können wir jetzt zurück zum Ausgangspunkt gehen oder wir gehen 600 Meter geradeaus in die Straße Aftægten. Dort kann man von einem **Aussichtspunkt** **9** (Abzweigung nach links) sehr schön über das gesamte Gebiet blicken. Anschließend geht man auf demselben Weg zurück.

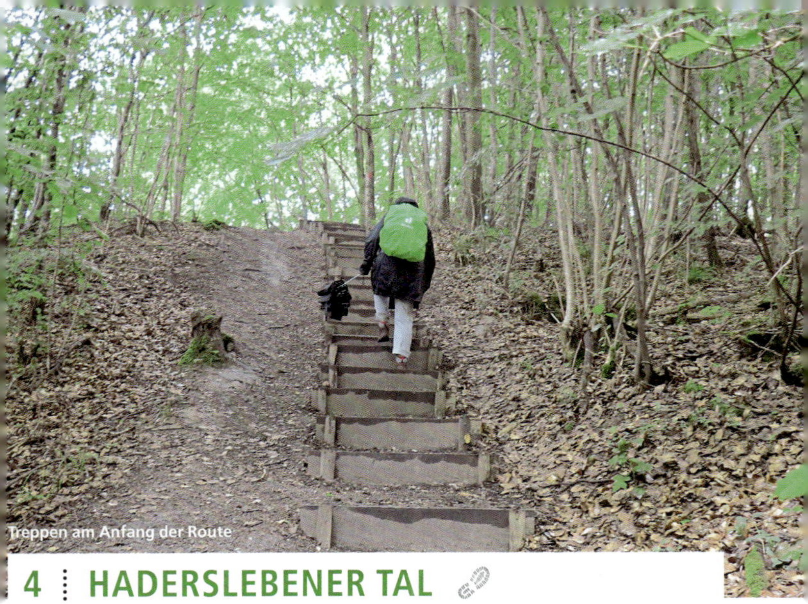

Treppen am Anfang der Route

4 HADERSLEBENER TAL

Das Haderslebener Tal verläuft in West-Ost-Richtung zwischen Woyens/Vojens und der Ostsee. Es ist von zahlreichen Seen, kleinen Bachläufen und Wäldern durchzogen. Sein Wildreichtum ist bemerkenswert, besonders in einem Gehege für Damwild, dem Wildpark Hadersleben.

- **Ausgangspunkt:** Parkplatz am Wasserwerk (Vandkraftanlæg) in Hadersleben, Christiansdal. Navigation: Christiansdalvej 53, über Hammelev
- **Charakter der Tour:** Die Wanderung ist eine Rundwanderung an mehreren Gewässern entlang sowie durch den Tierpark Hadersleben. Einige Steilstücke sind zu bewältigen
- **Gehzeit ohne Pausen:** 3 Std.
- **Streckenlänge:** 13,5 km
- **Markierungen:** Örtliche Markierungen Rot, Gelb, Blau, Herzpfad
- **Einkehren:** Restaurant Damende

Vom Parkplatz gehen wir an einem **weißen Haus** (53) **1** vorbei in den Wald hinein. Wir biegen sofort links ab in den ersten Weg. Wir stoßen auf einen markierten Mountainbiketrail, verlassen diesen aber schnell nach links: rote Markierung. Der Weg geht über Treppen hinauf und hinunter. Wir folgen dem Weg. 20 Minuten später, nach 900 Metern,

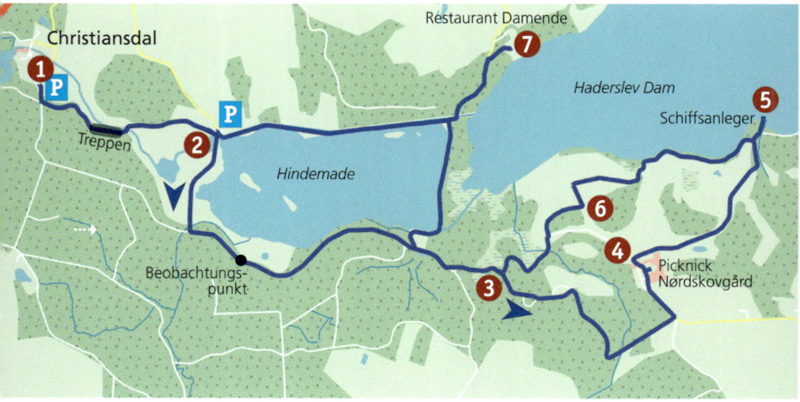

stehen wir am Ufer des Hindemade. Links liegt ein **Parkplatz** ❷. Der Wanderweg gabelt sich hier. Wir biegen nach rechts ab und gehen auf einem breiten Weg nach Süden, auf den Wald zu. Der See liegt jetzt linker Hand.

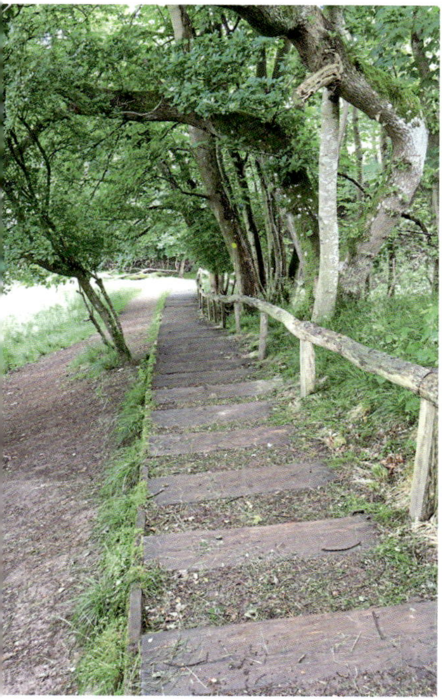

Im Wald wenden wir uns nach links: Herzmarkierung (Hjertesti). Nach einem kurzen Stück durch den Wald liegt links eine Vogelbeobachtungsstation. Kurze Zeit später biegt der Herzweg nach links ab. Wir gehen geradeaus weiter. Bald sehen wir links ein rotes Tor, den Eingang zum Tierpark. Wir gehen durch das **Tor** (Port 4) ❸.

Kurz darauf, an einer Verzweigung, steht der Hinweis Geheimerådens Sti. Am Ende des Rundwegs kommen wir hier wieder von links heraus. Jetzt wenden wir uns nach rechts, Markierungen gelb und blau. Wir passieren ein zweites **rotes Tor** (Port 1), überqueren den Parkplatz links und gelangen zu den Seminargebäuden Nørskovgård. Früher gab es hier eine Cafeteria. Dies ließ sich 2021 nicht überprüfen. Das Gebäude war geschlossen. Es gibt jedoch reichlich Sitzgruppen. Wir gehen geradeaus auf ein weiteres **rotes Tor** zu (Port 2) ❹, das wir passieren.

Wir gehen sofort rechts auf dem Weg am Zaun weiter, dem wir unbeirrt folgen. Wir passieren wieder ein rotes Tor (Port 3) und erreichen den Rastplatz Bergs Plads mit Sitzgruppen, Grill und kleinem Steg. Hier legen Fahrgastschiffe an. Dies ist der Drehpunkt der Wanderung ❺. Wir gehen durch das Tor zurück, folgen rechts dem Geheimerådens Sti/Sophies Kilde und erreichen 20 Minuten später ein Hochplateau **(Aussichtspunkt)** ❻. Dort liegt ein großer behauener Stein mit einer eingemeißelten Krone und den Angaben: 15. Mai 1997, Königin Margrethe II. Schaut man von der dortigen Sitzgruppe über den See, erblickt man gegenüber ein größeres Anwesen: das Restaurant Damende.

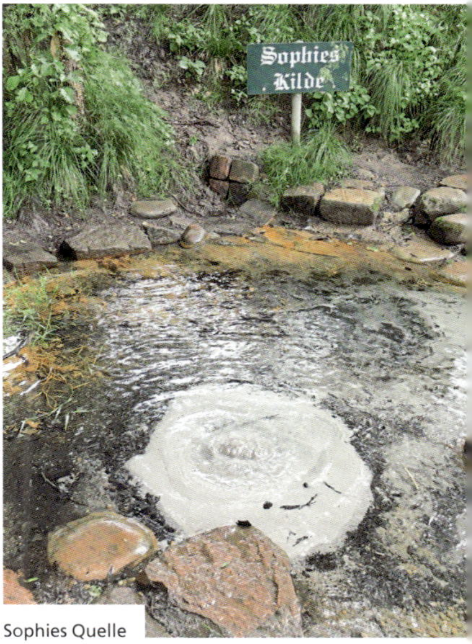

Sophies Quelle

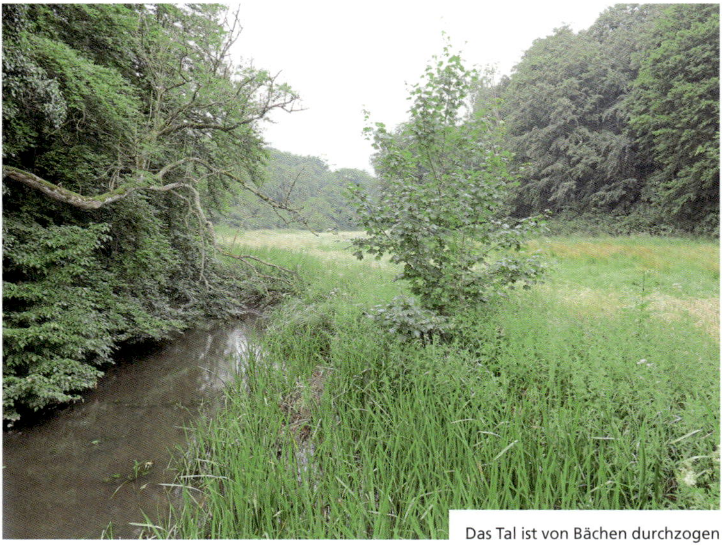
Das Tal ist von Bächen durchzogen

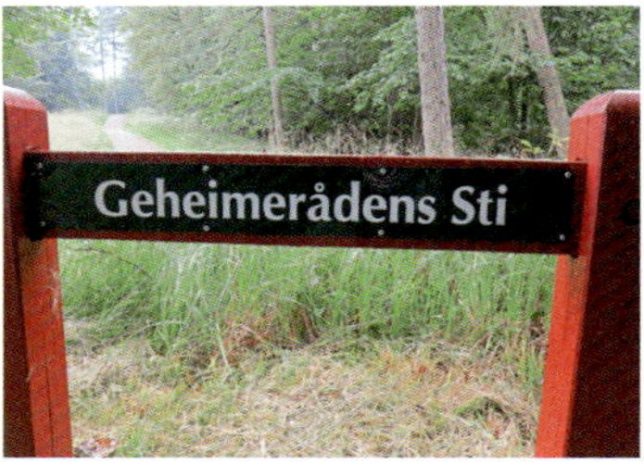

Vom Aussichtspunkt gehen wir rechts in eine Senke hinunter. Markierung: gelber Pfeil. An der nächsten Gabel folgen wir dem Weg nach rechts. Links eine Markierung: blauer Pfeil. Links sehen wir einen kleinen Steg, der den Bach quert. Wir gehen aber geradeaus auf dem Hauptweg weiter. Wir erreichen wieder das Schild Geheimerådens Sti. Wir gehen rechts und kommen bald zum roten Tor (Port 4). Uns rechts haltend erreichen wir die Abzweigung des Herzweges und folgen diesem nach rechts.

Am Ufer des Hindemade queren wir eine Brücke. Wir gehen weiter bis zu einem Wege-T. Hier lohnt sich rechts ein Abstecher, der zum zuvor gesehenen **Restaurant Damende** 7 führt (500 Meter, Geheimerådens Sti).

Unser Weg führt uns ansonsten nach links. Wir erreichen wieder den Parkplatz am Ende von **Hindemade** 2.

Geradeaus gehend kommen wir nach 15 Minuten zum Ausgangspunkt zurück.

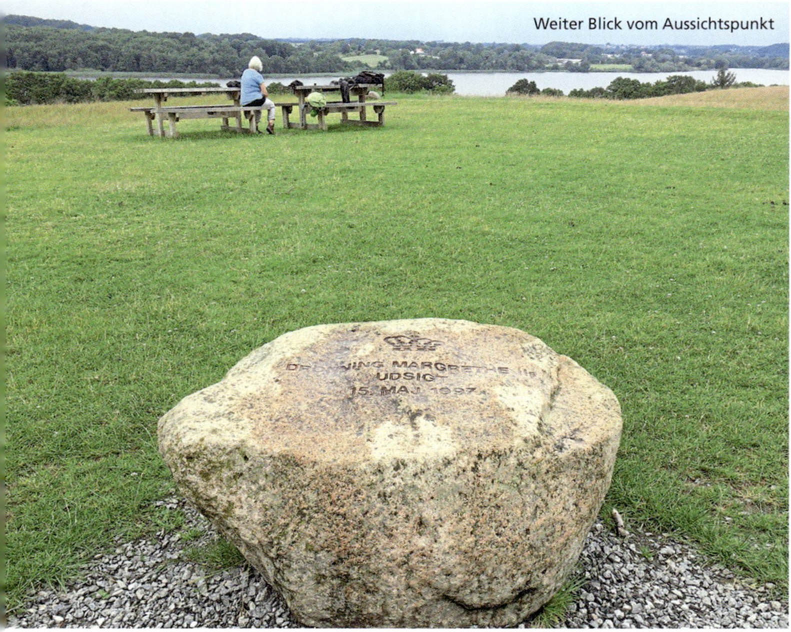

Weiter Blick vom Aussichtspunkt

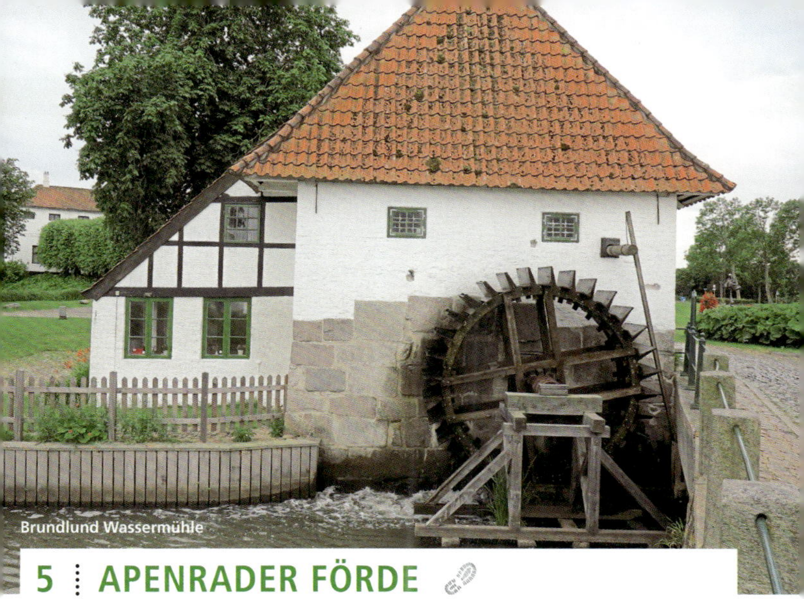

Brundlund Wassermühle

5 ⋮ APENRADER FÖRDE

Waldwanderung an der Apenrader Förde. Auf dem Weg zur Stadt Åbenrå über das Steilufer der Ostsee. Ziel ist das Schloss Brundlund mit seinen wechselnden Ausstellungen.

- **Ausgangspunkt:** Parkplatz direkt am Badestrand von Avbæk am Avbækvigvej kurz hinter dem Haus 54. Anfahrt über Jørgensgårdskovvej oder Dyrehave, an der Efterskole – je nach Anfahrt – links oder rechts ab. In den meisten Navis ist dieser Wirtschaftsweg nicht verzeichnet
- **Charakter der Tour:** Die Wanderung verläuft durch eine hügelige Gegend in Mischwaldgebieten und auf dem Steilufer der Ostsee entlang. Am Ausgangspunkt Bademöglichkeit. Einige Steilstücke haben es in sich. Apenrade hat eine lebendige Fußgängerzone
- **Gehzeit ohne Pausen:** 2:30 Std.
- **Streckenlänge:** 10 km
- **Markierungen:** Keine
- **Einkehren:** In Apenrade

Vom **Parkplatz** ❶ aus gehen wir auf dem Steilufer in Sichtweite des Strandes entlang. Wir wandern immer auf dem Hauptweg. Nach etwa 20 Minuten führt der Weg nach rechts aufsteigend vom Wasser weg. An der ersten **Kreuzung** ❷ gehen wir links. Wir erreichen die ersten Häuser Apenrades und gehen im Wald weiter, die Häuser

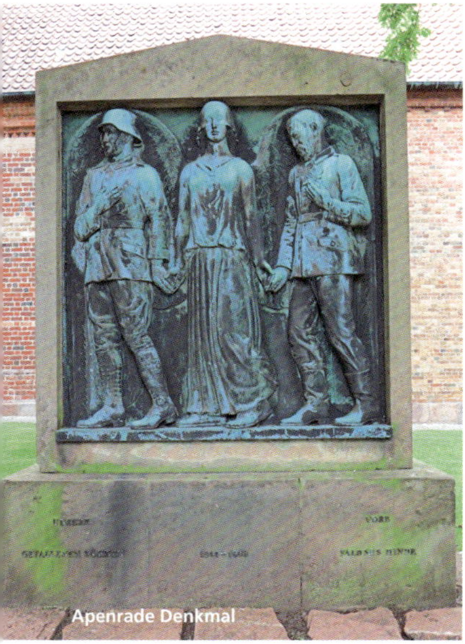
Apenrade Denkmal

links. Wir kommen aus dem Wald heraus und gehen auf der Wohnstraße (Lindsnakvej) rechts. Über die Straße Kilen gehen wir rechts durch das Hafengebiet in die Stadt hinein.

Am Ende der Straße Kilen überqueren wir die Hauptstraße geradeaus und steigen über Treppen ins Zentrum Apenrades hinauf. In der Fußgängerzone (Gågade) gehen wir links. Am Ende der **Fußgängerzone** (Gehstraße) **3** halten wir uns links und bei einem Schlachtergeschäft kurz darauf rechts. Wir gehen durch die malerische Schlossgasse.

Weitergehend passieren wir die Schlossmühle und erreichen **Schloss Brundlund** **4**. (Einkehrmöglichkeit). Auf dem Rückweg biegen wir links ab in die Norretoftpassage, folgen danach der Ausschilderung zur **Kirche** **5** und biegen dort wieder rechts ab zur Fußgängerzone. Dort gehen wir links bis an deren Ende, überqueren die Hauptstraße und gehen die Reeper-

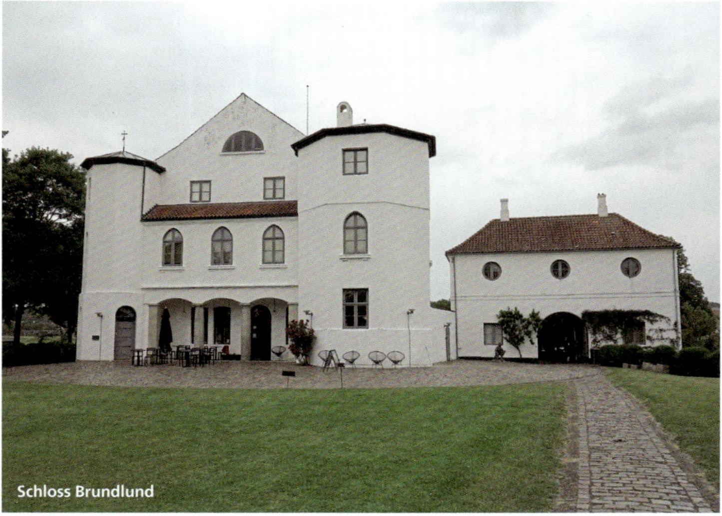
Schloss Brundlund

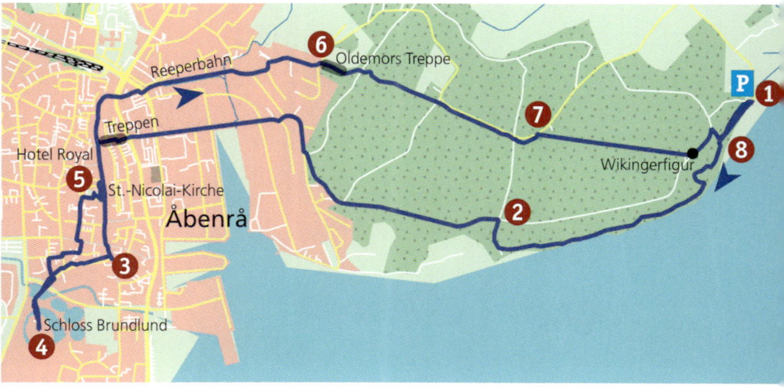

bahn entlang. Wir erreichen die Jørgensgård, der wir ansteigend aus der Stadt hinaus folgen.

In einer Linkskurve hinter der Straße Højholt biegen wir rechts in einen Waldpfad ab: **Oldemors Trappe** (Treppe) 6. An der ersten Kreuzung steigen wir geradeaus über Treppen hinauf. Am ersten Abzweig im Wald neben der Fahrstraße gehen wir geradeaus. Am **zweiten Abzweig**, direkt an der Straße, gehen wir nach rechts 7 wieder in den Wald hinein. An der nächsten Verzweigung bei einer Wikinger-Figur gehen wir links. Am ersten Abzweig danach gehen wir zunächst rechts und kurz darauf bei einem **markanten Baum** 8 nach links zum Ausgangspunkt zurück.

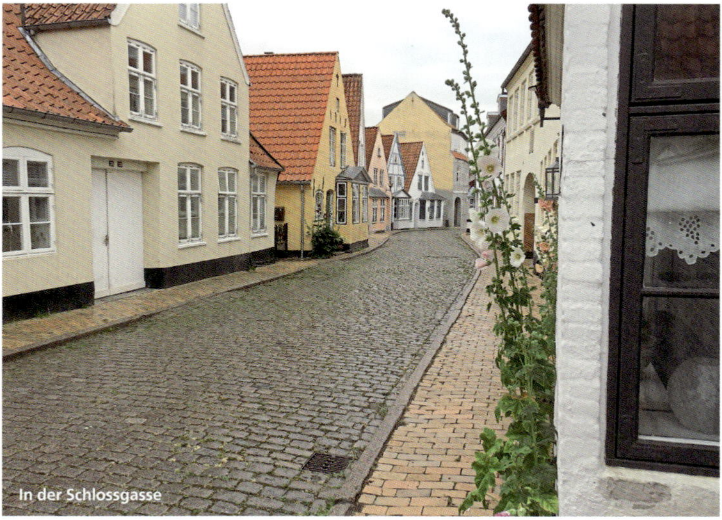
In der Schlossgasse

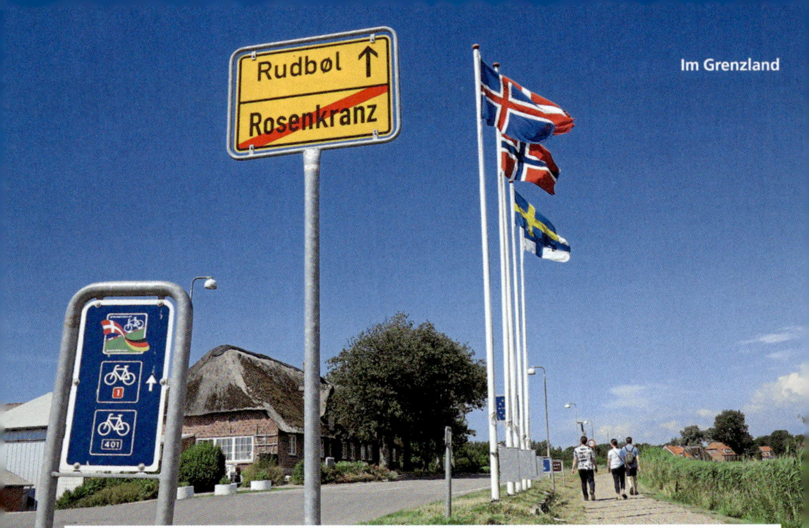

6 TONDERN

Rundfahrt auf beiden Seiten der deutsch-dänischen Grenze. Es gibt etliche Kuriositäten zu bestaunen, so die Goldhörner in Gallehus, Häuser direkt an der Grenze und die schönste Dorfstraße Dänemarks. Der geschäftige Ort Tondern steht für das typisch dänische Weihnachtsgefühl. Von Hoyer-Schleuse aus fuhren bis zum Bau des Hindenburgdamms 1927 die Schiffe nach Sylt ab.

- **Ausgangspunkt:** Parkplatz in Højer Sluse (Slusevej) direkt am Badestrand
- **Charakter der Tour:** Leichte Rundfahrt
- **Fahrzeit ohne Pausen:** 4 Std.
- **Streckenlänge:** 44 km
- **Markierungen:** Nationale Radrouten 1 und 8, Grænserouten 401
- **Einkehren:** Am Ausgangspunkt, in Mögeltondern, in Tondern

Vom **Parkplatz** 1 aus fahren wir in den Weg hinein, auf dem wir zum Parkplatz gefahren sind. Hier ist bereits die Grænserouten markiert. Wir überqueren den Binnendeich nach links und bleiben auf der Asphaltstraße. An der ersten Querstraße – Siltoft – fahren wir rechts. Dort steht ein großes Gebäude. Nach einer Weile zweigen die markierten Radwege nach Rudbøl ab. Wir fahren jedoch geradeaus. Bald sind wir auf der deutschen Seite. Radroute 401 und deutsche Markierungen sind zu sehen. Wir fahren sofort nach links. Der dortige Hof links liegt in Dänemark, kann aber nur von Deutschland aus erreicht werden. Wir folgen immer dem schmalen Weg. An einer Kreuzung (rechts Rodenäs, Oldorf) fahren wir links. Ein kurzer Abstecher zur Kirche Rodenäs ist empfehlenswert.

Wir erreichen **Rosenkranz** **2**. Einkehrmöglichkeit. Auch hier verläuft die Grenze so, dass die unmittelbaren Straßennachbarn auf beiden Seiten der Grenze leben. Von hier lohnt sich ein Abstecher zum Noldemuseum nach Seebüll. Information: www.nolde-stiftung.de. Er führt über die Rosenkranzer Straße, dann nach Fischerhäuser, dort hinter der Dorfstraße links ab in einen Weg, später über einen Grasweg mit Brücke.

Nach Dänemark fahren wir hinüber durch den Ort Rudbøl. Wir folgen der Fahrstraße nach Mögeltondern rechts ab. Immer der Fahrstraße

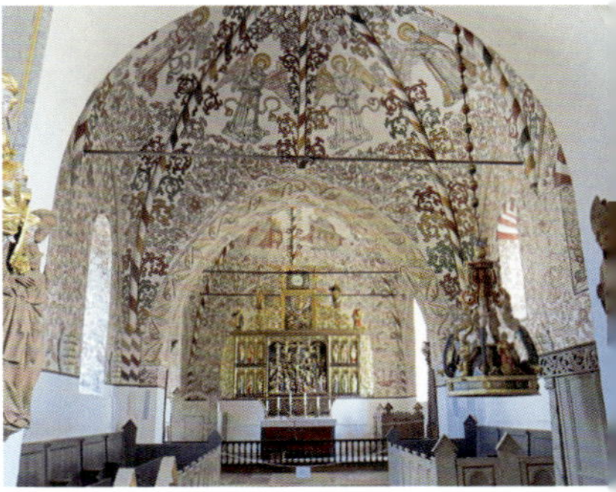

und den Radroutenmarkierungen folgend, erreichen wir Mögeltondern. Dort geht es links ab zur Kirche, die einen Besuch lohnt.

An der Kirche vorbei fahren wir rechts in die Schlossstraße, die schon mit dem Titel schönste Dorfstraße Dänemarks ausgezeichnet wurde. Das Pflaster ist sehr holperig. In Mögeltondern gibt es mehrere Einkehrmöglichkeiten. Der Schlosspark kann besichtigt werden. Am Ortsende beginnt wieder

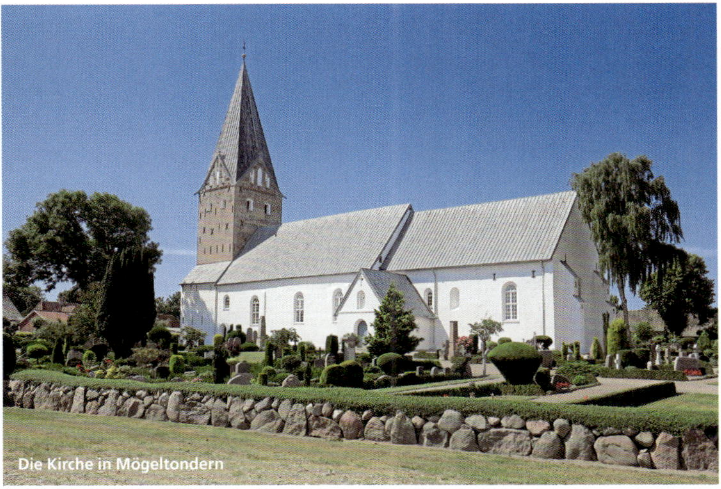

Die Kirche in Mögeltondern

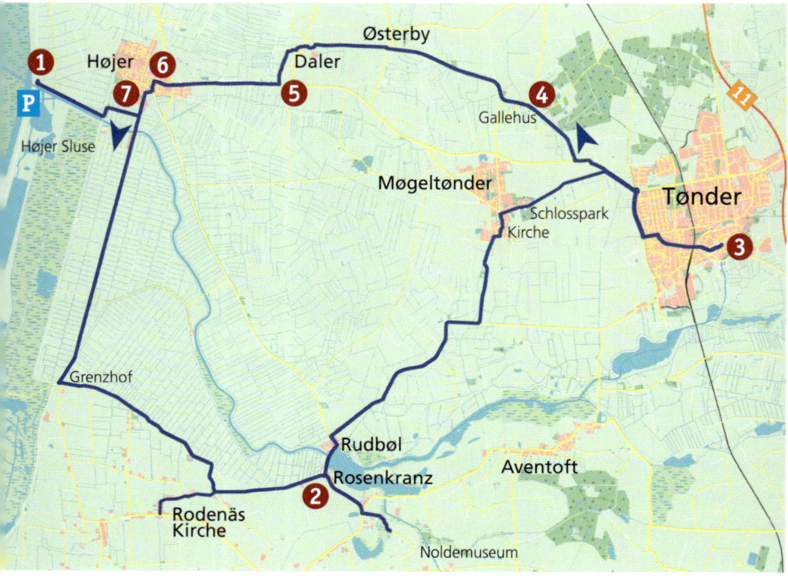

ein Radweg. Wir erreichen die Hauptstraße. Auf der gegenüberliegenden Seite fahren wir später ein Stück des Rückwegs. Wir fahren nach rechts Richtung Tønder. Am Kreisel fahren wir rechts.

Kurz danach zweigt die Straße nach links Richtung Centrum ab. Wir überqueren die Straße und folgen der Ausschilderung zum Centrum. Auf der anderen Seite fahren wir nachher zurück. Wir überqueren die Bahn und fahren an der nächsten Kreuzung geradeaus in die Vestergade hinein. Hier beginnt kurz darauf die Fußgängerzone. Dies ist auch unser Rückweg.

Nach einem Stadtrundgang lohnt sich eine Rast in der Umgebung der **Kirche** 3 (Einkehrmöglichkeiten). Danach fahren wir durch die Vestergade zurück. Es geht links ab zur Umgehung (Strucksalle). Wieder geht es auf die Ortsumgehung und dort rechts. Bald erreichen wir den Kreisel.

Wir umrunden den Kreisel Richtung Mögeltondern auf dem Radweg neben der Hauptstraße 419. Der Radweg biegt ab Richtung Mögeltondern. Dort sind wir vorhin aus Mögeltondern gekommen. Wir fahren geradeaus weiter bis zum Abzweig nach rechts, Guldehorn Stejnen. Wir fahren auf einer normalen Fahrstraße. Wir passieren die Stelle mit den **Goldhörnern** (Infotafeln) 4. Es geht geradeaus weiter.

Am Ende von Gallehus fahren wir geradeaus in die Sackgasse. Sie verengt sich zu einem Radweg. An der nächsten Fahrstraße fahren wir

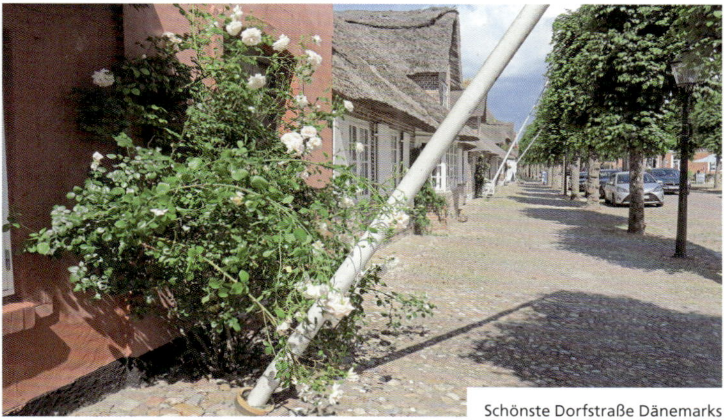

Schönste Dorfstraße Dänemarks

rechts. Wir sind wieder auf der Panoramaroute 401. Wir erreichen Østerby, biegen an der Querstraße rechts ab und sofort wieder links, in den Kirkevej nach Daler. Dort links um die Kirche herum. An der nächsten Kreuzung geradeaus.

Wir erreichen die **Hauptstraße** und fahren nach rechts **5**. In **Højer** fahren wir am Kreisel geradeaus in den Ort hinein. Wir biegen im Ort links ab **6**, passieren die Kirche und danach rechts die Feuerwehr. Wir folgen der Straßenausschilderung Højerslusen (zugewachsen). Bald sind wir wieder auf dem **Slusevej** **7**. Wir biegen rechts ab zur Vidåslusen und die Radwegmarkierungen begegnen uns wieder. Wir folgen der Ausschilderung zu den Schleusen.

Uns rechts haltend überqueren wir wie auf dem Hinweg fahrend wieder den Deich und kommen zum Ausgangspunkt zurück.

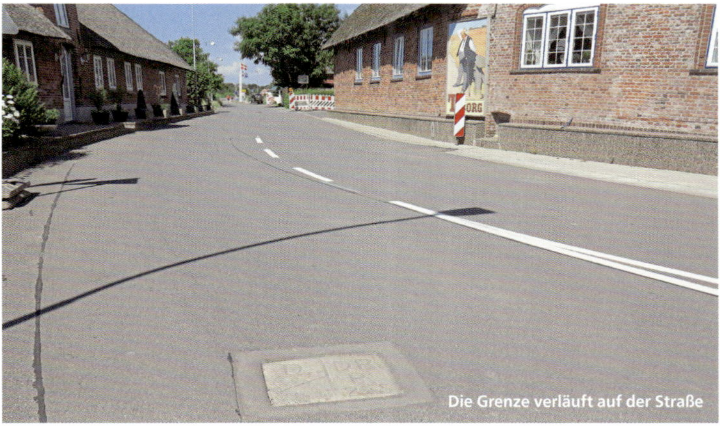

Die Grenze verläuft auf der Straße

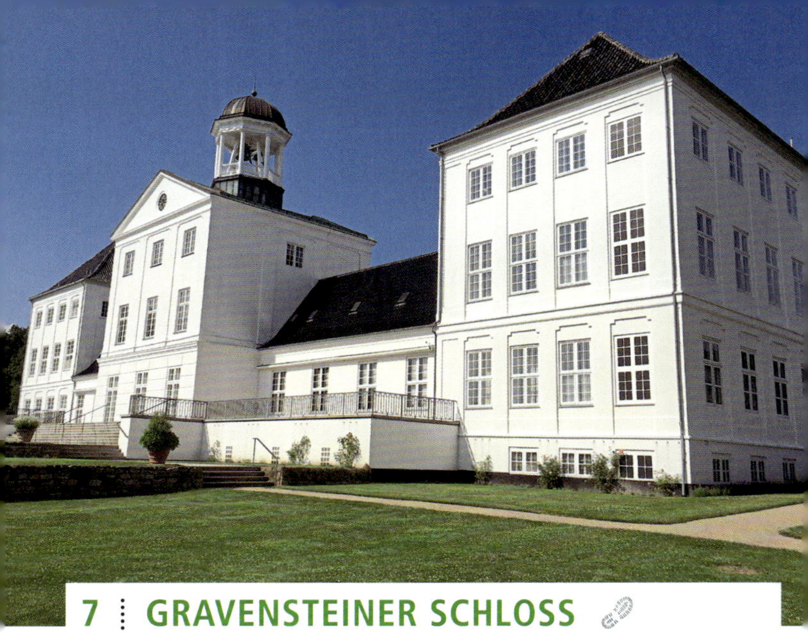

7 GRAVENSTEINER SCHLOSS

Das Schloss Gravenstein/Gråsten an der Flensburger Förde war ursprünglich ein barockes Sommer- und Jagdschloss, später Sommerresidenz des dänischen Kronprinzen. Wald und Schloss sind noch heute im Staatsbesitz und dienen der dänischen Königsfamilie als Aufenthalts- und Wohnort. Das Gebäude liegt harmonisch eingebettet am Ufer des Gravensteiner Schloss-Sees. Der Schlosspark ist während des Aufenthalts von Mitgliedern des Königshauses nicht zugänglich.

- **Ausgangspunkt:** Parkplatz in Gråsten an der Ecke Ahlefeldvej/Skolegade
- **Charakter:** Rundwanderung durch den Gravensteiner Forst mit seinen Seen und Teichen. Höhepunkt sind zweifellos die königlichen Liegenschaften
- **Gehzeit ohne Pausen:** 2:30 Std.
- **Streckenlänge:** 8,6 km
- **Markierungen:** Gelber Punkt und Dreieck der Gul-Route
- **Einkehren:** Gamle Kro, Gamle Rådhuset, Königlicher Küchengarten

Vom **Parkplatz** (1) aus gehen wir durch die Stadt nach rechts. Der Ort ist aufgeräumt und ansprechend. Wir passieren die ersten beiden Lokale. Bald erscheint links die Schlossmauer. Eine geschlossene oder geöffnete Pforte gibt uns einen ersten Hinweis, ob der Park be-

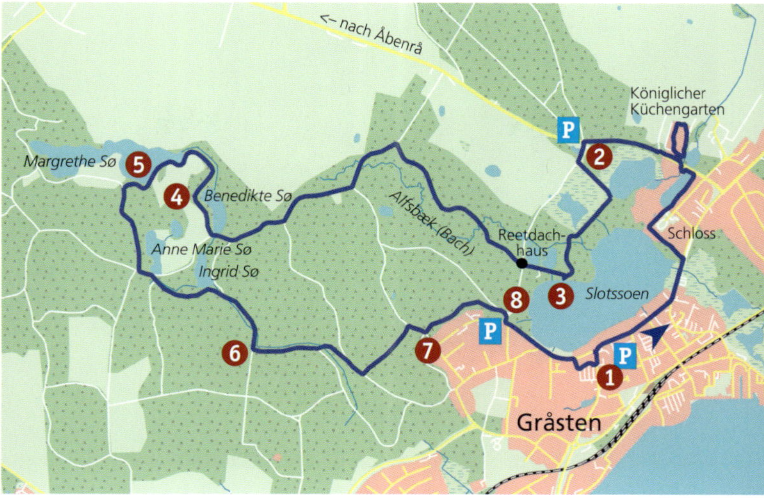

treten werden kann. Die gepflegten Anlagen laden zur Rast ein. Besonders auf der Rückseite des Hauptgebäudes befinden sich Sitzgelegenheiten. Durch ein Seitentor können wir die Anlage nach rechts verlassen (oder Haupteingang und dann links). Wir gelangen auf den Feldstedtvej. Dort befindet sich unter der Hausnummer 8 der Königliche Küchengarten, der einen ausgiebigen Rundgang lohnt (Laden, Café).

Der Fußweg verläuft zunächst auf der rechten Seite der Straße, dann müssen wir nach links wechseln. Bald erreichen wir einen **Parkplatz** 2. Hier führt die Gul-Route geradeaus in den Wald hinein. Wir folgen von jetzt an weitgehend dieser Ausschilderung. Hinter einer Brücke gehen wir rechts. An einer Wegegabel geht es links. Wir erreichen einen Steg mit **Picknickmöglichkeit** 3. Wir gehen nicht am Seeufer weiter, sondern auf dem breiten Weg dahinter. Wir passieren ein Reetdachaus mit Schuppen und folgen dem ansteigenden Weg geradeaus. Nach einigem Auf- und Ab folgen wir geradeaus dem Gul-Vej.

Wir passieren rechts einen Findling mit dem Hinweis „Humlebjerg 0,9 km", später links einen weiteren „Humlebjerg 0,6 km" und erreichen schließlich den Benedikte Sø. Hinter dem Benedikte Sø biegen wir bei einem **Findling** „Margrethe Sø 0,6 km, Ann Marie Sø 0,3 km", nach rechts ab. 4 Nach zehn Minuten passieren wir eine offizielle **Lagerfeuerstätte** 5 am Margrethe Sø.

An der nächsten Gabel gehen wir links vom See weg, links an einem Baum ist die gelbe Markierung noch

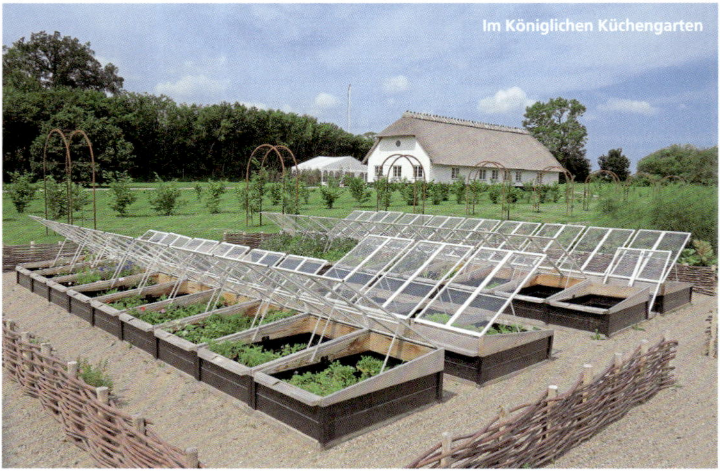
Im Königlichen Küchengarten

verwaschen zu sehen. Am nächsten Wege-T gehen wir links und erreichen die Spitze des Anne-Marie-Sees. Wir gehen auf einen kleinen Findling zu, der nach links „Gråsten 2,6 km" weist. Auch nach rechts geht es nach Gråsten 2,5 km. Wir gehen rechts.

Fünf Minuten später passieren wir den Ingrid Sø. Am nächsten Abzweig (kurz bevor der Weg ansteigt) biegen wir links ab und folgen der Ausschilderung gelber Punkt, gelber Pfeil. Linker Hand liegt kurz dar-

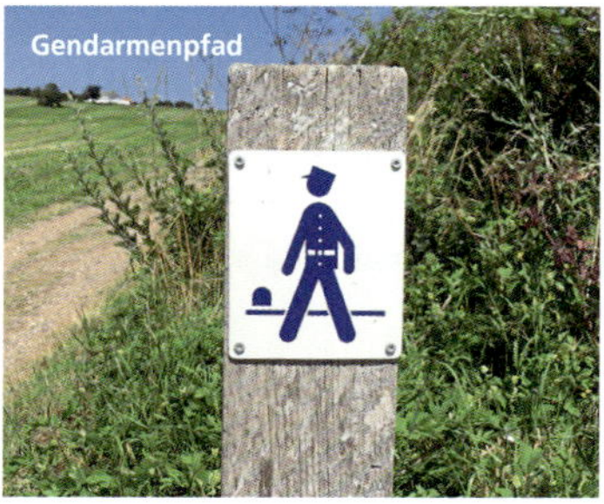
Gendarmenpfad

auf eine Brücke über den parallel zum Weg fließenden Bach. Wir überqueren den Bach über die Brücke und gehen anschließend rechts auf dem Pfad weiter, der uns nach knapp drei Minuten zu einem breiten Weg bringt. Hier gehen wir ebenfalls rechts weiter. Nach 100 Metern biegen wir links ab in einen breiten **Pfad** **6**. Am nächsten Wege-T gehen wir nach rechts. Es sind die ersten Häuser des Ortes Gråsten zu sehen.

Wir gehen nicht in den Ort hinein, sondern wenden uns nach **links** **7**. Etwas später, den Wasserturm im Hintergrund, biegen wir wieder vor den Häusern links ab. Wir erreichen einen **Wendeplatz** **8** mit großem Baum in der Mitte. Jetzt gehen wir rechts auf die Häuser zu und gehen sofort links der Skolegade folgend zum Parkplatz zurück, der bald rechts mit P-Schild markiert ist.

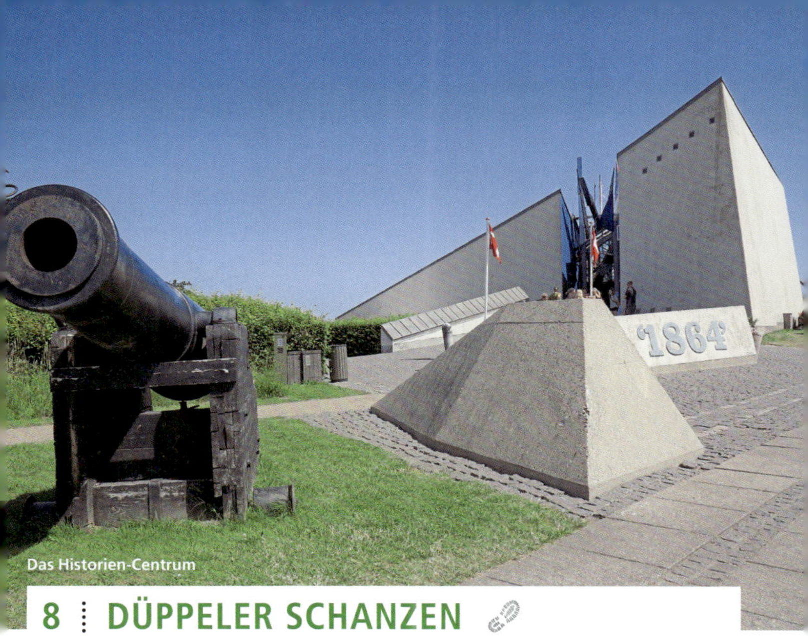

Das Historien-Centrum

8 DÜPPELER SCHANZEN

Die Düppeler Schanzen sind bekannt als Schlachtfeld des preußisch-dänischen Krieges von 1864, der den Grundstein der deutschen Reichsgründung unter preußischer Führung legte. Das Gebiet westlich Sonderburgs liegt auf einer Landzunge zwischen dem Alsen-Sund und Vemmingbund. Die Wanderung bietet einen lebendigen Ausflug in die Geschichte und wunderschöne Blicke auf die Ostsee. Mit einem Besuch des Historiencenters (ohne Wandergepäck) sollte die Wanderung starten.

- **Ausgangspunkt:** Parkplätze am Historiencenter von Dybbøl Banke. Straße: Dybbøl Banke 6
- **Charakter der Tour:** Als Rundstrecke durch die Schanzen und Sonderburg angelegt. Ein Teil der Tour folgt oberhalb der Steilküste dem Fernwanderweg Gendarmenpfad. Es gibt eine sehr gute Bademöglichkeit
- **Gehzeit ohne Pausen:** 3 Std.
- **Streckenlänge:** 10 Kilometer
- **Markierungen:** Gendarmenpfad
- **Einkehren:** In Dybbøl, Sonderburg am Hafen und in der Fußgängerzone

Vom **Parkplatz** 1 aus gehen wir rechts am Historiencenter vorbei und erreichen eine Gedenkstätte für gefallene Dänen und Preußen.

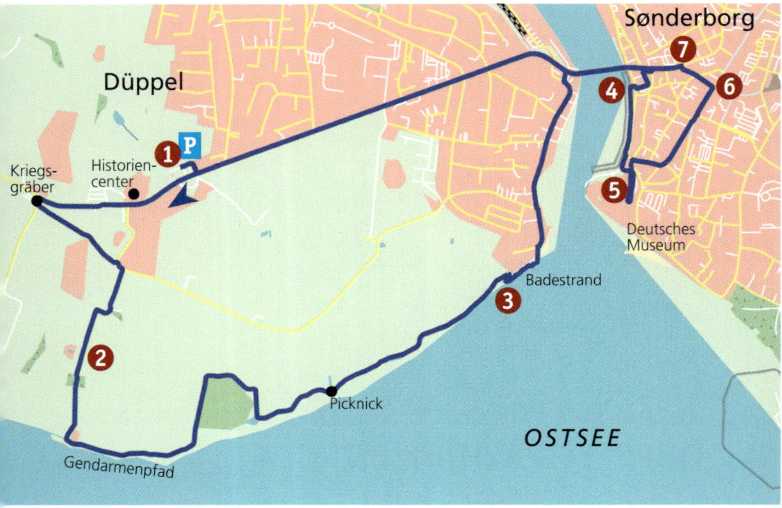

Nach Besichtigung der Kriegsgräber überqueren wir die Straße und folgen dem Weg, der zur Skanse 3 ausgeschildert ist. Wir durchqueren die Schanze 3, uns rechts haltend, und verlassen sie in südlicher Richtung, uns jetzt links haltend durch ein kleines Tor, gehen kurz auf ein Anwesen zu und biegen auf einen Weg nach rechts ab, der zur Ostsee hinunterführt. Nach der Besichtigung der Skanse II 2 erreichen wir an der Skanse I den Fernwanderweg Gendarmenpfad, dem wir nach links folgen. Wir gehen auf der Steilküste der Ostsee.

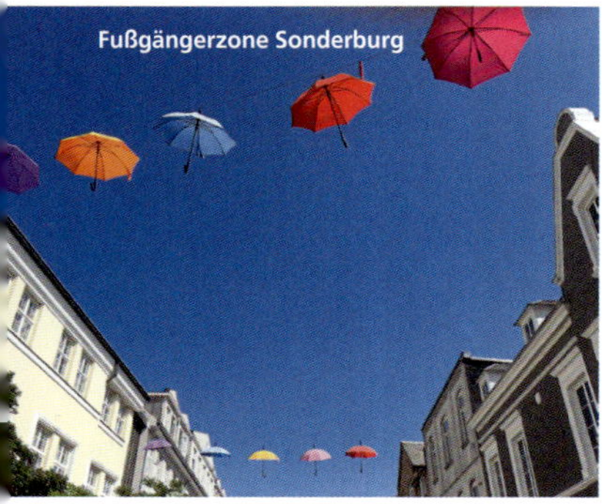
Fußgängerzone Sonderburg

Wir folgen dem ausgeschilderten Gendarmenpfad. Es gibt unterwegs zwei Sitzgruppen für Picknickpausen. Schon an der Ortsgrenze Sonderburgs erreichen wir schließlich eine Stelle, wo der Gendarmenstieg nach links abbiegt. Wir gehen jedoch rechts 3 zum Badestrand hinunter (schöne Bademöglichkeit). Gegenüber ist bereits das Schloss zu sehen, unser Zielpunkt.

Wir gehen am Strand links weiter über den Parkplatz in die Sundegade hinein bis zur Brücke, die über den Alsensund in den Hafen und die Stadt führt. Nach der Überquerung der Brücke gehen wir rechts die Treppe hinunter und erreichen den

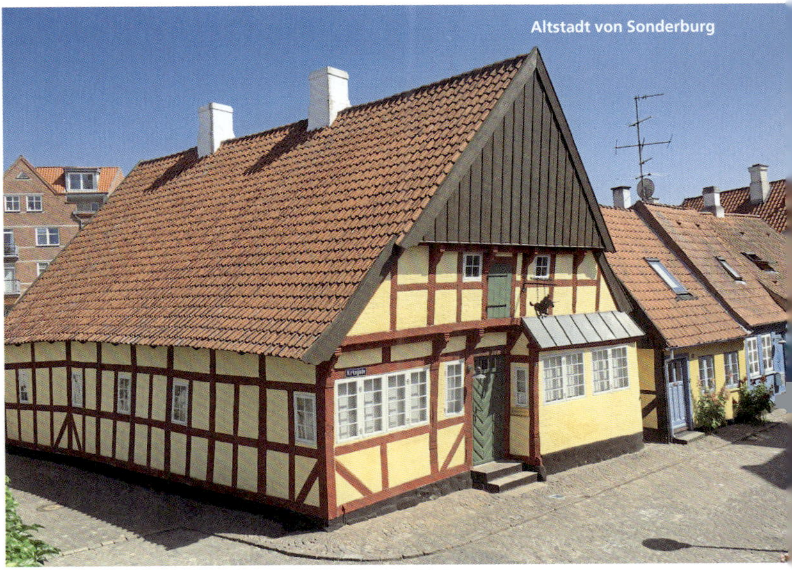

Altstadt von Sonderburg

Hafen ❹. Dort gehen wir links. Es gibt einige Einkehrmöglichkeiten. Wir kommen bald zum **Schloss** ❺. Darin ist das Deutsche Museum Nordschleswigs untergebracht. Es lohnt einen Besuch.

Wir wenden uns vom Schloss weg wieder Richtung Hafen, gehen aber

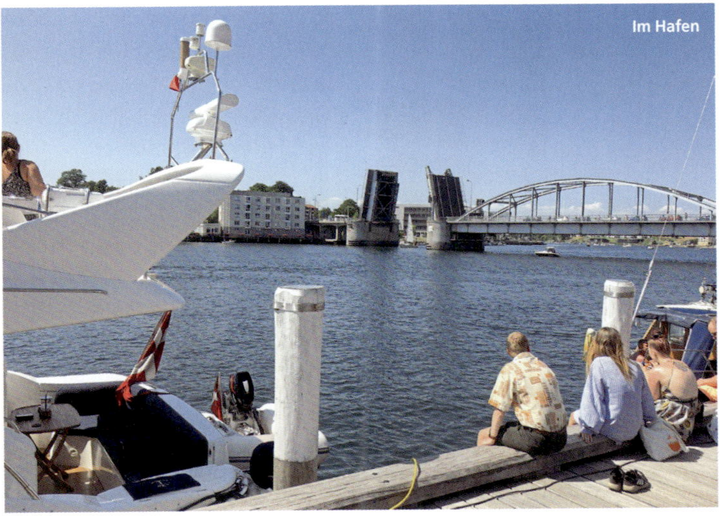
Im Hafen

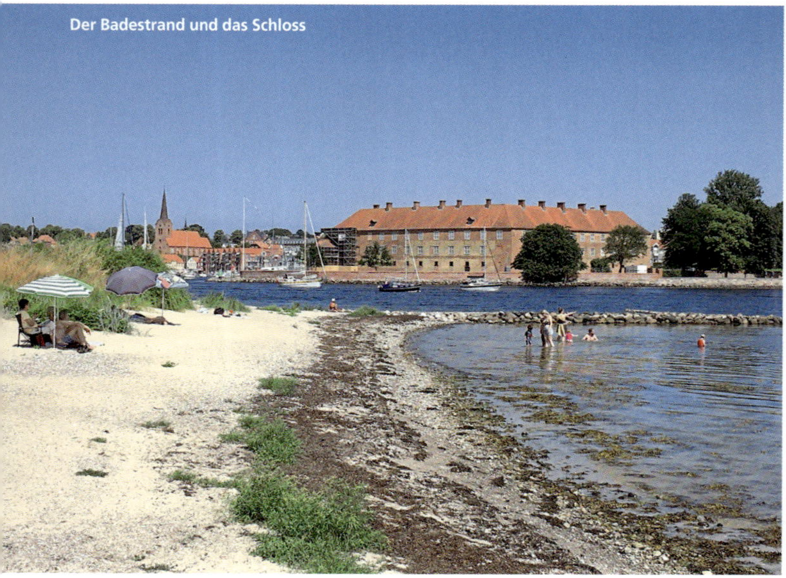

Der Badestrand und das Schloss

rechts die Straße Brogade in Richtung Innenstadt hinauf. Wir folgen

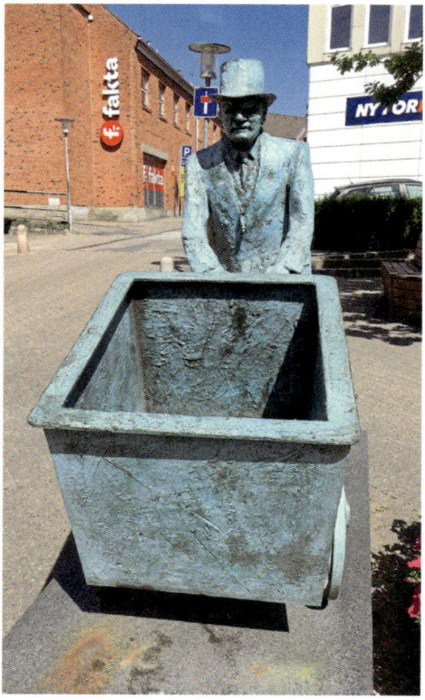

der Fußgängerzone nach links, bis wir zu einer Unterbrechung der Fußgängerzone durch eine Fahrstraße gelangen (Perlegade/Jernbadegade) 6. Genau dort stehen zwei rote **Briefkästen**. Wir wenden uns jetzt nach links, sehen schon die Rückseite der Kirche, bis wir die breite Fahrstraße zur Brücke über den Sund wieder erreichen.

Wir gehen auf der **linken Seite** weiter 7 (die Kirchenseite hat keinen Gehweg). Man kann – sofern man die Kirche besichtigen möchte – die Brücke unterqueren und gelangt anschließend über die Treppe wieder hinauf auf den linken Gehweg. Auf dem Gehweg – später rechts – neben der Hauptstraße erreichen wir nach 1,5 Kilometern wieder den Ausgangspunkt.

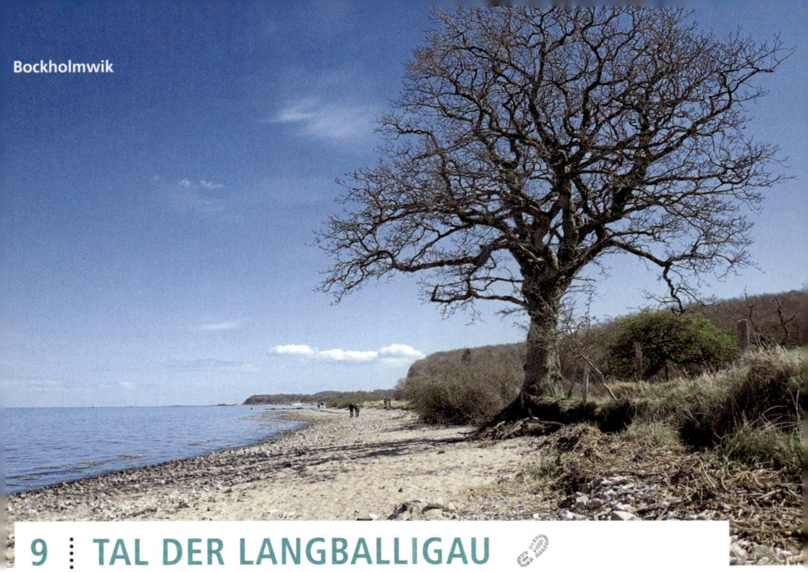

Bockholmwik

9 TAL DER LANGBALLIGAU

Eine abwechslungsreiche Wanderung durch große Mischwälder, über einen Waldlehrpfad, am Ufer der Ostsee entlang und durch das Tal der naturbelassenen Langballigau. Lohnenswert ist auch der Besuch Unewatts, wo ein Freilichtmuseum in das Dorf integriert ist. Bademöglichkeit am Strand im Bereich Bockholmwik oder hinter dem Jachthafen Langballigau.

- **Ausgangspunkt:** Parkplatz an der Hauptstraße bei der Schule von Langballig im Ortsteil Unewattfeld-Laiker. In Langballig von der B 199 Flensburg–Gelting abbiegen, Richtung Westerholz-Langballigau. Hinter dem Ortsendeschild von Langballig liegt rechts die Schule. Der Parkplatz folgt danach rechts
- **Charakter der Tour:** Rundwanderung mit einigen Steilstücken. Bei Regen im Bereich der Steilküste gelegentlich rutschig. Entlang der Langballigau auch nach Trockenperioden ist der Weg trotzdem oft matschig
- **Gehzeit ohne Pausen:** 4:15 Std.
- **Streckenlänge:** 13,7 km
- **Markierungen:** Teilweise Fördesteig, örtliche Ausschilderung
- **Einkehren:** am Jachthafen Langballigau, in Unewatt

Vom **Parkplatz** ① aus gehen wir nach rechts **neben der Fahrstraße** auf dem Radweg. Etwa 200 Meter vor einer Bushaltestelle können wir

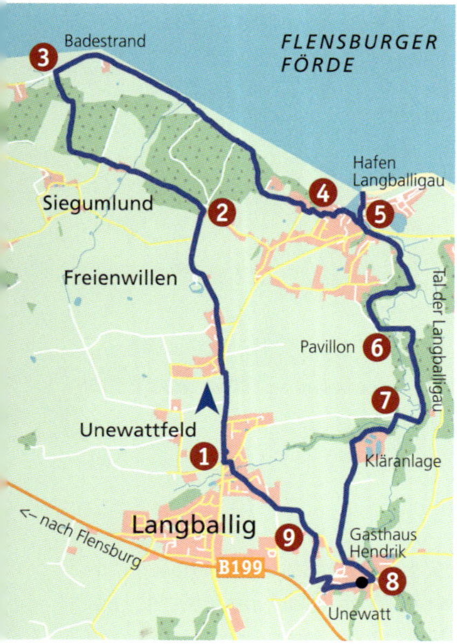

die Straße überqueren und gehen parallel zu ihr nach rechts. Wir folgen der Ulmenstraße immer geradeaus Richtung Siegum. Links ein kleines Schild „Hafen".

Wir erreichen den Gutshof Freienwillen und gehen nach rechts in die freie Landschaft hinaus. In einer Kurve verlassen wir die Asphaltstraße und gehen geradeaus ins Landschaftsschutzgebiet hinein, dem Wanderweg Siegumlund 1,5 km folgend. Andere Hinweise nach Siegumlund und Siegum beachten wir nicht. Am **Waldrand** angelangt (Parkplatz) 2, nehmen wir an dem Haus den nach links abzweigenden Weg. Der Wald ist als Naturschutzgebiet ausgewiesen. An der nächsten Gabel gehen wir rechts, auf dem Hauptwanderweg.

Wir kommen aus dem Wald heraus, der Weg mündet in einen schmalen Pfad ein. In der Senke hinter Bäumen sehen wir bereits die Häuser des Weilers Siegumlund, den wir kurz darauf durchqueren. Die Straße aus Siegumlund heraus macht eine Linkskurve, der wir kurz folgen. Unmittelbar darauf folgen wir dem Wanderweg nach rechts in den Wald hinein, Richtung Bockholmwik. An der nächsten Wegegabel nehmen wir den Weg nach rechts. Bald erreichen wir die Ostsee in der Nähe des Jachthafens Bockholmwik. Dort kann man **am Strand** eine Pause machen 3.

Am Strand folgen wir dem breiten Weg nach rechts. Später gehen wir zeitweise direkt an der Wasserkante. Ab dem Waldsaum ist der Weg als Fördesteig markiert. Kurz darauf kommt ein Schilderbaum. Wir gehen geradeaus nach Langballigau. Über eine Treppe nebst Tauwerkgeländer gehen wir auf dem Hauptweg weiter. Der Weg ist teilweise durch umgestürzte Bäume schwierig zu gehen.

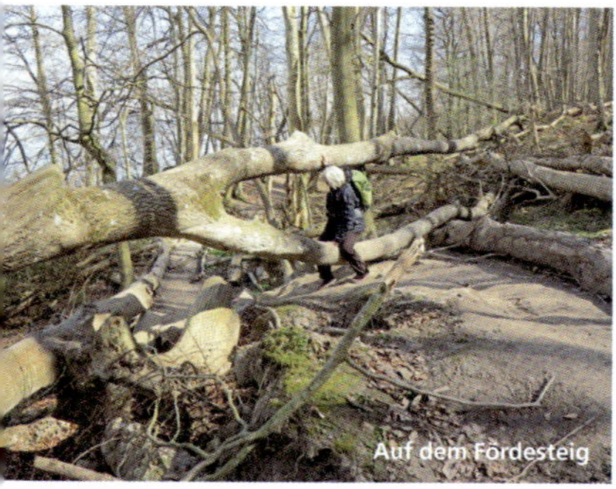
Auf dem Fördesteig

Im Ort Langballigholz folgen wir kurz dem Asphaltweg. Nach links knickt vor einer Hecke ein Pfad ab. Wir gehen dort hinein und weiter. Hinter einer grünen Pumpe, die wir passieren, folgen wir der Markierung Fördesteig nach links. Über eine **Treppe** ❹ bergab erreichen wir **Langballigau** ❺ mit seinen Hafenanlagen. Es bietet sich wieder eine Pause an.

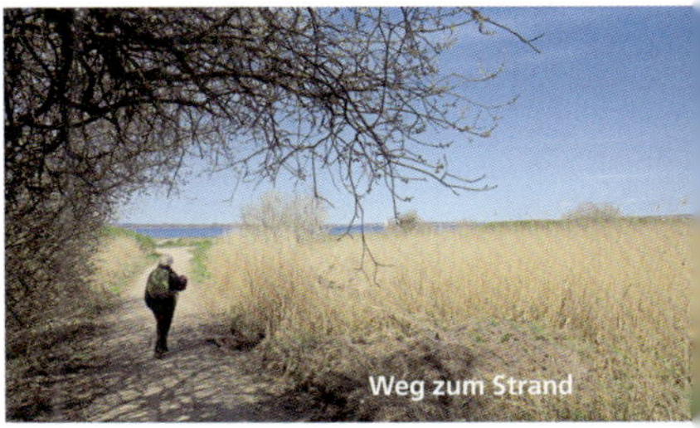
Weg zum Strand

Der Fördesteig zweigt nach links ab. Wir gehen zur Hauptstraße, überqueren diese und gehen weiter nach links, dem Schild Autalrundweg, Unewatt 3.5 km folgend. Den Bohlenweg nach links ignorieren wir und gehen weiter am Waldsaum entlang. An einer Wegegabel (Westerholz/Unewatt) wenden wir uns nach links und gehen über eine **Brücke** ❻.

Kurz darauf erreichen wir wieder eine Verzweigung. Vor uns am ansteigenden Hang steht ein kleiner Pavillon. Wir gehen nach rechts, Unewatt ist mit der Entfernung 2 km angegeben. Nach links zweigt bald eine Treppe nach Westerholz ab, die wir ignorieren. Kurz darauf kreuzen wir über einen Steg nach rechts wieder die Au. Wir gehen auf einem leicht ansteigenden Holzbohlenweg. An der nächsten **Kreuzung** ❼ gehen wir links, „Unewatt 1 km". (Geradeaus ist Langballig-Schule ausgeschildert, unser Ausgangspunkt.) Wieder am Ende eines Bohlenweges erreichen wir eine Wegeverzwei-

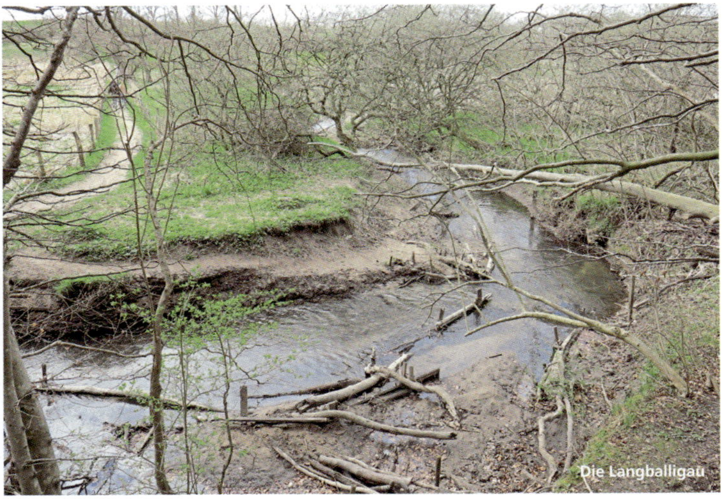
Die Langballigau

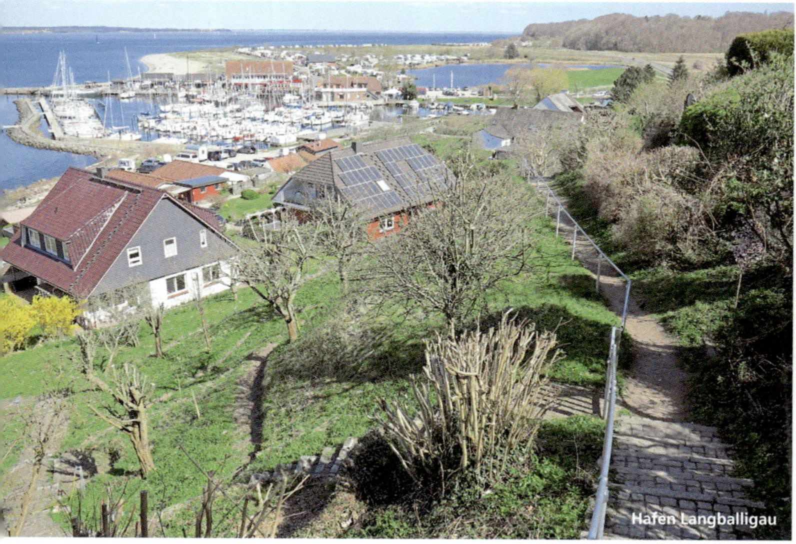

Hafen Langballigau

gung am Zaun der Kläranlage. Wir gehen nach rechts. Nach Umrundung der Kläranlage wandern wir auf einem Asphaltweg. Links hinten sehen wir die Unewattmühle. Sie ist Teil des Museumsdorfes. Wir erreichen bald darauf Unewatt.

Die vier den Ort umgebenden Museumsteile sind gebührenpflichtig, man kann sie aber auch gut von außen begutachten. Wir wenden uns auf der Schmiedestraße nach links. Geradeaus kommt man zur

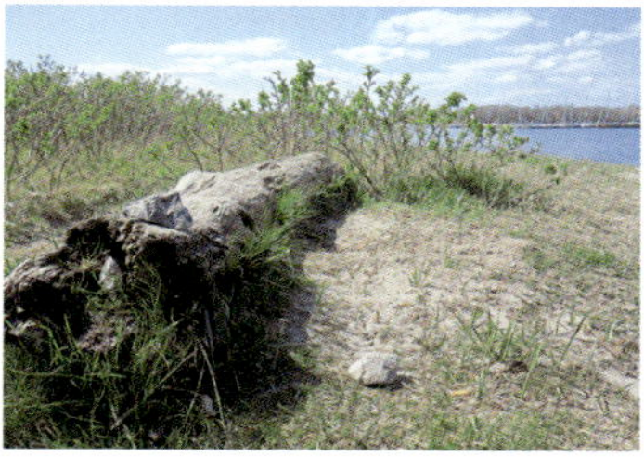

Mühle. Rechter Hand liegt das **Restaurant Unewatt** bei Hendrik, das eine Einkehr lohnt 8.

Wir gehen nach rechts weiter auf der Unewatter Straße und zweigen in einer Spitzkehre auf dem ausgeschilderten Museumsrundweg nach rechts ab. Über eine Treppe erreichen wir ein Asphaltsträßchen und wenden uns nach links. An der nächsten Gabel gehen wir rechts in den Kastanienweg hinein. An der nächsten Gabel links. Uns rechts haltend verlassen wir Unewatt und folgen der **Ausschilderung** Langballig 9 1 km.

Im Ort biegen wir nach rechts ab in die Straße An der Schulau. Kurz darauf erreichen wir die Rückseite des Schulgebäudes, umrunden es nach links und kommen, uns rechts haltend, zum Ausgangspunkt zurück.

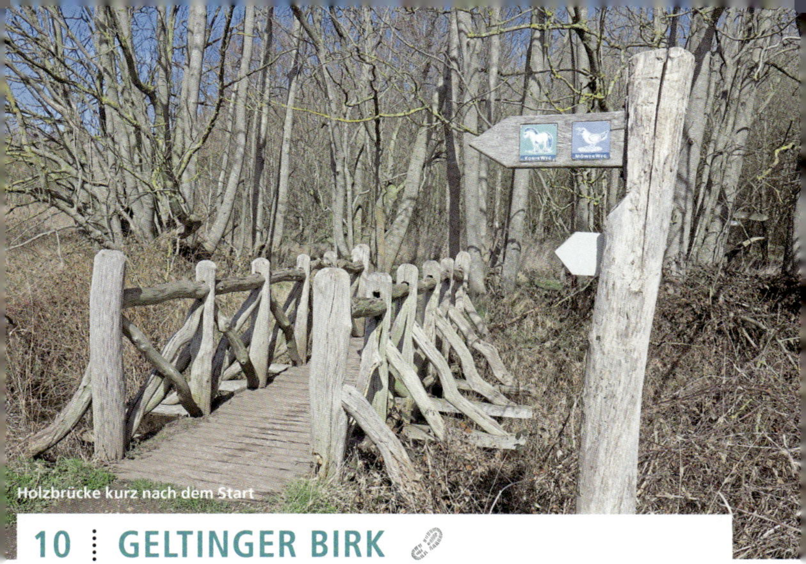

Holzbrücke kurz nach dem Start

10 ⋮ GELTINGER BIRK

Die Geltinger Birk ist ein Naturschutzgebiet aus Salz- und Feuchtwiesen. Es ragt als Landzunge weit in die Ostsee hinein. Überall ist die prägende Kraft der Natur zu erkennen. Die Wanderung führt durch das Gebiet hindurch und anschließend am Ufer der Ostsee entlang.

- **Ausgangspunkt:** Die Straße Goldhöft, die aus Gelting herausführt. Von ihr biegt eine kleine Straße Richtung Birk/Mühle Charlotte nach links ab. Dort befindet sich ein Parkplatz (auch für Reisemobile geeignet)
- **Charakter:** Rundwanderung auf Asphalt- und Wanderwegen. Wegen der Beschränkungen durch den Naturschutz gibt es keine Bademöglichkeiten in der Ostsee. Die Wege sind durch Zäune (teilweise elektrisch) eingefasst
- **Gehzeit ohne Pausen:** 3 Std.
- **Streckenlänge:** 10,8 km
- **Markierungen:** Hauptsächlich Radwegausschilderung. Im ersten Teil Richtung Falshöft, danach Mühle Charlotte nach links
- **Einkehren:** An der Strecke keine Möglichkeit. Am Ausgangspunkt Imbiss

Vom Parkplatz wenden wir uns vor dem **Kiosk** ❶ nach rechts in einen kleinen Pfad. Nach starken Regenfällen ist dieser oft unpassierbar. Dann muss man zurück zur Fahrstraße gehen und erreicht entlang dieser nach links gehend Nieby. Der Funkturm Falshöft ist als Richtungspunkt gut zu sehen.

Dem Pfad folgend gehen wir unmittelbar vor einigen Häusern über eine kleine Holzbrücke. Dort kurz

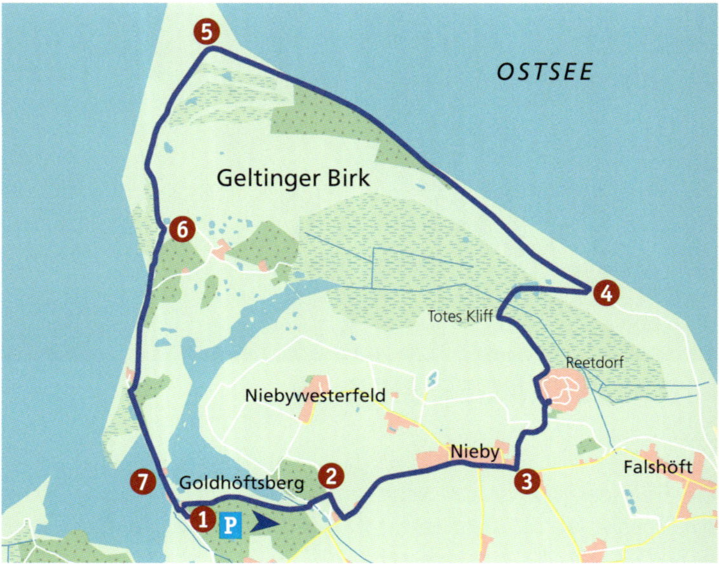

nach rechts (Schilderbaum Niebywesterfeld/Falshöft) und dann gleich wieder links an einem Waldsaum entlang. Wir überqueren einen verbuschten Knick (bewachsener Erdwall) auf einem schmalen Übergang und gehen auf dem **Feldweg** **2** nach rechts. Bald dar-

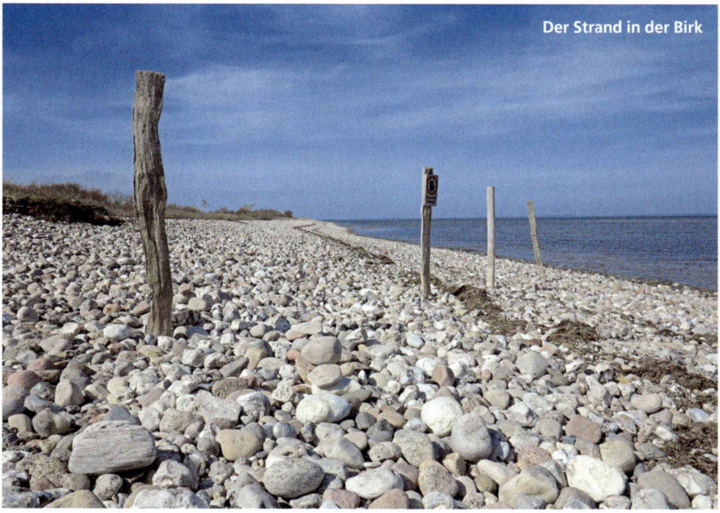

Der Strand in der Birk

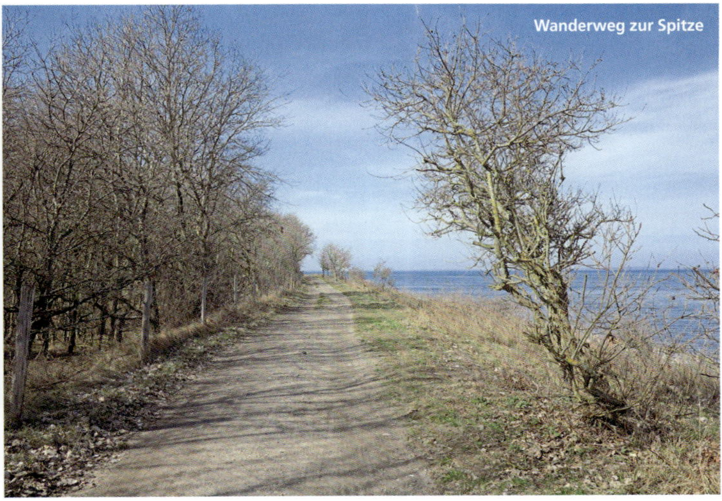

auf folgen wir einem Asphaltsträßchen nach links. Wir kommen nach Nieby und gehen auf der Dorfstraße durch den Ort. An dessen Ende biegen wir nach links ab zum **Reetdorf** ❸. Dort lohnt sich ein kurzer Blick auf den Eingang mit seinen Kunstwerken.

Wir gehen am Reetdorf links vorbei und folgen dem Wanderweg bis zu einem Gatter. Dort befindet sich eine Infotafel zum Toten Kliff. Wir wenden uns nach rechts und gehen durch ein Gatter auf dem Weg durch die Birk. Wir erreichen den **Strandweg** ❹ und folgen diesem nach links zur Mühle Charlotte, 5.8 km. Wir passieren die **Spitze** der Birk ❺.

Kurz vor dem Ziel verlässt man den Hauptweg und geht auf einem kleinen Wanderpfad. Wir passieren das Häuschen des **Naturschutzwarts** ❻, kommen an der **Mühle** ❼ vorbei und erreichen wieder den Parkplatz.

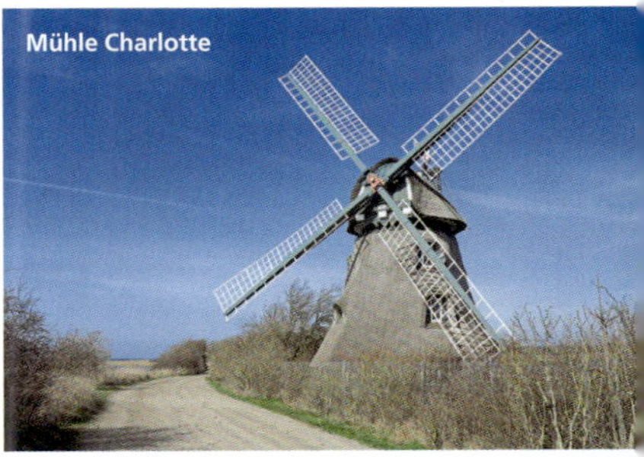

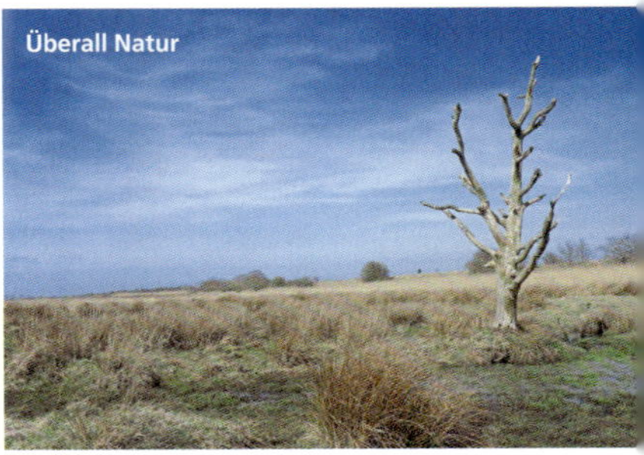

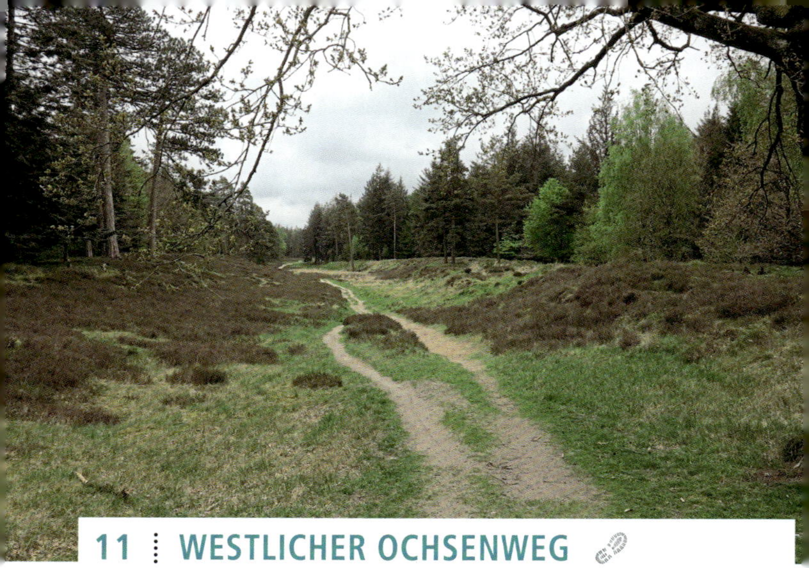

11 WESTLICHER OCHSENWEG

Rundweg auf dem historischen Ochsenweg in Südtondern. Die alte Handelsstraße mit ihrer Sandpiste vermittelt einen guten Eindruck davon, wie vor der Zeit der Eisenbahn Viehherden von Jütland zur Elbe bei Wedel getrieben wurden.

- **Ausgangspunkt:** Parkplatz am Damwildgehege in Leck, Lecker Chaussee 17, in der Nähe der Kreuzung mit der Flensburger Chaussee
- **Charakter der Tour:** Einfache Wanderung durch ein Waldgebiet, teilweise in naturbelassenen Hohlwegen. Zahlreiche Infotafeln informieren unterwegs über die Geschichte des Ochsenweges
- **Gehzeit ohne Pausen:** 2:30 Std.
- **Streckenlänge:** 8,3 km
- **Markierungen:** Örtliche Markierungen für Rundwege, ohne direkte Bedeutung für unseren Tourenverlauf
- **Einkehren:** In Leck

Vom Parkplatz ❶ aus gehen wir nach rechts (Richtung Ortsausgang Leck) und folgen dem Zaun um das Gehege herum. Dort erreichen wir einen Sandweg, den eigentlichen Ochsenweg. Diesem folgen wir nach rechts – immer auf dem Hauptweg bleibend – bis wir schließlich nach fast drei Kilometern an einem großen **Rasenplatz** ❷ ankommen. Dieser ist mit Sitzgelegenheiten ausgestattet. Dort stand früher ein Gasthaus.

Wir wenden uns dort nach links und gehen sofort wieder halbrechts (Wegestein 211/210) und nicht in den ausgeschilderten Petersburger Weg. Am nächsten, geschotterten Waldweg, biegen wir nach links ab. An der nächsten Kreuzung – hinter einer Kuppe – wenden wir uns nach rechts ❸. Dort steht eine **Markierung**: Eule, Naturwald.

An einer Kreuzung (Schild Mittelweg) und Wegestein 208/217 wenden wir uns nach links. Kurz darauf passieren wir die Kreuzung Rungeweg mit einem ersten kleinen Teich und Sitzbank. Bald dahinter öffnet sich der Wald zu einer Lichtung mit weiteren Ententeichen und Sitzgelegenheiten ❹ (**Pavillon** im Langenberger Forst). Wir durchqueren dieses Wiesenstück und folgen dem Wanderweg an einem bearbeiteten Findling (Dr. Ernst Bock) vorbei. Vor

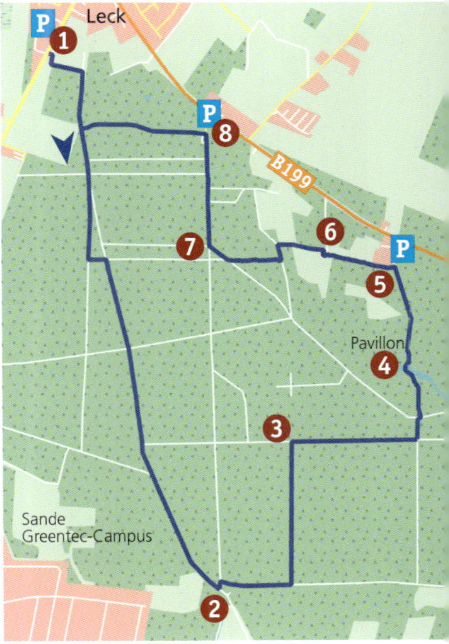

der Bundesstraße kommen wir links an einem **Wendehammer** ❺ an (Waldlehrpfadhütte). Dort zweigt

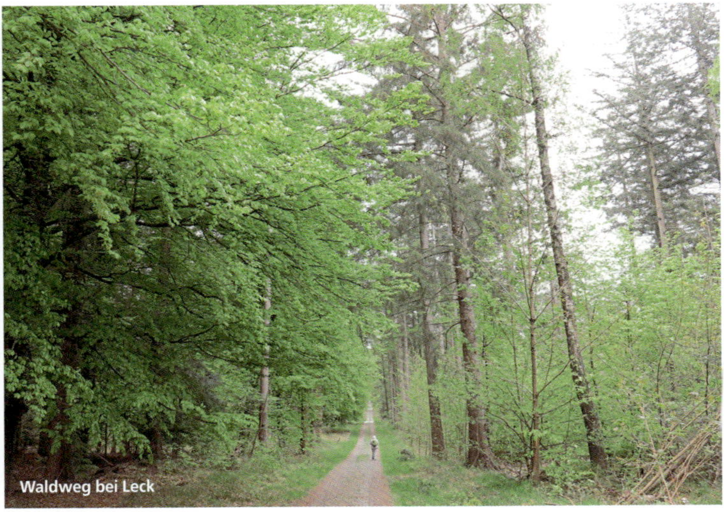
Waldweg bei Leck

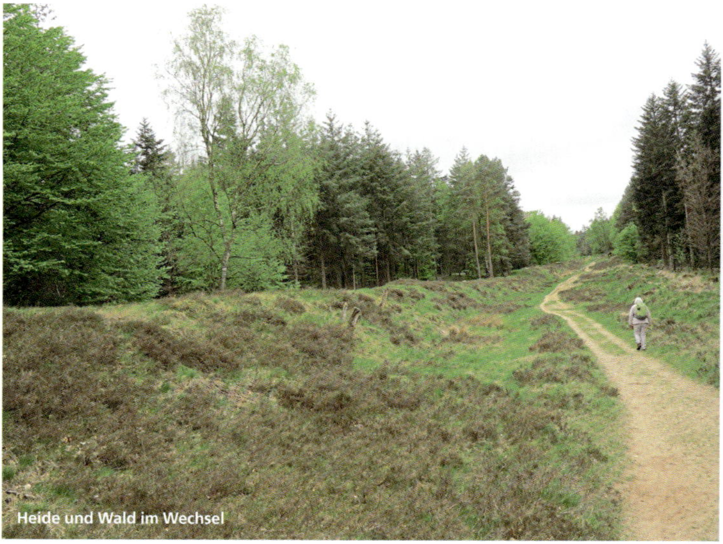

Heide und Wald im Wechsel

vor einem Haus ein Weg ab, dem wir folgen. Bald erreichen wir zwei Häuser (123, 121). Wir gehen am Haus 121 (Reetdach) 6 rechts vorbei in den Wald. Der Pfad macht einige Kurven. An einem Waldweg mit dem Wegestein 218 biegen wir links ab. Wir gelangen zu einer Schotterpiste, die bald darauf als Rungeweg markiert ist und gehen nach rechts. Am nächsten **Findling** (Karl Thomsen) 7 gehen wir wieder rechts.

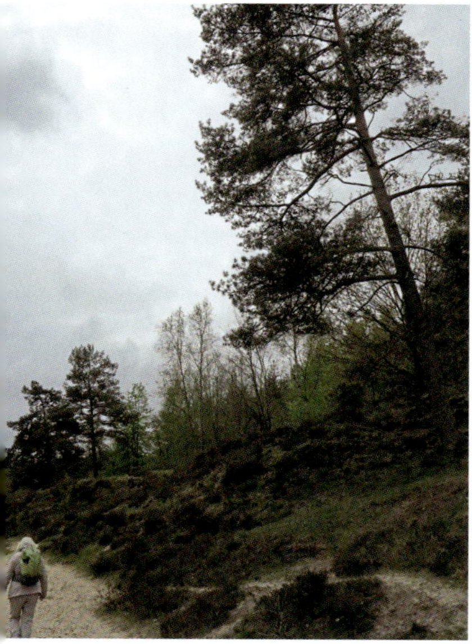

Kurz vor der Bundesstraße erreichen wir einen Parkplatz, den wir diagonal überqueren. Am Ende steht ein weiterer Findling, rechts ein Hinweisschild 8 zum **Hundefreilaufplatz**. Wir folgen dem Weg am Findling vorbei. Bald kommen wir wieder zum Ochsenweg. Nach rechts gehend gelangen wir nach einigen hundert Metern zum Zaun des Wildgeheges, dem wir nach links zum Ausgangspunkt folgen.

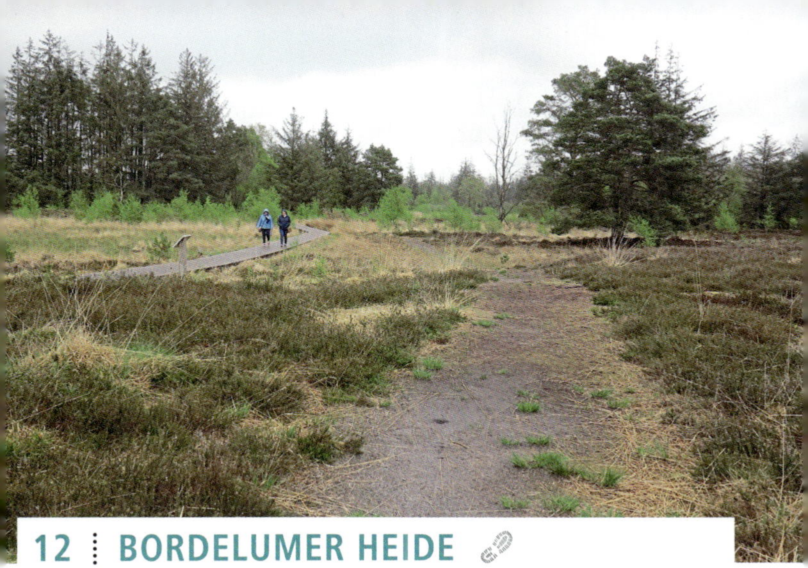

12 ⋮ BORDELUMER HEIDE

Die Wanderung führt durch urwüchsige Wald- und Heidelandschaften auf einem Geestrücken Nordfrieslands entlang, der teilweise weite Aussichten bietet. Ein Naturlehrpfad ist in die Tour integriert. Vom Aussichtsturm an der B 5 hat man grandiose Blicke bis zur Nordsee.

- **Ausgangspunkt:** Parkplatz am Funkturm Stollberg an der B 5 nördlich der Ortschaft Bredstedt
- **Charakter der Tour:** Rundwanderung, teilweise auf unbefestigten Wegen. Im Bereich zwischen Bauhof und der Koppel bei Margarethenberg kann der Weg nach längeren Regenperioden unpassierbar sein. Dann muss man zurück zum Hauptweg gehen und anschließend die Asphaltstraße am Bauhof vorbeigehen. Man zweigt an der ersten Kreuzung rechts ab, nimmt die erste Abzweigung rechts und erreicht in einer Linkskurve wieder den ursprünglichen Wegeverlauf
- **Gehzeit ohne Pausen:** 2:15 Std.
- **Streckenlänge:** 8,3 km
- **Markierungen:** Örtliche Markierungen als Rundwanderweg
- **Einkehren:** Am Ausgangspunkt Friesenhof

Mit dem Rücken zur **Bundesstraße** ❶ gehen wir die Asphaltstraße entlang. Nach 400 Metern, an einer Verzweigung, nehmen wir den ersten Weg nach rechts. Er weist auf eine Reithalle hin. Der Weg zur Reithalle zweigt kurz darauf ab, wir gehen geradeaus weiter. Bald geht der

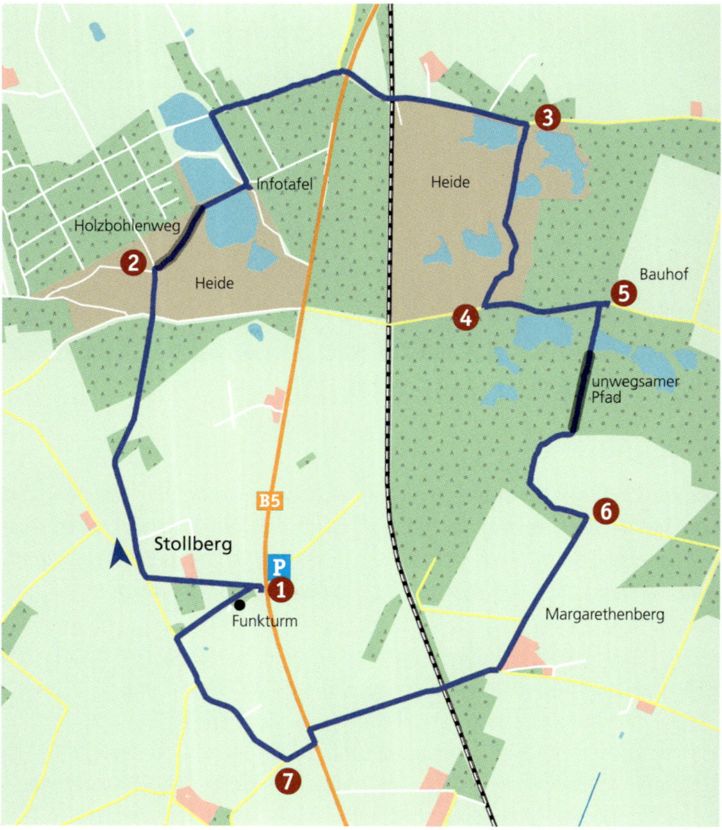

Weg in einen Feldweg über. Nach fast 20 Minuten, an einer Kreuzung mit einer Schautafel, gehen wir geradeaus. Unmittelbar danach wenden wir uns in einen Pfad nach rechts und gehen bald auf einem **Holzbohlenweg** 2 in die Heide hinein.

Wir passieren einige größere Fischteiche. Am Ende des letzten Teichs (rechts Infotafel) zweigen wir scharf nach links ab und gehen in den Wald hinein. Am Ende des folgenden Teiches gehen wir nach rechts. Im Hintergrund ist bereits die Zufahrt zur Bundesstraße zu sehen, die wir anschließend überqueren.

Wir bleiben immer auf dem **Asphaltsträßchen** (Beekensweg). Rechts ist bereits wieder die Heidelandschaft zu sehen. Später macht die Straße eine Kurve nach links. Dort gehen wir nach rechts in einen Wanderweg hinein 3. Er ist für Fahrzeuge durch eine Schranke versperrt. Wir folgen immer dem

Hauptweg. Bald sehen wir ein Haus. Dort geht es auf der Zufahrtstraße nach links zu einer **Asphaltstraße** **4**. Wir gehen nach links.

Nach einem längeren Stück auf der Asphaltstraße macht diese eine Rechtskurve. Dahinter liegt (gemäß Hinweisschild) ein Bauhof. Wir zweigen vorher in einen Weg **(Schild Naturschutzgebiet)** **5** nach rechts ab. Der zunächst gut zu gehende Pfad ist später teilweise zugewachsen und sumpfig. Man kommt an einem Fischteich vorbei und geht dann durch eine Hauung. Wir stoßen vor einer großen Koppel auf einen Querweg. Halblinks liegt ein Bauernhof.

Wir umrunden die Koppel nach rechts. Ein Querweg kommt von rechts, wir gehen links weiter. Wir haben die Koppel halb umrundet und erreichen jetzt einen **Asphaltweg** **6**. Wir gehen nach rechts. 10 Minuten später passieren wir, rechts liegend, die ersten Häuser von Margarethenberg und gehen geradeaus weiter. Schon einige Zeit vorher haben wir rechts wieder den Funkturm Stollberg im Blick gehabt. Am nächsten Wege-T gehen wir nach rechts auf einer schurgeraden Straße.

Wir erreichen die Bundesstraße und folgen dem Radweg. Wir gehen kurz links und sofort wieder auf der anderen Straßenseite in den Radweg hinein. Wir nehmen den ersten Weg nach rechts **7** **(Hochsteen)**. Einige hundert Meter weiter zweigt ein Weg zum Turm ab. Wir nehmen diesen Weg zum Turm. Eine Turmbesteigung ist möglich und lohnenswert. Unmittelbar danach sind wir wieder am Ausgangspunkt.

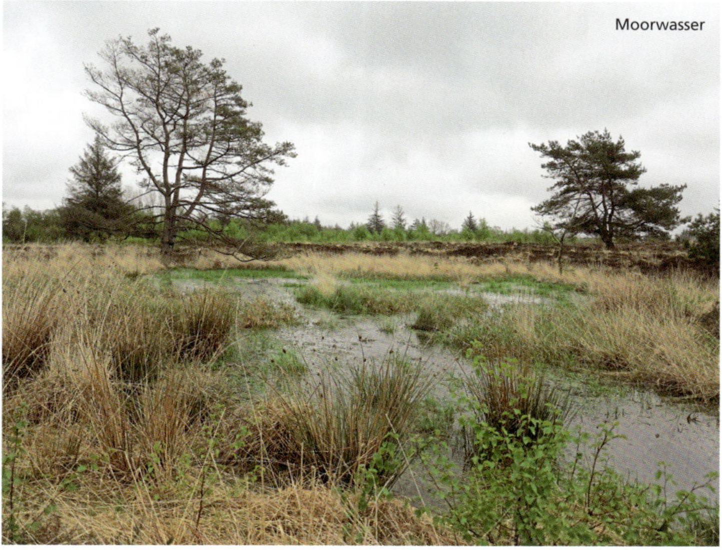
Moorwasser

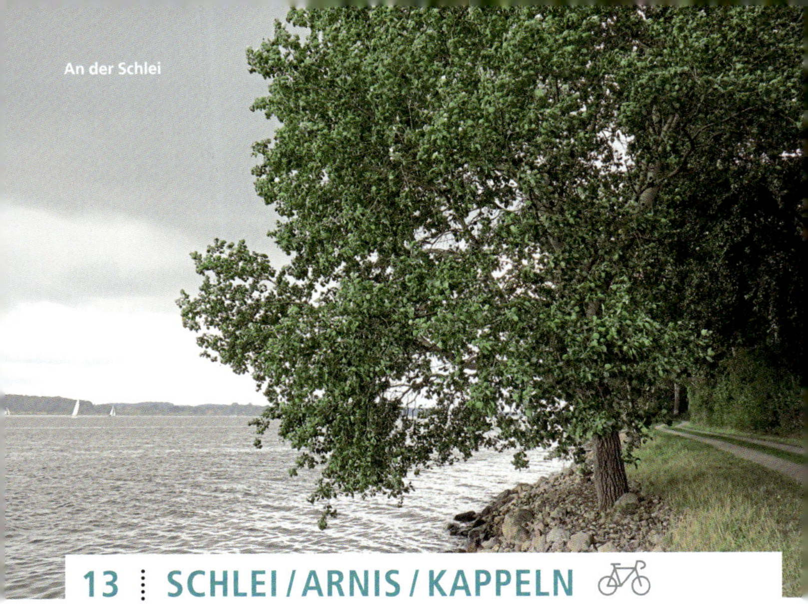

13 SCHLEI / ARNIS / KAPPELN

Rundfahrt durch die hügelige Landschaft zu beiden Seiten der Schlei. Anziehungspunkte sind die geschäftige und bei Urlaubern sehr beliebte Stadt Kappeln sowie die beschauliche Kleinstadt Arnis mit ihren Kunstgalerien.

- **Ausgangspunkt:** Parkplätze in Lindaunis, entweder am Bahnhof gegenüber dem Campingplatz oder etwas weiter nach Norden an der Hauptstraße rechts. Die Beschreibung unten beginnt im hinteren Teil der Straße Am Yachthafen in der Nähe des Sportboothafens Lindaunis. Die bisherige Schleibrücke Lindaunis wird bis Ende 2025 schrittweise durch eine neue Konstruktion ersetzt. Besonders im Herbst und Winter wird sie dann zeitweilig für den Autoverkehr komplett gesperrt. Für die Anreise aus dem Süden zum Ausgangspunkt der Tour bitte Umleitungshinweise beachten
- **Charakter der Tour:** Radwege oder wenig befahrene Nebenstraßen. Allerdings mit etlichen langen Steigungen
- **Fahrzeit:** 3 Std.
- **Streckenlänge:** 38 km
- **Markierungen:** Radwegmarkierungen
- **Einkehren:** Diverse Möglichkeiten in Arnis, Kappeln und Sieseby

Vom **Parkplatz** (Am Yachthafen) (1) aus fahren wir hinunter zur Fahrstraße und dann links auf dem Radweg parallel zur Fahrstraße der Aus-

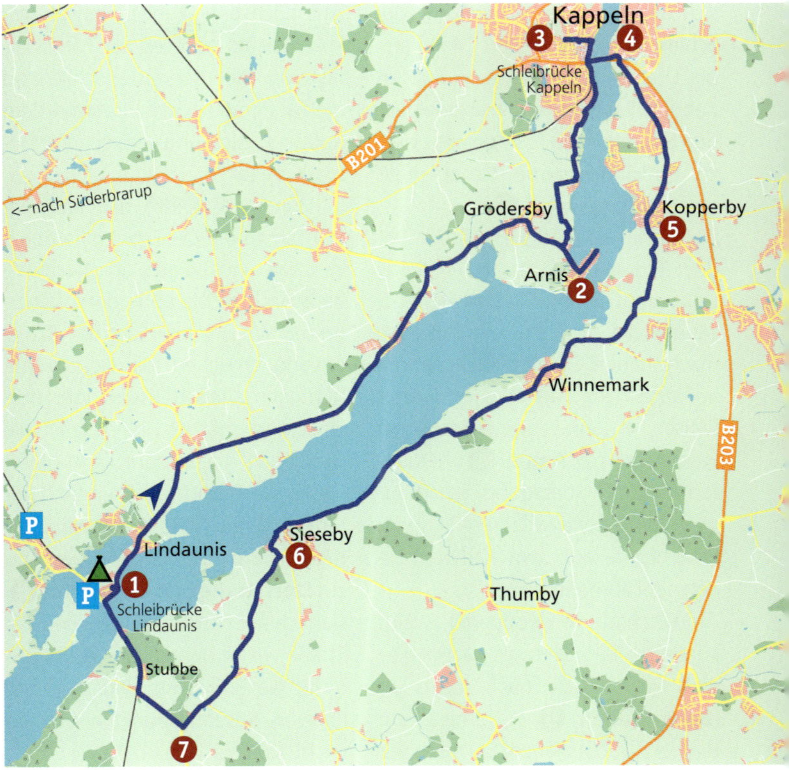

schilderung Arnis und Kappeln folgend. (Von den beiden anderen Parkplätzen zur Schleibrücke und dann links.)

Wir fahren durch Lindaunis, wechseln am Ortsende die Fahrbahn nach rechts, verlassen den Ort und folgen der Fahrstraßenausschilderung nach Arnis auf dem Radweg immer nach rechts. Wir bleiben auf dem Radweg und folgen der Beschilderung nach Arnis. In Arnis können wir die Räder in der **Fährstraße** abstellen (Einkehrmöglichkeit) 2. Dort überquert eine kleine Fähre die Schlei. Ein Spaziergang zu den beiden Ortsenden bietet sich an. Sehenswert ist das Innere der Kirche.

In Richtung Kappeln verlassen wir den Ort auf dem Hinweg und biegen am Ende der Kleinstadt nach rechts in einen nicht beschilderten Weg ein (Königsstein). Der Weg ist teilweise asphaltiert, auf einem Teilstück geschottert. An einer Gabel fahren wir rechts.

In Kappeln folgen wir dem gut markierten Radweg nach links in die Stadt hinein. Auch hier bietet es sich an, die Räder in der Nähe der Schleibrücke abzustellen. Man kann die Uferpromenade gut zu Fuß erkunden. Über eine der abzweigenden Straßen nach links gelangt man zur **Fußgängerzone**, die ebenfalls einen Bummel lohnt **3**.

Zurück an der Brücke nehmen wir den Radweg auf der linken Seite. Links lohnt ein Blick auf die Heringszäune, die Kappeln berühmt gemacht haben. Die Fische landen mit auflaufendem Wasser wie in einer Reuse und können dort entnommen werden. An der **Ampel** **4** überqueren wir die Bundesstraße (Schild: Jugendherberge) und fahren Richtung Eckernförde auf dem Radweg neben der Fahrbahn weiter.

Am Ortsende von Kopperby zweigt kurz nach dem Hinweis nach Karby eine Nebenstraße nach rechts ab **(Bauernladen)** **5**. Er ist mit einem Hinweis „Ostseefjord" markiert. Am nächsten Wege-T fahren wir links (rechts geht es zur Fähre Arnis). Wir überqueren anschließend die Fahrstraße und fahren auf dem Radweg Richtung Süseby/Winnemark weiter.

In Winemark endet der Radweg. Wir fahren auf der Fahrstraße durch den Ort und biegen am Dorfgasthaus nach rechts ab in den Steinerholzer Weg. Immer an der Schlei entlang erreichen wir Sieseby mit hübschen alten Häusern. Wer dort einkehren möchte, fährt links die Dorfstraße hinauf zum Gasthof Alt Sieseby. Von dort rechts entlang der Straße weiter. Ansonsten weiter geradeaus auf dem Pastoratsweg bis zur **Dorfstraße** und dann rechts **6**. Danach auf dem Radweg neben der Straße weiter bis wir, uns rechts haltend, die Brücke in Lindaunis und unseren Ausgangspunkt wieder erreicht haben.

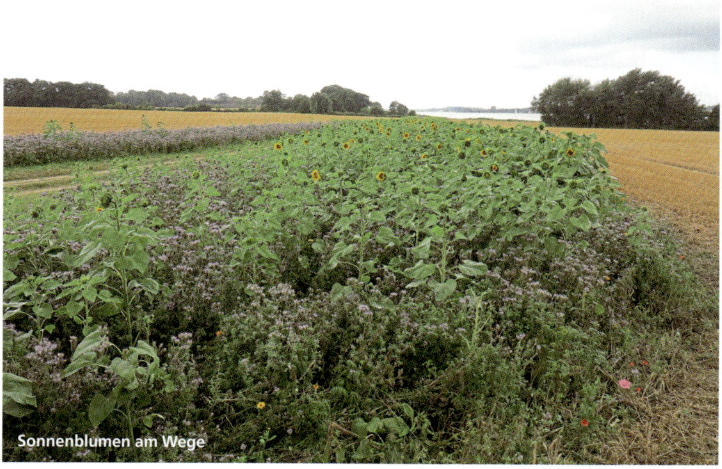

Sonnenblumen am Wege

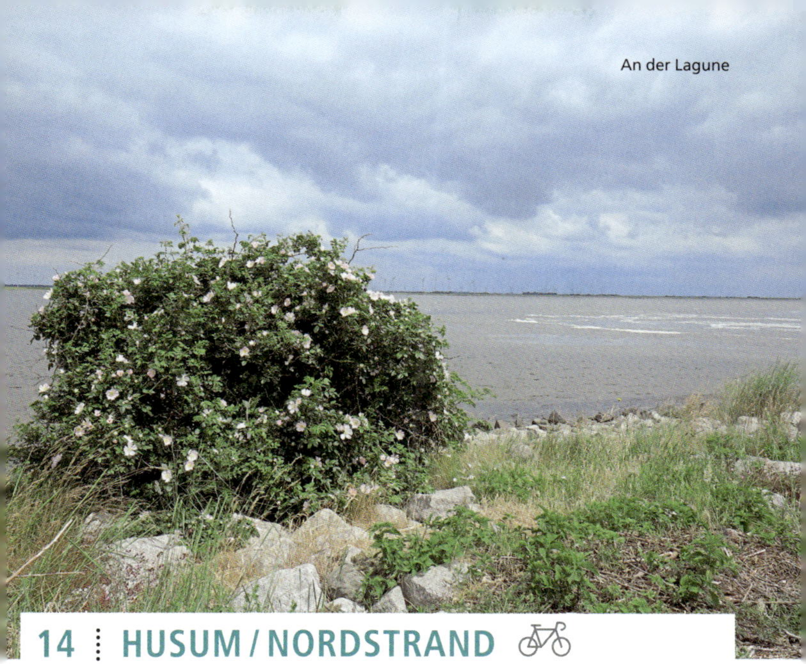

An der Lagune

14 HUSUM / NORDSTRAND

Rundfahrt, die die weitläufige Schönheit der Insel Nordstrand mit der naturbelassenen Salzwasserlagune Beltringharder Koog verbindet. In Lüttmoorsiel startet die Lorenbahn zur Hallig Nordstrandischmoor.

- **Ausgangspunkt:** In Husum der Parkplatz am Rand der Altstadt Dockkoogstraße/Porrenkoogsweg. Von dort aus kann man nach wenigen Schritten die malerische Innenstadt von Husum erkunden. Wer das nicht beabsichtigt, kann auch die Dockkoogstraße bis zum Ende durchfahren und startet vom Parkplatz an der Ruine des Nordseehotels
- **Charakter der Tour:** Einfache Tour auf Radwegen oder wenig befahrenen Nebenstraßen
- **Fahrzeit:** 3:50 Std.
- **Streckenlänge:** 46 km
- **Markierungen:** Radwegmarkierungen
- **Einkehren:** Diverse Möglichkeiten unterwegs und in Husum

Vom **Parkplatz** 1 aus fahren wir nach rechts die Dockkoogstraße bis zu ihrem Ende. Wir überqueren den Parkplatz an der Hotelruine nach links und folgen der Radwegeausschilderung am Deich. Man kann

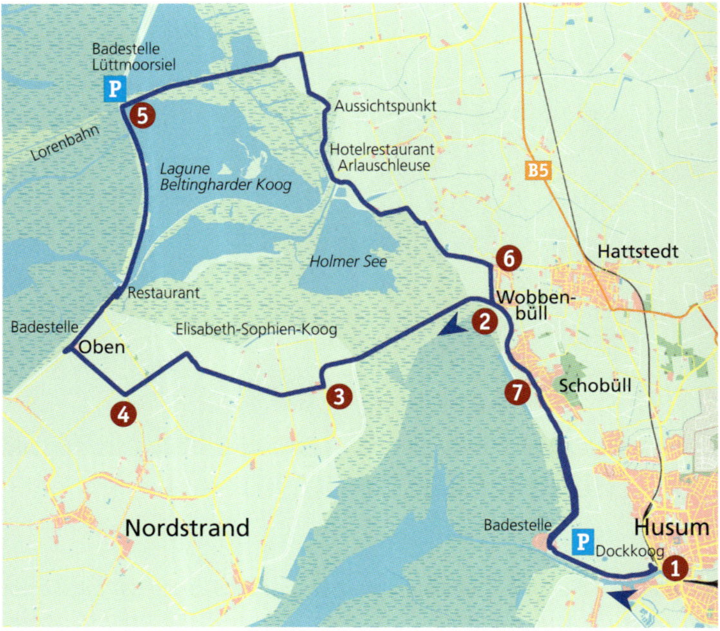

an der Nordsee entlangfahren (links über den Deich) oder rechts auf der Deichinnenseite. Bei starkem Wind ist es meist besser, hinter dem Deich zu bleiben. Vor dem Deich sind oft viele Spaziergänger unterwegs. Einige Schafgatter sind zu passieren.

Durch Schobüll fahrend (im Ort Straßenseite wechseln) erreichen wir die Zufahrt 2 zur Halbinsel **Nordstrand**. Neben dem Damm verläuft der Radweg. Auf Nordstrand fahren wir geradeaus neben der Hauptstraße weiter. In einer Linkskurve biegen wir rechts ab in den **Süderquerweg** 3 Markierung: Elisabeth-Sophien-Koog, Norden und Kurzentrum Dagebüll.

Nach einer Weile erreichen wir eine Wegegabel. Wir fahren links über den Deich, dem Radweg folgend. Wir queren eine Fahrstraße und verlassen somit die Radwegeausschilderung. Am nächsten **Querweg** fahren wir rechts 4 (Elisabeth-Sophien-Koog, Kurzentrum, Fährhafen). Wir fahren auf dem Deich bis wir „Oben" erreichen. Hier fahren wir hinauf auf den Seedeich und dann links durch das Gatter, die Rampe hinab und dann nach rechts am Meer entlang (Badestelle). In der Ferne sehen wir bereits ein Gebäude auf dem Deich. Dort verlassen wir über die Rampe die Seeseite und wenden uns unten nach links zur Seewasserlagune Beltringharder

Koog (Einkehrmöglichkeit Restaurant Seerose).

Wir fahren immer am Deich entlang und kommen nach **Lüttmoorsiel** 5 (Badestelle, Restaurant, Startpunkt Lorenbahn). Dort verlassen wir den Deichweg und biegen nach rechts ab, Richtung Hattstedt. Wir überqueren den Mitteldeich. An der nächsten Kreuzung fahren wir nach rechts. Hier ist bereits Husum ausgeschildert. Immer am Deich fahrend passieren wir das Hotel Arlauschleuse (Einkehrmöglichkeit), die Arlau-Scheuse und erreichen den Ort Wobbenbüll. Dort biegen wir sofort rechts ab in einen **Plattenweg** 6.

Wir kommen wieder an der Straße nach **Nordstrand** 2 an, fahren nach links und folgen dem Radweg parallel zur Fahrstraße nach Schobüll. Dort überqueren wir wieder die Fahrstraße und fahren parallel zu ihr durch den Ort. Kurz vor einem auffälligen Klinkergebäude mit **weißen Garagentoren** 7 fahren wir nach rechts und folgen der vom Hinweg bekannten Route – jetzt außendeichs – (Husum über Dockkoog) und erreichen unseren Ausgangspunkt.

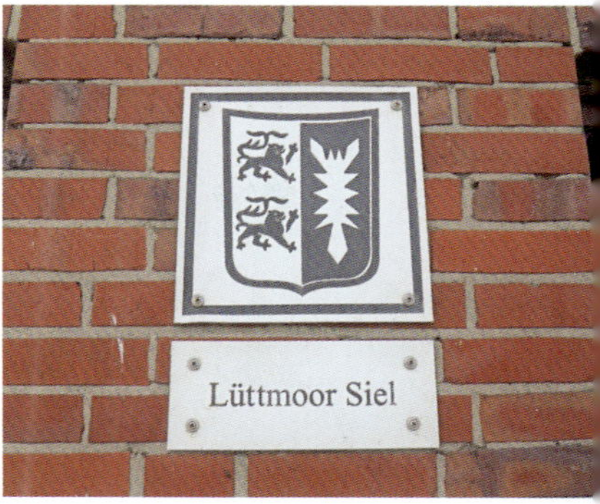

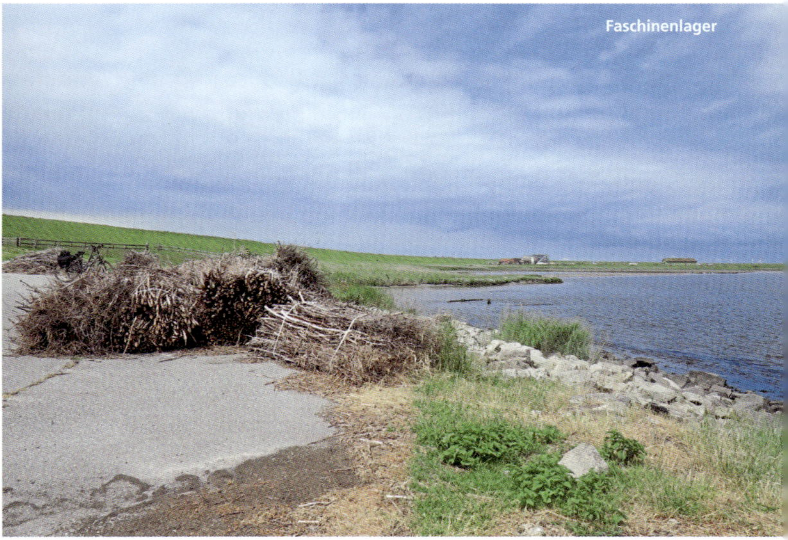

Faschinenlager

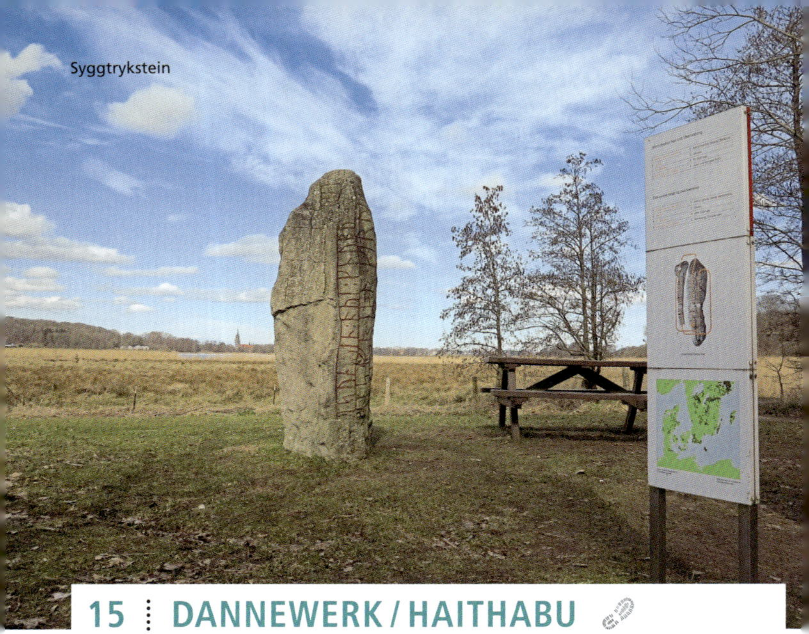

Syggtrykstein

15 DANNEWERK / HAITHABU

Auf den Spuren der langen Geschichte Schleswig-Holsteins erkunden wir die Pfade der Wikinger. Der alte Handelsplatz Haithabu mit seinem Ringwall und den beiden Binnenseen hat bis heute etwas Geheimnisvolles an sich.

- **Ausgangspunkt:** Busdorf, Parkplatz Schulstraße, gegenüber der Polizeistation
- **Charakter der Tour:** Rundwanderung, überwiegend auf unbefestigten Wegen. Auch an heißen Tagen angenehm, da die Strecke häufig im Schatten hoher Bäume verläuft
- **Gehzeit ohne Pausen:** 2:30 Std.
- **Streckenlänge:** 9 km
- **Markierungen:** diverse örtliche
- **Einkehren:** Restaurant Odin an der Bundesstraße und im Museum Haithabu

Vom Parkplatz **1** gehen wir die Schulstraße hinunter, passieren die Feuerwehr, die Schule und queren diagonal nach links den Park mit den Denkmälern für die Kriegstoten. Durch einen Tunnel unterqueren wir die Hauptstraße. Wir überqueren den Pendler-Parkplatz nach links und steigen hinauf zum Ringwall **2**. Dort gehen wir rechts weiter.

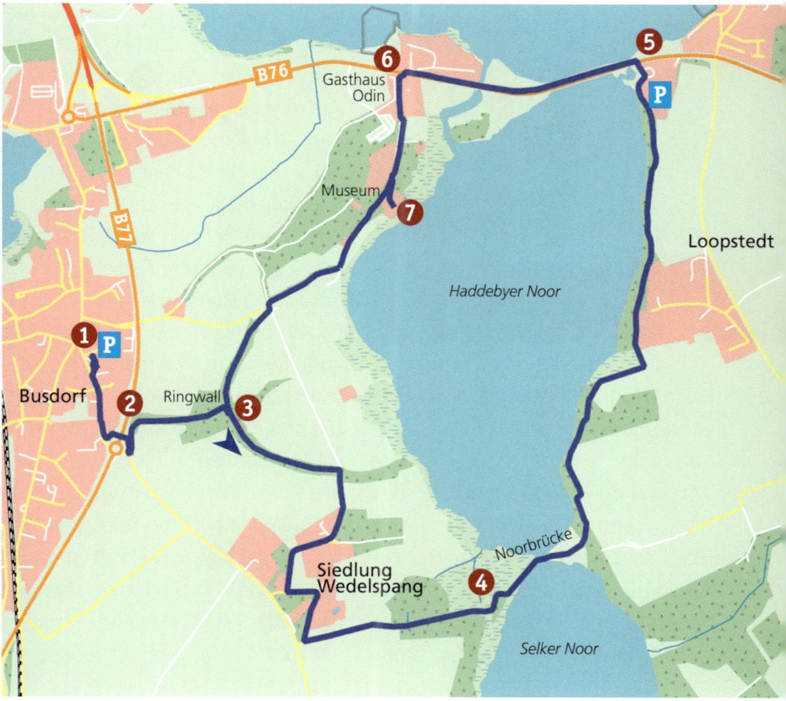

Am nächsten Wege-T mit Treppen **3** wandern wir nach rechts. Der Wall mündet in den von links kommenden Weg. Wir gehen nach rechts und verlassen damit den Wall. Auf der Straße Wedelspang wandern wir durch eine kleine Siedlung weiter. An einem Findling gehen wir nach rechts. Fast an der Fahrstraße biegt der Wanderweg zur Noorbrücke links ab. Wir folgen diesem Weg.

Wir gehen in einem Hohlweg, gelegentlich sehen wir die Noorbrücke, die wir später überqueren. Wir passieren den großen Syggtrykkstein **4**. Es handelt sich um eine Nachbildung des im Museum Haithabu stehenden Originals. Hier befindet sich eine Sitzgruppe. Wir gehen geradeaus weiter über die Brücke zwischen Haddebyer und

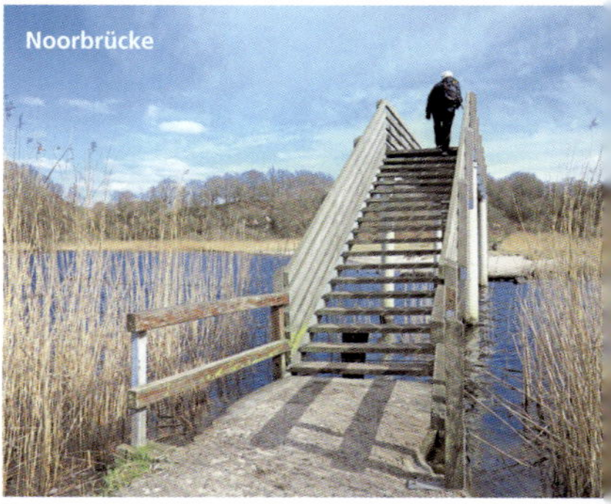
Noorbrücke

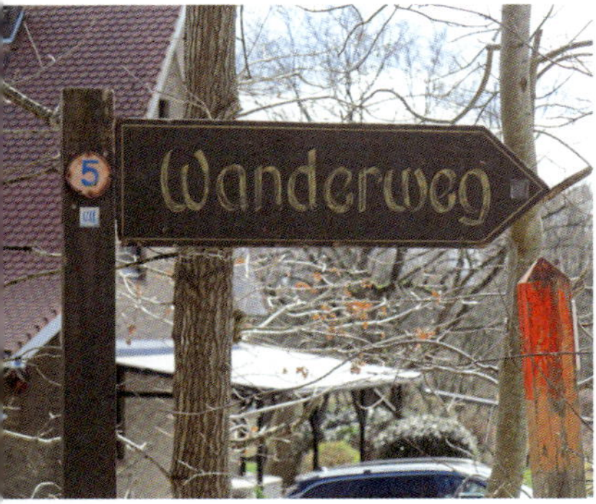

Selker Noor (Badestrand). Kurz darauf wenden wir uns auf dem Pfad nach links.

Wir wandern jetzt oberhalb des Noors Richtung Haddeby. Der Weg führt bald nach links abwärts. Ein Abstecher weist nach links zu einer Badestelle mit Picknickplatz, rechts geht es hinaus zur Ortschaft Loopstedt. Wir gehen auf dem Hauptweg geradeaus weiter und kommen zum Parkplatz **5** an der B 76. Auf der gegenüberliegenden Seite der Bundesstraße benutzen wir links den kombinierten Fuß- und Radweg. Im Anschluss an den Campingplatz erreichen wir den Gasthof Odin **6** (Einkehrmöglichkeit). An der Ampel überqueren wir die Straße und gehen der Beschilderung zum Museum Haithabu **7** nach. Dort können wir ebenfalls einkehren und das Museum besichtigen.

Am Hauptweg zurück, halten wir uns links. Wir steigen wieder zum Ringwall hinauf und folgen diesem bis zu seinem Einschnitt mit der Treppe, die wir vom Hinweg kennen **3**. Nach rechts gehend kommen wir zum Ausgangspunkt zurück.

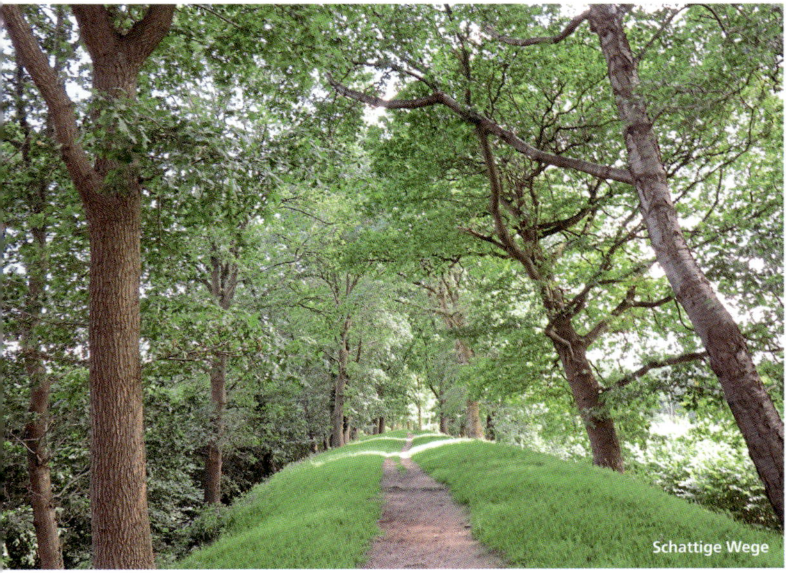
Schattige Wege

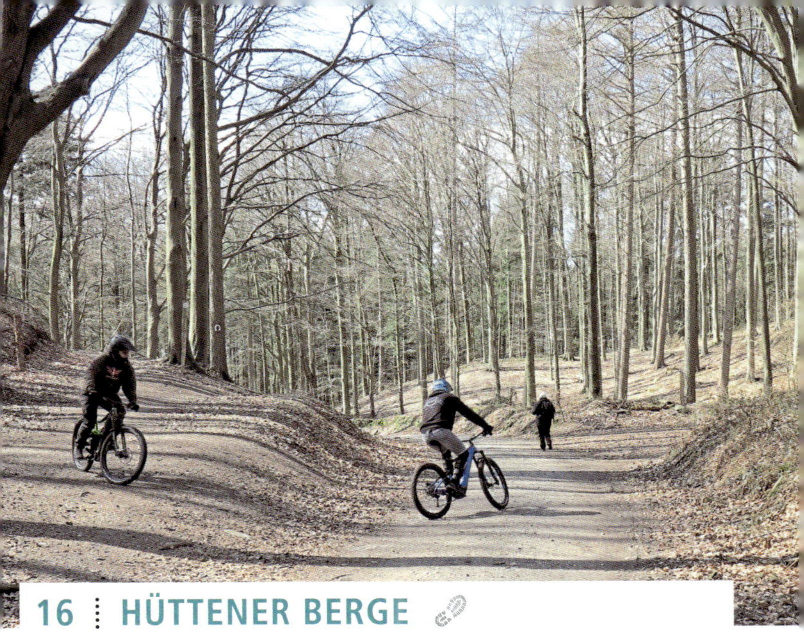

16 HÜTTENER BERGE

Auf dem Aschberg im Naturpark Hüttener Berge steht das Bismarckdenkmal, das bis 1919 auf dem Nordschleswiger Knivsberg stand. Daneben befindet sich ein Kletterturm mit Restaurant. In den Berg eingebaut ist zudem ein Hotel. Die Wanderung führt durch ein abwechslungsreiches Gebiet mit Wald, offenen Hügelflächen und kleinen Orten.

- **Ausgangspunkt:** Ausgangspunkt ist ein Wanderparkplatz am Ortsende von Brekendorf, Ecke Straße am Holzhof/Fleckebyer Landstraße, etwa 20 Meter hinter einem Reifenhandel
- **Charakter:** Wanderung mit Mittelgebirgscharakter, einige Steigungen, überwiegend Spurplatten und unbefestigte Wege
- **Gehzeit ohne Pausen:** 3:50 Std.
- **Streckenlänge:** 13 km
- **Markierungen:** Zeitweise X-Markierung, örtliche Rundwege mit stilisierter Haselmaus Hütti nebst Nummerierung
- **Einkehren:** In Brekendorf in der Waldhütte und auf dem Aschberg, jeweils mit Außengastronomie

Wir verlassen den **Parkplatz** (1) nach links, queren die Straße Am Wald und gehen auf einem Grasweg parallel zur Hauptstraße. An der nächsten Querstraße gehen wir nach links. Kurz darauf verlassen

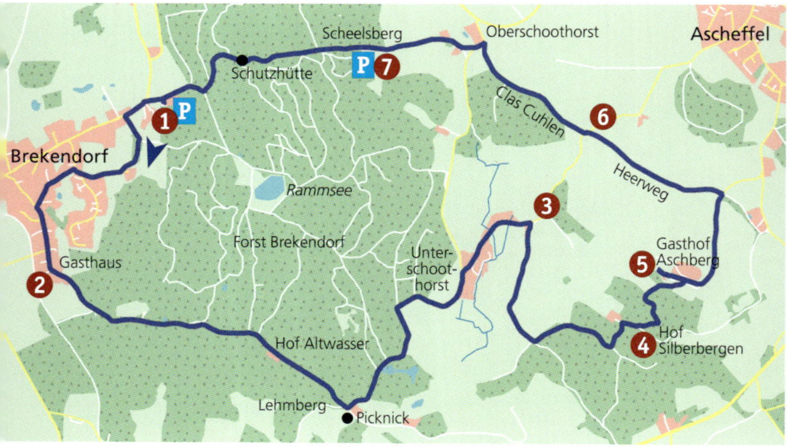

wir in einer Linkskurve den asphaltierten Weg nach rechts in einen Pfad. Begleitet von der stilisierten Markierung der Haselmaus Hütti mit der Nummer 6. Am nächsten Sträßchen gehen wir wieder rechts. Bald biegen wir links ab in den Wichelweg. Am Ende des Wichelweges nehmen wir die Straße nach links. Wir gelangen an das Ende dieser Straße, die Lehmberger Weg heißt, auf Höhe des Gasthofs Waldhütte 2. Wir folgen links dem Wegweiser nach Lehmberg.

Wir folgen dem Plattenweg, alle Abzweigungen ignorierend, passieren den Hof Altwasser und gelangen 25 Minuten, nachdem wir beim Gasthaus gewesen sind, nach Lehmberg. Hier gibt es eine Bank und eine Wiese zum Picknicken. Wir gehen nach links in den Claus-Schnack-Weg hinein.

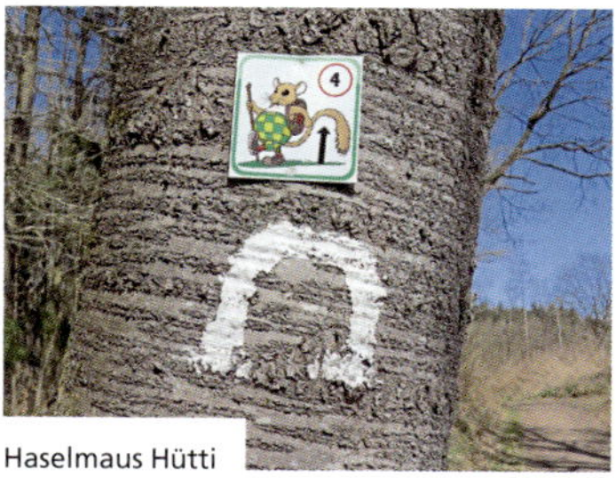
Haselmaus Hütti

20 Minuten nach dem Aufbruch in Lehmberg erreichen wir das Schoothorster Tal. Hier sind Therapieeinrichtungen angesiedelt. Wir gehen durch den kleinen Weiler hindurch. Links zweigt die Straße zum Heidberg ab. Wir wandern geradeaus, bis wir zu den letzten Häusern gelangen. Die Straße steigt an. Wir nehmen den rechts abzweigenden Weg vor einem **Baum mit X-Markierung** 3. Rechts befindet sich ein Carport.

Nachdem wir auf einem Schotterweg die Wiesen hinter uns gelassen haben, erreichen wir den Wald und gehen auf einem breiten Weg (X) nach links. In einer auffälligen

Rechtskurve wenden wir uns nach links (X), links sieht man den Hinweis zum **Waldlehrpfad**. Der Weg steigt an. Uns links haltend folgen wir der X-Markierung bis zu einer Häusergruppe. Der markierte Weg führt nach rechts. Vor dem nächsten Gehöft steigen wir links **4** hinauf, dem Hinweis Waldlehrpfad, Weg 8, folgend. Kurz danach verlassen wir den Waldlehrpfad und folgen der 8 nach links. Bald zweigt der Weg 8 nach links ab. Wir nähern uns nach einem kurzen, steilen Anstieg der Rückseite des Kletterturms auf dem Aschberg. Der Weg 8 zweigt nach links ab. Wir gehen nach rechts, passieren den Parkplatz und gehen nach links zum Turm hinauf. Sehr schöne Aussicht von ganz oben (Einkehrmöglichkeit). Zum **Bismarckdenkmal** geht es weiter geradeaus **5**.

Wir setzen den Weg am Parkplatz vorbei bergab auf der Fahrstraße fort. **Vorsicht:** Hier herrscht teilweise reger Fahrzeugverkehr. In der Senke angelangt, nehmen wir den Heerweg nach links. Brekendorf ist mit 5 Kilometern ausgeschildert. Am nächsten Wegedreieck verlassen wir den Asphaltweg schräg rechts hinein in den **Feldweg Clas Cuhlen** **6**. An dessen Ende erreichen wir einen kleinen Parkplatz mit einer Bank. Rechts ein kleines Trafohäuschen, vor uns Häuser. Vor dem ersten Haus gehen wir nach links. An der nächsten Gabel halten wir uns rechts Richtung Scheelsberg/Oberschoothorst 8. Der Weg steigt zum Scheelsberg hin noch einmal an. Wir kommen an einem weiteren **Parkplatz** vorbei **7** (Infotafeln). Von dort erreichen wir auf dem Hauptweg, alle Abzweigungen ignorierend, nach 25 Minuten den Ausgangspunkt.

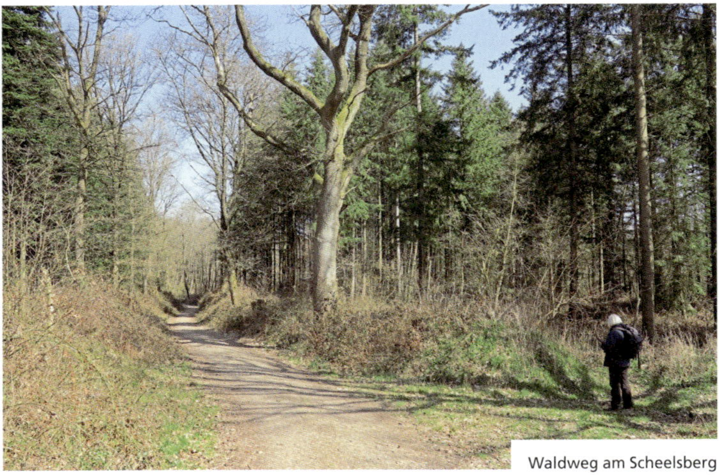

Waldweg am Scheelsberg

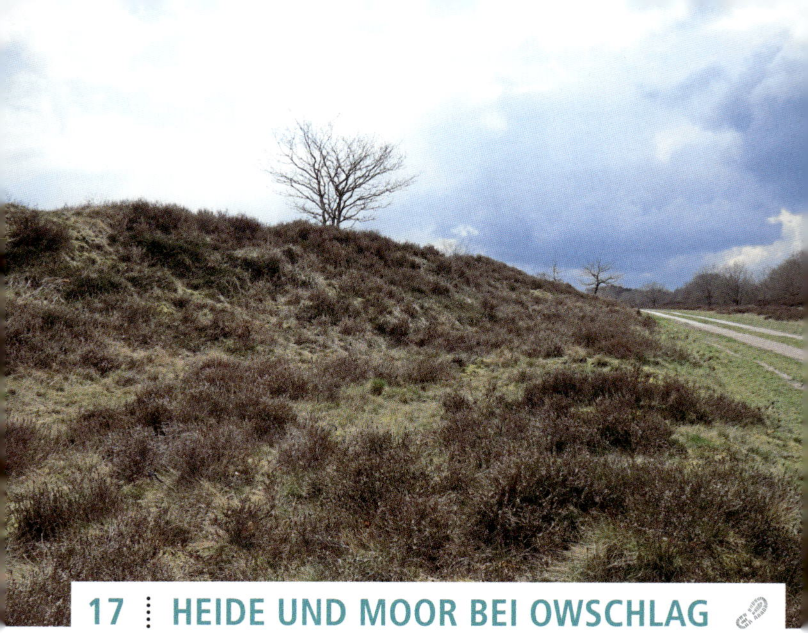

17 HEIDE UND MOOR BEI OWSCHLAG

Eine Wanderung für Naturliebhaber. Sie erschließt die Heide der Sorgwohlder Binnendünen ebenso wie das Owschlager Moor. Das Gebiet steht seit 1935 unter Schutz.

- **Ausgangspunkt:** Wanderparkplatz im Ort Sorgwohld (in der Nähe von Fockbek) an der gleichnamigen Straße
- **Gehzeit ohne Pausen:** 2:40 Std.
- **Streckenlänge:** 9,2 km
- **Markierungen:** Wandermarkierung 14 und 15, teilweise Symbol Haselmaus Hüttener Berge
- **Einkehren:** Keine Einkehrmöglichkeit

Vom Parkplatz 1 gehen wir ein kurzes Stück nach links auf der **Verbindungsstraße** nach Owschlag. Auf dieser kehren wir später zurück. Am Schild „Naturschutzgebiet“ gehen wir rechts ab in einen Spurplattenweg. Er wird zum Feldweg. An einem Wege-T, Markierung 14, wenden wir uns nach links. Wir erreichen nach Umrundung des ersten Heidegebiets einen weiteren Spurplattenweg mit **Ruhebank und Infotafel**. Hier kommen wir auf dem Rückweg wieder vorbei. Jetzt gehen wir nach rechts 2.

Der Spurplattenweg endet an einem Wege-T und geht über in einen geschotterten Waldweg. Der

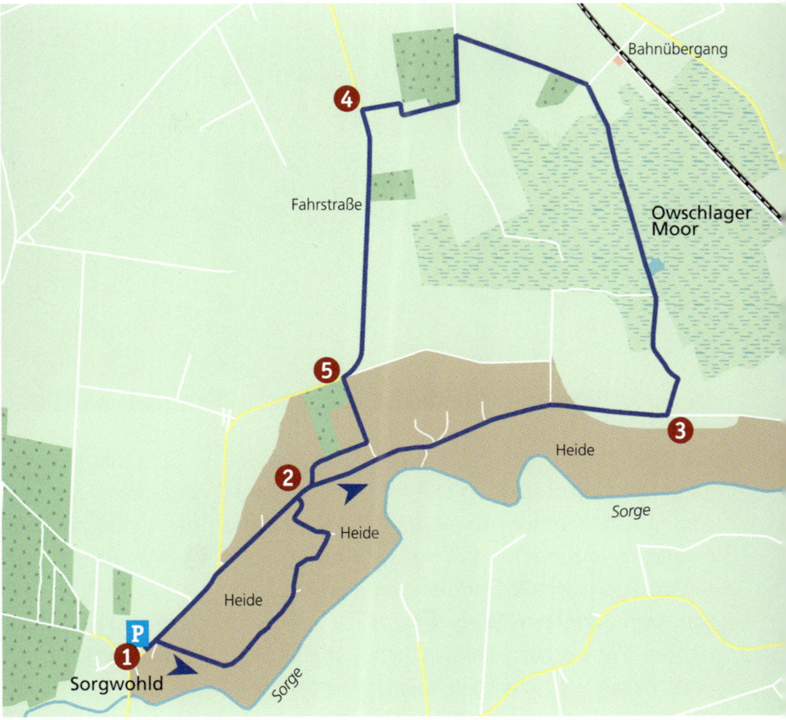

Weg 14 knickt nach links ab. Wir gehen geradeaus, der Ausschilderung Radweg Fockbeker See – Sorge – Eider folgend. Der Schotterweg zweigt nach rechts ab und verlässt den Wald. Wir gehen auf einem Spurplattenweg geradeaus weiter. 200 Meter danach verlassen wir den Spurplattenweg und wenden uns nach links in einen **Waldweg** ❸, Markierung 15.

Am nächsten Abzweig folgen wir weiter der Markierung 15. Rechts sind die ersten Ausläufer des Owschlager Moores zu sehen. Kurze Zeit später führt der Weg mitten durch das Moorgebiet. Mit Verlassen des Moores erreichen wir einen Spurplattenweg. Die Markierung 15 führt uns nach links. 100 Meter rechts liegt ein Bahnübergang. Am nächsten Wege-T folgen wir dem Spurplattenweg nach links, den Weg 15 verlassend.

250 Meter weiter verlassen wir den Spurplattenweg in Höhe eines Knicks. Wir gehen nach rechts in den Feldweg. Der mündet in die **Verbindungsstraße** Owschlag – Sorgwohld ❹. Wir gehen nach links. Gelegentlich fahren hier Autos. In einer Linkskurve stoßen wir

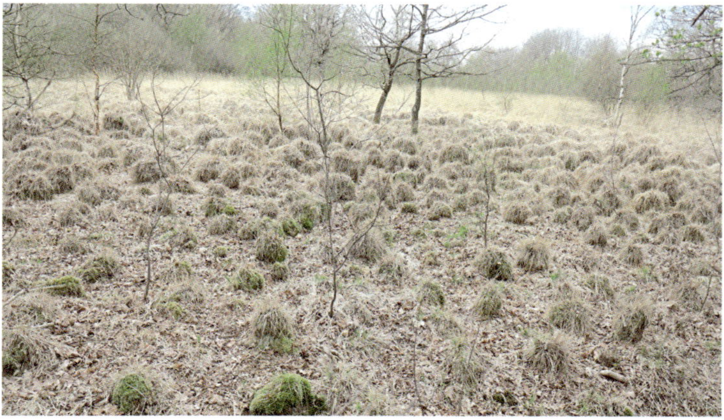

auf zwei Waldwege. Die Markierung 14 ist nebst Radweg Ochsenweg in Richtung der Asphaltstraße geradeaus anzutreffen. Wir verlassen die Asphaltstraße und nehmen den **unmarkierten Weg** 5 im rechten Winkel nach links in den Wald hinein. Wir erreichen wieder das Heidegebiet. An einer Wegegabel wenden wir uns nach rechts. Kurz darauf erreichen wir den Hauptweg an der vorhin beschriebenen Stelle 2. Wir gehen nach rechts.

Wir erreichen erneut die Asphaltstraße (Achtung: Autoverkehr) auf der wir 600 Meter später zum Parkplatz gelangen.

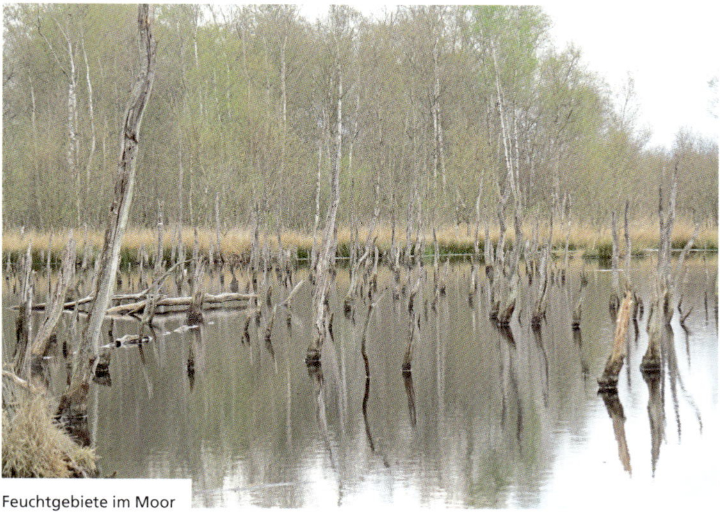

Feuchtgebiete im Moor

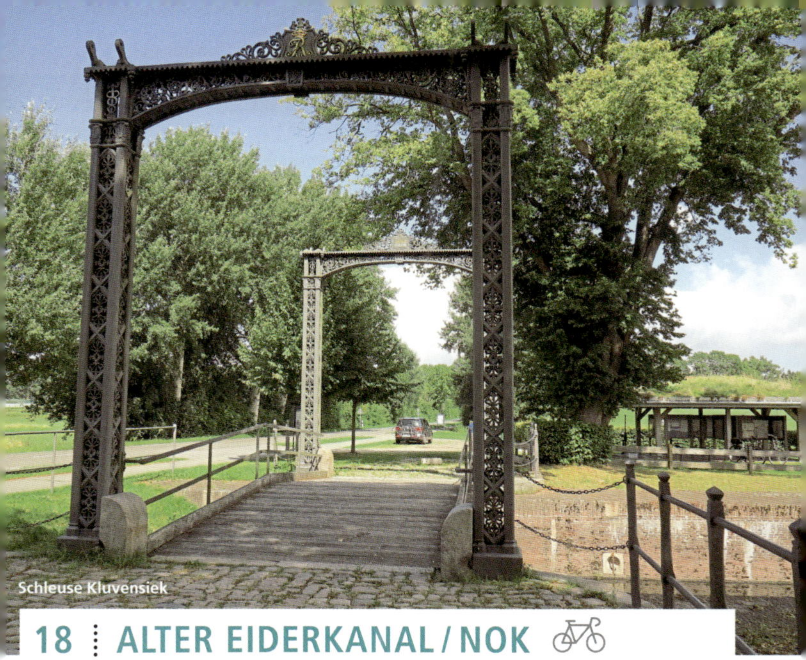
Schleuse Kluvensiek

18 ⋮ ALTER EIDERKANAL / NOK

Der alte Eiderkanal ist weitgehend verschwunden. Als Vorläufer des Nord-Ostsee-Kanals (NOK) Ende des 18. Jahrhunderts gebaut, verkürzte er die Transportwege im Land zwischen den Meeren. Packhäuser wie das in Tönning erinnern bis heute an seine Bedeutung. Die Radtour verbindet zwei Schleusen und die dortigen Klappbrücken mit malerischen Eindrücken vom heutigen NOK.

- **Ausgangspunkt:** Parkplatz im Zentrum von Sehestedt-Süd am Denkmal (Alte Dorfstr./Alter Fährberg). Sollte dieser belegt sein, kann man 2 Kilometer in Fahrtrichtung nach Süden an der Schleuse Kluvensiek starten
- **Charakter der Tour:** Rundfahrt mit zwei Fährpassagen. Etliche Anstiege. Teilweise auf Schotterpisten und den Uferwegen des Nord-Ostsee-Kanals
- **Fahrzeit ohne Pausen:** 3 Std.
- **Streckenlänge:** 40 km
- **Markierungen:** Übliche Radwegemarkierungen
- **Einkehren:** Sehestedt-Nord an der Fähre, Imbiss Fähre Landwehr

Vom **Parkplatz** ❶ aus fahren wir auf dem Radweg neben der Fahrstraße nach Süden. Bald überqueren wir die alte Eider und passieren Hammer, Osterrade und Dosenrade. Wir erreichen den Eiderkanal an

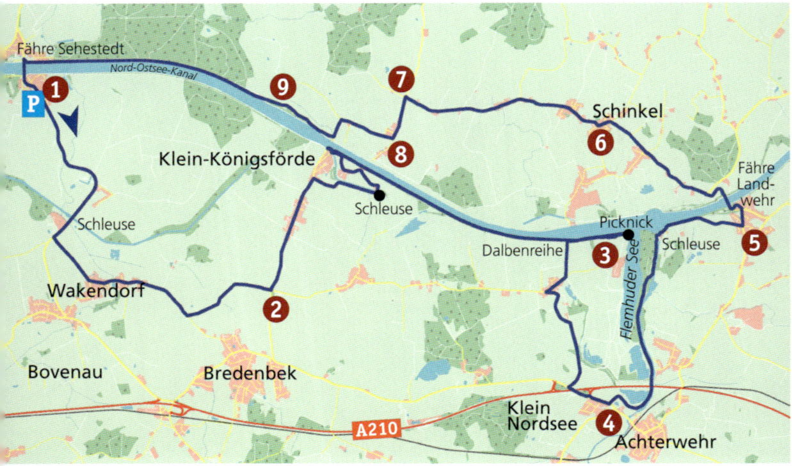

der Schleuse Kluvensiek, hier lohnt sich eine erste ausführliche Besichtigung der Klappbrücke und der Schleusenanlage. Schautafeln erläutern Funktion und Geschichte. Wir fahren weiter auf dem Radweg und biegen bald darauf links ab in Richtung Kiel/Bovenau. Wir passieren eine Schranke und folgen dem Fahrweg nach links Richtung Kiel/Bredenbek.

Etwas später zweigt der Weg Richtung Kiel/Klein-Königsförde unvermittelt nach links auf einen Plattenweg ab. Klein-Königsförde ist unser nächstes Etappenziel. An der folgenden **Kreuzung** fahren wir links **2**. Der Weg nach Kiel führt hier geradeaus weiter. Im zweiten Ortsteil Klein-Königsfördes angelangt, fahren wir an einer Gabel nach rechts Richtung Eiderkanalschleuse. Wir fahren an einem Stück des alten Eiderkanals entlang und erreichen die nächste Schleuse mit einer rekonstruierten Klappbrücke. Auch hier lohnt sich wieder eine Begutachtung. Auf einem gepflasterten Weg geht es kurz bergauf. Wir fahren weiter und folgen dem Radweg zum Ufer des NOK hinunter. Hier wenden wir uns nach rechts an einer Schranke vorbei. Der Uferweg des Kanals ist eine feste Schotterpiste, die wir bequem befahren können.

Wir erreichen eine **Dalbenreihe** (große Holzstämme im Wasser, an denen Schiffe festmachen können). Auf Höhe des ersten biegt ein Weg scharf nach rechts ab und überquert die Uferböschung. Hier müssen wir den Kanal verlassen **3**. Man kann jedoch noch ein Stück weiter geradeaus fahren und erreicht das Ufer des Flemhuder Sees, wo sich eine Pause anbietet. Anschließend wieder zurück zur Dal-

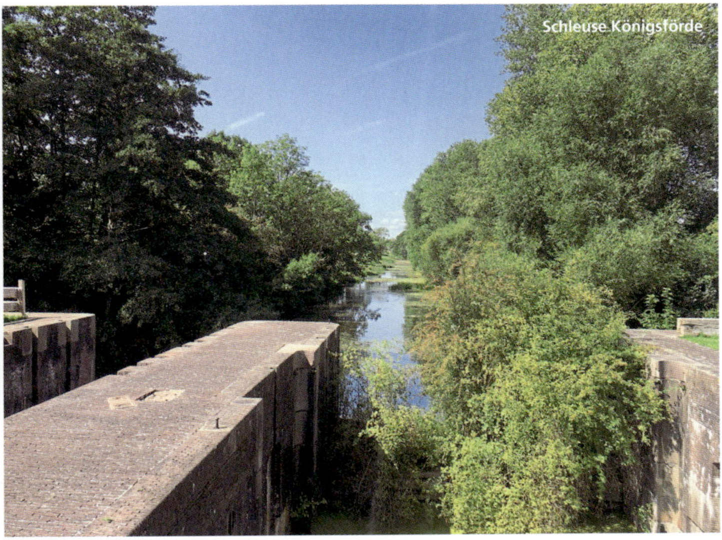

benreihe und dann nach links hinauf.

Wir passieren eine Schranke und fahren nach links in Richtung der Ortschaft Großnordsee, wo wir an einem Wege-T (Spielplatz links) nach rechts abbiegen. An der ersten Gabel (Alte Dorfstraße) verlassen wir den Ort in Richtung Kleinnordsee. Wir überqueren die Auto-

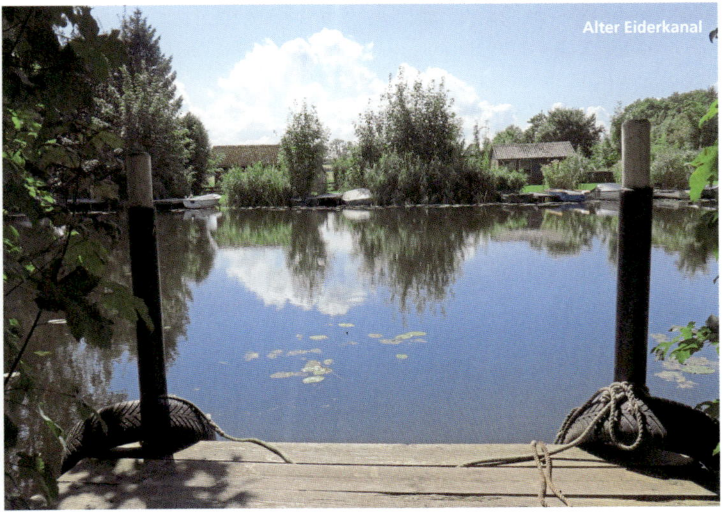

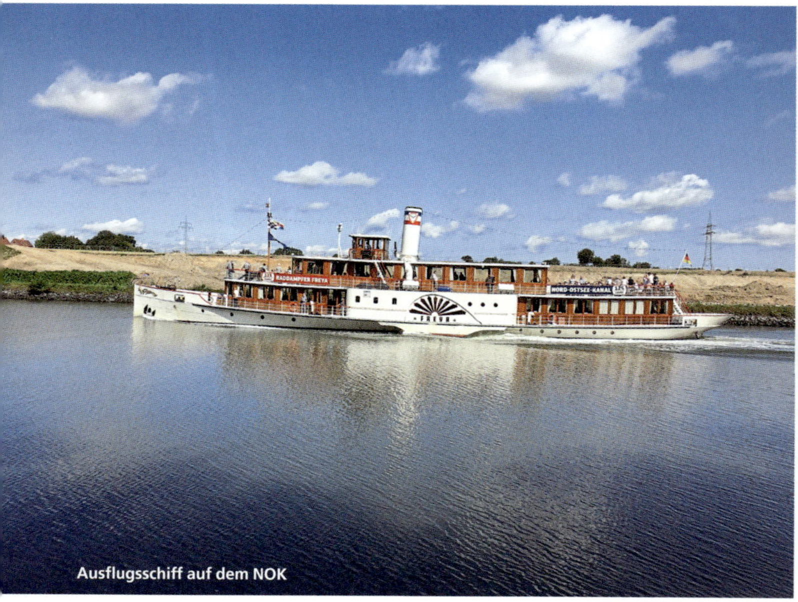

Ausflugsschiff auf dem NOK

bahn nach links, erreichen Kleinnordsee. Unmittelbar hinter dem Ortsschild biegt nach links ein **Spurplattenweg** ab nach Kiel/Achterwehr **4**. Wir fahren dort hinein, halten uns rechts, unterqueren die Autobahn und erreichen nach einer Fahrt zwischen Eider und Flemhuder See wieder den NOK. Wir fahren rechts über eine Schleusenanlage.

Im nächsten Ort, Strohbrück, ist nach links die **Fähre Landwehr** ausgeschildert **5**. Auf dieser überqueren wir den Kanal. Der Uferweg nach links, der uns auf dem direkten Weg nach Sehestedt zurückbringt, ist für mehrere Jahre wegen Bauarbeiten gesperrt. Bis zu deren Abschluss fahren wir geradeaus auf dem ansteigenden Radweg Richtung Schinkel.

Über **Schinkel 6** gelangen wir auf dem parallel zur Straße verlaufenden Radweg nach Großkönigsförde. An einem Wege-T **(Feuerwehr) 7** geht es dort nach links ab Richtung Sehestedt Fähre. Kurz vor dem Ortsende zweigt der Radweg nach rechts in den **Dithmarscher Weg 8** ab. Wir folgen dem Weg und halten uns etwas später an der Straße Bökenrott links. Hier ist wieder Sehestedt ausgeschildert. Kurz danach, an einer Gabel, geht es links zum **Kanalufer 9** hinunter. Dort führt uns der Radweg bis zur Fähre Sehestedt, mit der wir den Kanal überqueren und zu unserem Ausgangspunkt zurückkehren.

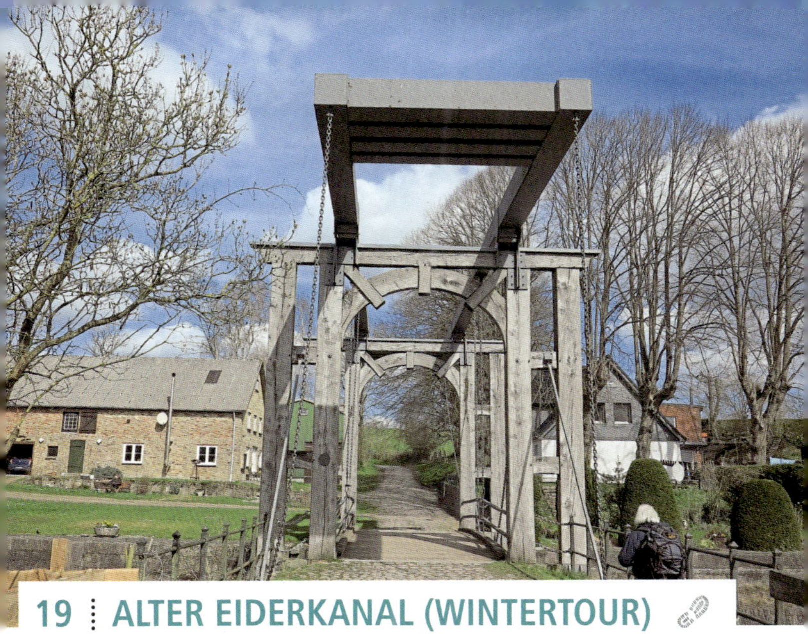

19 ⋮ ALTER EIDERKANAL (WINTERTOUR)

Wanderung auf historischem Grund: Die Runde verbindet die Schleusen Kluvensiek und Königsförde des alten Schleswig-Holstein-Canals, dem Vorläufer des heutigen Nord-Ostsee-Kanals. Nur noch wenige Reste des Kanals sind erhalten. Die Route ist lediglich außerhalb der Vegetationsperiode (Mitte Dezember – Mitte April) begehbar, da sie nur dann nicht überwuchert ist.

- **Ausgangspunkt:** Parkplatz an der Schleuse Kluvensiek, Bovenau, Sehestedter Straße/Alte Schleuse
- **Charakter der Tour:** Anspruchsvolle Wanderung im Teil hinter der Schleuse Kluvensiek. Dort führt der Wanderweg durch ein Totholzgebiet, ist teilweise zugewachsen oder durch umgestürzte Baumstämme blockiert, die zu überklettern oder zu umgehen sind. Entschädigt für die Anstrengungen beim Wandern wird man durch die Naturerlebnisse und die Stille dieses Bereichs. Sonst einfach und ohne nennenswerte Anstiege
- **Gehzeit ohne Pausen:** 4:20 Std.
- **Streckenlänge:** 14 km
- **Markierungen:** keine
- **Einkehren:** keine Einkehrmöglichkeit

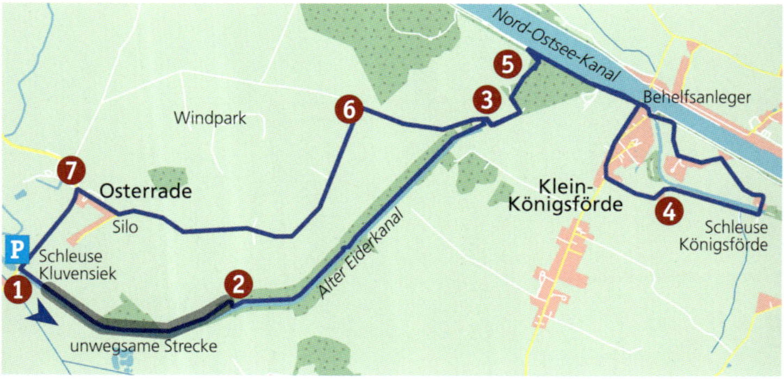

Parkplatz **Schleuse Kluvensiek**. (Infotafeln, Rastmöglichkeit) ❶. Wir gehen an den Sitzgruppen vorbei am Gewässer entlang und passieren eine Laubenkolonie. An deren Ende (Hütte mit Jahreszahl 1965) beginnt der alte Treidelpfad am Kanalufer. Der Weg verengt sich ab hier zu einem Naturpfad mit viel Windbruch und Schilf. Man muss sich den Weg durchs Unterholz bahnen. Der Pfad ist jedoch durchgehend erkennbar. Im Zweifelsfall sollte man sich rechts halten.

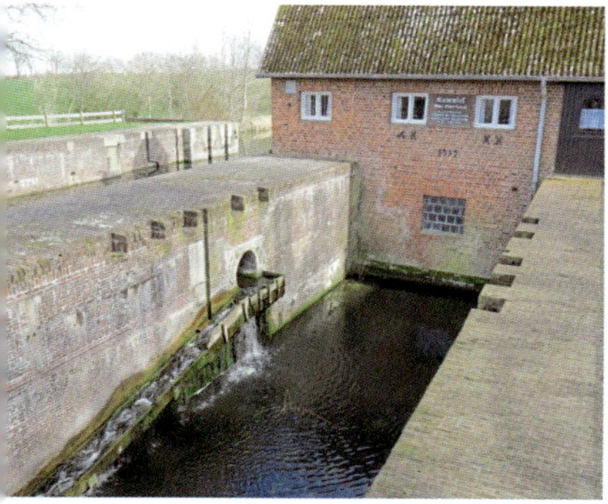

Nach etwa einem Kilometer öffnet sich der Pfad zu einem etwas breiteren Waldweg. Kurz darauf wird er wieder zu einem Pfad. Wir gehen etwas abseits des Kanals an einem Wildzaun entlang. Kurz vor dem Ende des Zauns wendet sich der Pfad aufwärts in den Wald hinein. Wir erreichen einen kleinen Hochsitz ❷. Von hier aus geht es nach rechts hinab Richtung Kanal. Der Weg ist jetzt nach links normal begehbar.

Der **Eiderkanal** endet nach einigen hundert Metern ❸. Wir gehen links und wenden uns kurz danach auf einem gespurten Weg nach rechts. Der Weg wendet sich nach links, und wir folgen ihm durch den Wald, bis wir einen erhöhten Uferpfad am NOK erreichen. Hier gehen wir nach rechts. Bald gehen wir direkt am Kanal. Wir passieren den Behelfsanleger und gehen rechts in den Ort Klein-Königsförde hinein (Straße Königsfurt). Am Ortsausgang wenden wir uns nach links in den Eider-

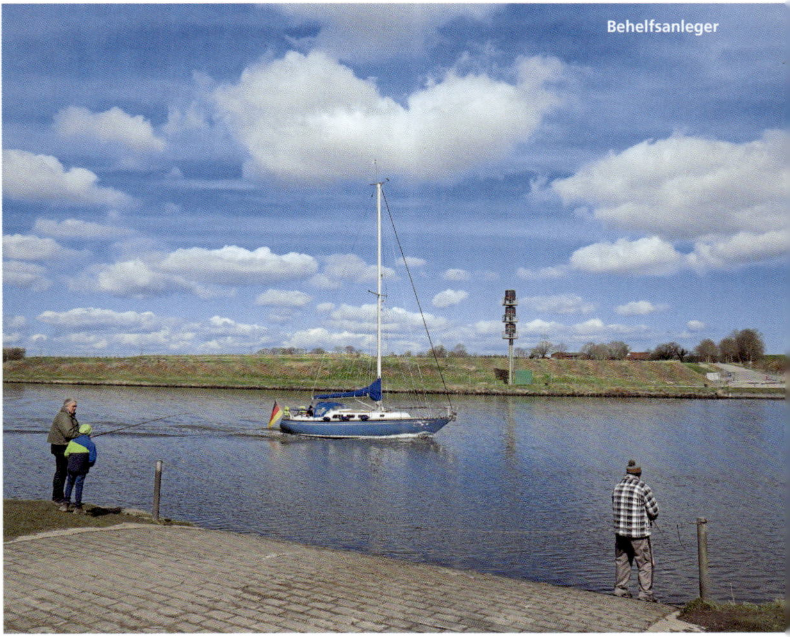

Behelfsanleger

weg hinein und gelangen bald zum **Parkplatz** Hofteich **4**.

Wir gehen nach rechts auf einem Spurplattenweg am Kanal entlang und erreichen die Schleuse Königsförde (Infotafeln, Sitzgruppen), überqueren diese und gehen weiter. Am Ortsschild Klein-Königsförde halten wir uns rechts über einen Radweg zum Nord-Ostsee-Kanal. Wir folgen dem Uferweg am Kanal (Behelfsfähranleger) nach links.

Kurz darauf gabelt sich der Weg. Wir nehmen den linken oberen Weg. Wir folgen dem Weg geradeaus, passieren eine graue Schranke und erreichen etwa auf Höhe des Dalben (rechts im Wasser) mit der Nummer 15/Laternenpfahl (am gegenüberliegenden Kanalufer Lotsenstation Königsförde) einen unscheinbaren **Pfad** **5** nach links. Wir steigen diesen hinauf bis zu einem Acker. Links weitergehend erreichen wir einen Hochsitz, gehen auf einem kleinen Waldweg weiter

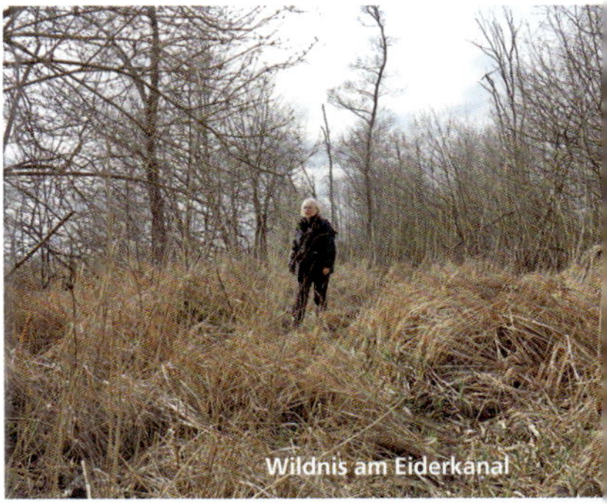

Wildnis am Eiderkanal

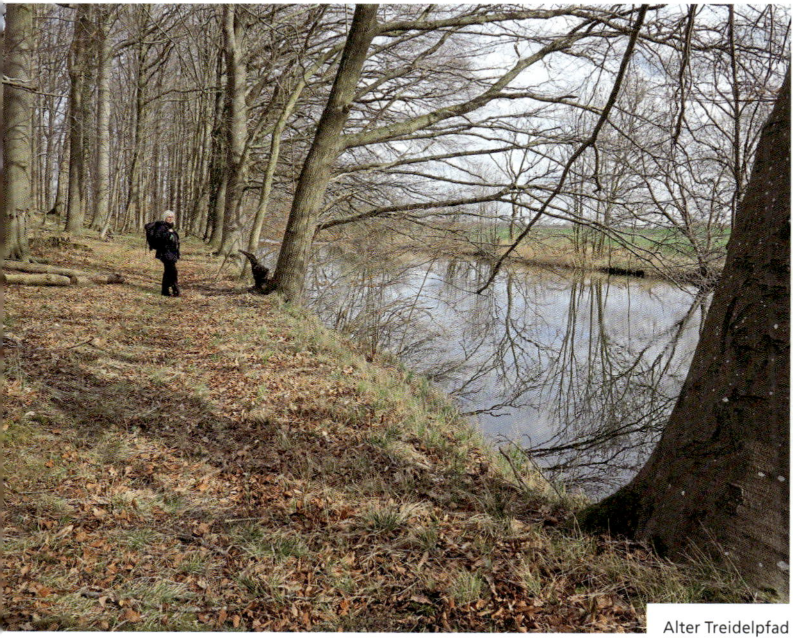

Alter Treidelpfad

und wenden uns kurz darauf wieder nach rechts.

Einen weiteren Hochsitz passierend, folgen wir dem Weg aus dem Wald hinaus. Wir können rechts bereits die Windräder des Windparks sehen, den wir später durchqueren.

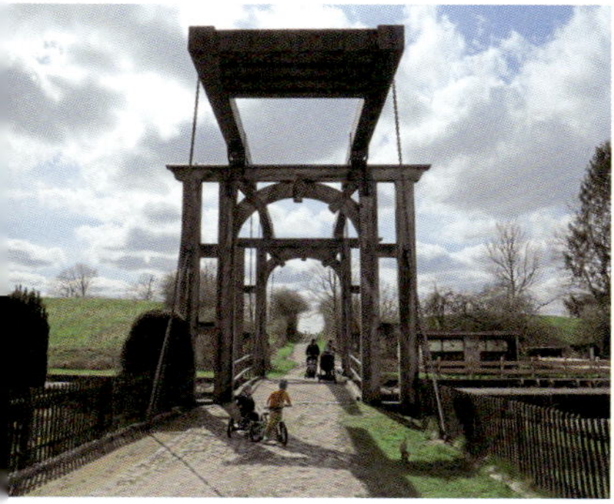

Der Weg steigt leicht an. Die Windmühlen sind direkt vor uns. Von links kommt ein Weg ins Blickfeld. Auf diesem sind wir vorhin gegangen (3). Jetzt gehen wir geradeaus weiter in Richtung des Windparks.

Am Windpark biegen wir nach links auf einen Knickweg ab. Das **Trafohäuschen** an der Mühle trägt die Aufschrift Bovenau Osterrade **6**. Nach knapp drei Stunden Gehzeit ab Ausgangspunkt erreichen wir die Ortschaft Osterrade. Wir gehen nach rechts an der Siloanlage eines landwirtschaftlichen Betriebes vorbei und erreichen am Gut die **Hauptstraße** **7**. Auf dem Fuß- und Radweg gehen wir nach links zurück zum Ausgangspunkt.

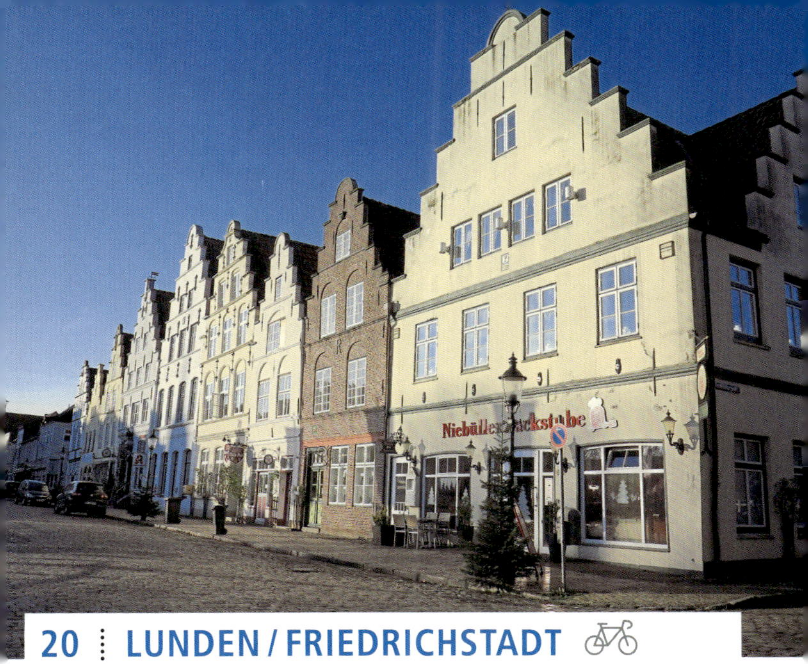

20 ⋮ LUNDEN / FRIEDRICHSTADT

Eine Fahrt, die die Landschaft am Unterlauf der Eider erschließt. Das Holländerstädtchen Friedrichstadt mit seinen Grachten bezaubert während einer Bootsfahrt oder bei einem Rundgang. Lundens Geschlechterfriedhof erinnert an die Dithmarscher Geschichte. An der Badestelle Wollersum liegt eine historische Eiderquerung.

- **Ausgangspunkt:** Bahnhof in Lunden, Schwarzer Weg
- **Charakter der Tour:** Einfache Tour ohne Steigungen. Zuweilen schlechte Wegstrecke
- **Fahrzeit ohne Pausen:** 3:50 Std.
- **Streckenlänge:** 37,4 km
- **Markierungen:** Radwegemarkierungen, Wegweiser für Fahrstraßen
- **Einkehren:** In Friedrichstadt und Lunden

Vom Parkplatz am **Bahnhof** Lunden (1) fahren wir rechts parallel zur Bahntrasse nach Norden in den Schwarzen Weg hinein. In Lehe halten wir uns an der ersten Kreuzung rechts, Goosweg. Wir folgen dieser Asphaltstraße, alle Abzweige ignorierend, bis wir eine breitere Fahrstraße erreichen. Wir sind in St. Annen angelangt (kein Ortsschild). Wir fahren rechts und sofort wieder links in den ersten Abzweig hinein

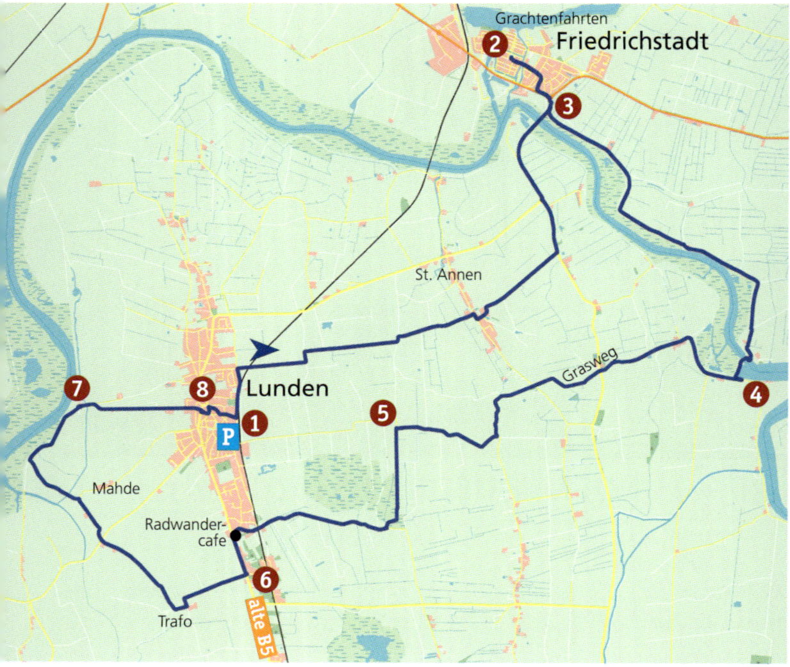

(Damm). An der folgenden Fahrstraße fahren wir nach links und erreichen bald einen Radweg. Wir fahren über die Straßenbrücke Richtung Friedrichstadt, der Beschilderung ins Zentrum folgend. Dort angelangt können wir die Räder auf dem **Marktplatz** abstellen ❷.

Der Ort lohnt einen längeren Rundgang, bei dem man die Kombination aus Häusern und Grachten auf sich wirken lassen kann. An der Treene, im Norden, liegt der Ausgangspunkt der Grachtenrundfahrten.

Wir verlassen Friedrichstadt auf demselben Weg, auf dem wir hineingefahren sind (Richtung Drage). Kurz vor der Eiderbrücke fahren wir nach links in einen kleinen **Asphaltweg** ❸ hinein. Der Weg geht über in einen schlechten Verbundsteinpflaster-Spurweg am Eiderdeich entlang. Wir müssen mehrere Schafgatter passieren. Schließlich gelangen wir zu einem Asphaltsträßchen, dem wir nach rechts folgen. Es ist bereits Lunden ausgeschildert.

Nach Queren der Eider über die Schleuse Nordfeld (Achtung: Nur während der üblichen Betriebszeiten am Tage, im Sommer bis 19 Uhr) fahren wir auf der Straße hinter der Abfahrtrampe nach rechts, Richtung Lunden ❹.

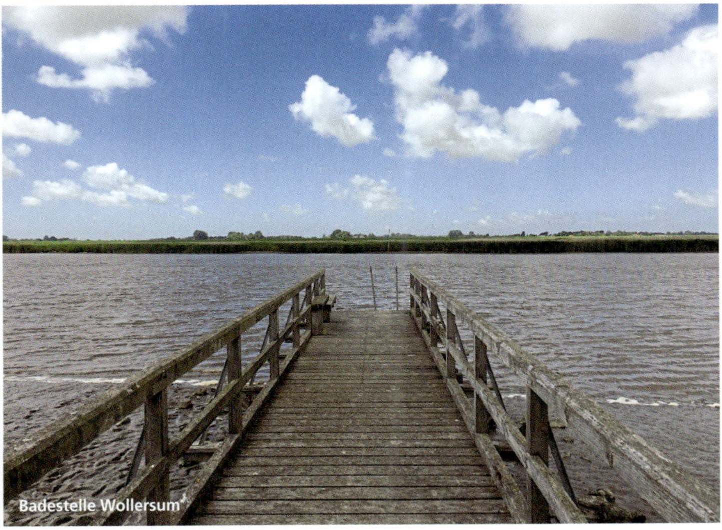

Badestelle Wollersum

Wir kommen durch Hehm und erreichen die Fahrstraße. Wir überqueren sie und fahren auf einem Grasweg weiter. Dieser wird zum Spurplattenweg. Bald erreichen wir in Sichtweite eines Gehöftes die Dorfstraße in St. Annen. Dort fahren wir geradeaus Richtung Lunden/Schlichting. Wir überqueren eine kleine Brücke und fahren sofort links. Hinter der nächsten Brücke geht es rechts weiter. Am nächsten Querweg fahren wir links Richtung **Fedderingen** auf einer Schotterpiste **5**.

Die Piste mündet in ein Asphaltsträßchen auf dem wir nach rechts fahrend durch Krempel hindurch am Radwandercafé zur alten Bundesstraße gelangen. Hier fahren wir nach links und überqueren nach 500 Metern die Straße Richtung **Flehderwurth** **6**.

An einem Trafohäuschen geht es rechts weiter. In Mahde überqueren wir die Fahrstraße Tönning – Lunden. An einer Gabel (Sitzbank) geht es links weiter. Am Eiderdeich fahren wir rechts und biegen beim ersten Gehöft nach links ab zur Badestelle Wollersum **7** (Wohnmobilstellplatz). Etwas im Hintergrund ist die Badestelle nebst Sitzgelegenheiten.

Weiter geht es zurück auf der Straße der Radwegausschilderung folgend nach Lunden. An der alten Bundesstraße fahren wir ein Stück rechts und biegen anschließend in die Friedrichstraße nach links ein. An der Kirche lohnt der **Geschlechterfriedhof** **8** eine Besichtigung. Über die Rosenstraße und die Nordbahnhofstraße erreichen wir schließlich wieder unseren Ausgangspunkt.

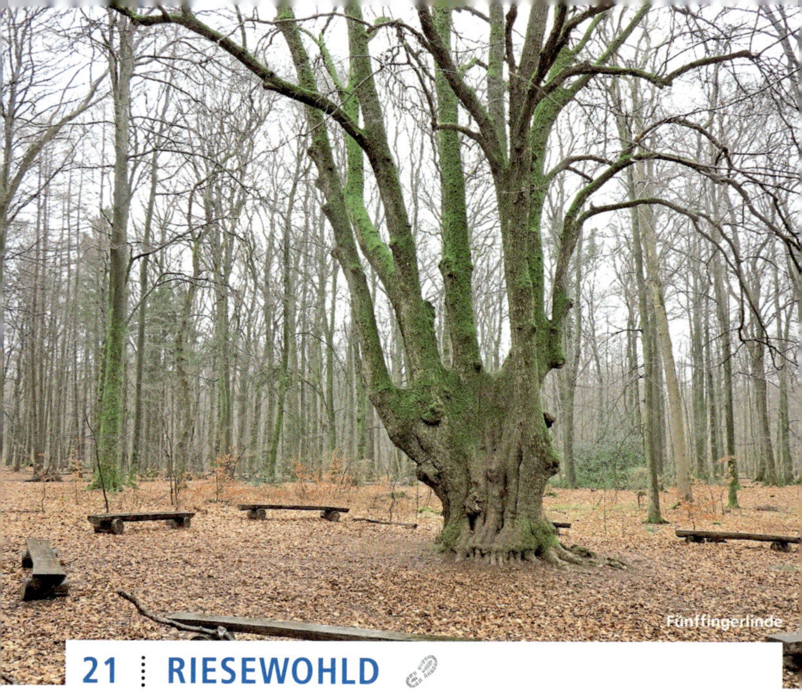

21 RIESEWOHLD

Der Riesewohld ist ein zusammenhängendes Waldgebiet im ansonsten waldarmen Dithmarschen. Er ist vermutlich der älteste Wald Schleswig-Holsteins. Jedenfalls gibt es hier keine geologischen Hinweise auf frühen Ackerbau. Die Wanderung führt uns an drei außergewöhnlichen Friedhöfen vorbei. Wir erreichen ferner die Fünffingerlinde, einen Baum von ausladender Statur. Besonders an heißen Sommertagen bietet die Runde angenehmen Schatten.

- **Ausgangspunkt:** Ausgangspunkt ist die Verbindungsstraße zwischen Heide und Albersdorf (L 316). Kurz hinter dem Ort Nordhastedt – von Heide kommend – befindet sich hinter einem Kreisverkehr auf der linken Seite ein Parkplatz im Ortsteil Hohenhain
- **Charakter der Tour:** Einfache Wanderung ohne nennenswerte Steigungen
- **Gehzeit ohne Pausen:** 2:40 Std.
- **Streckenlänge:** 10 km
- **Markierungen:** blaue und grüne Markierungen, Radwegausschilderung
- **Einkehren:** an der Strecke keine Möglichkeit. Am Ausgangspunkt Café Manus Faktur

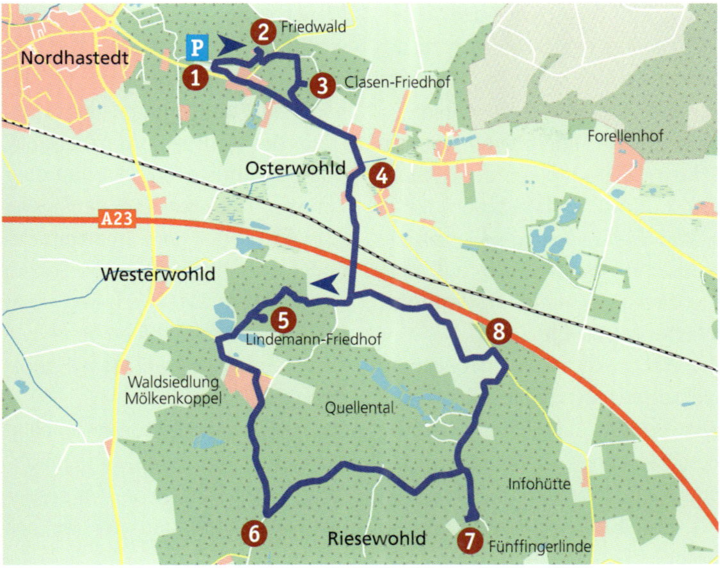

Vom **Parkplatz** ❶ – mit dem Rücken zur Fahrstraße – gehen wir an einer Sitzgruppe vorbei zum Wald. Dort führt uns ein kleiner Pfad nach rechts. Kurz vor einem Asphaltsträßchen wenden wir uns nach links und erreichen den **Friedwald**, ein aktuelles, halbanonymes Gräberfeld ❷.

Wir verlassen den Friedhof über einen zweiten Pfad und gehen auf der Asphaltstraße nach links. Kurz darauf schwenken wir bei zwei Halteverbotsschildern nach rechts auf einen Pfad im Wald.

Nach etwa 100 Metern verlassen wir diesen und wenden uns nach rechts in einen deutlich zu erkennenden Waldpfad. Schon bald sind links die Findlinge eines weiteren Friedhofs zu erkennen. Wir betreten den **Clasen-Friedhof** ❸ über einen von Findlingen gesäumten Weg. Dieser und der später auf der Wanderung zu besichtigende Lindemann-Friedhof befinden sich in Privatbesitz. Die Findlinge dort kennzeichnen in einigen Fällen tatsächliche Grabstätten. Andere sind Gedenksteine. Beide Friedhöfe wurden erst im 20. Jahrhundert angelegt.

Wir verlassen den Friedhof auf demselben Weg und wenden uns auf den Querweg nach links. An der nächsten Wegegabel gehen wir links, parallel zur Fahrstraße. An der Straße angelangt wandern wir nach links auf dem kombinierten Fuß- und Radweg.

Wir passieren ein Hinweisschild „Quellental, Forst- und Teichwirtschaft 200 Meter" auf der gegenüberliegenden Straßenseite. In der Teichwirtschaft gibt es allerdings keine Möglichkeit, einzukehren.

Kurz darauf überqueren wir die Fahrstraße und folgen dem „Landweg" Richtung Infostation Riesewohld. Den Landweg verlassen wir bald und wenden uns auf dem Vierthweg Richtung **Hollenborn, Westerwohld** ❹.

An der nächsten Wegegabelung bleiben wir rechts und folgen dem Radweg. Wir überqueren einen unbeschrankten Bahnübergang und queren anschließend über eine Brücke die Autobahn. Den Abzweig nach Hollenborn ignorieren wir.

Der Weg wird zu einem Spurplattenweg. An der nächsten Kurve verlassen wir den Spurplattenweg wieder und folgen einem kleinen Weg am Waldsaum geradeaus (Blaue Markierung). Vor einem Gatter wenden wir uns nach links. Kurz darauf sehen wir die Findlinge des nächsten **Friedhofs** mit der Ruhestätte des Künstlers Wenzel Hablik (Museum in Itzehoe). Wir betreten ihn über einen gut zu erkennenden Pfad ❺. Hinter dem Steinkreis befinden sich einige steinerne Sitzgelegenheiten. Wir verlassen den Friedhof auf demselben Pfad wie zuvor und gehen auf dem Hauptweg nach links.

Der Weg ist wieder mit der blauen Markierung versehen. Im Hintergrund iegen Fischteiche. Wir passieren zwei Gatter und wenden uns auf der Asphaltstraße nach links. Wir passieren eine Siedlung. Erst an der Oberen Mölkenkoppel biegen wir nach rechts ein und folgen diesem Sträßchen. Am Haus Nummer 8 vorbei führt uns der Weg wieder

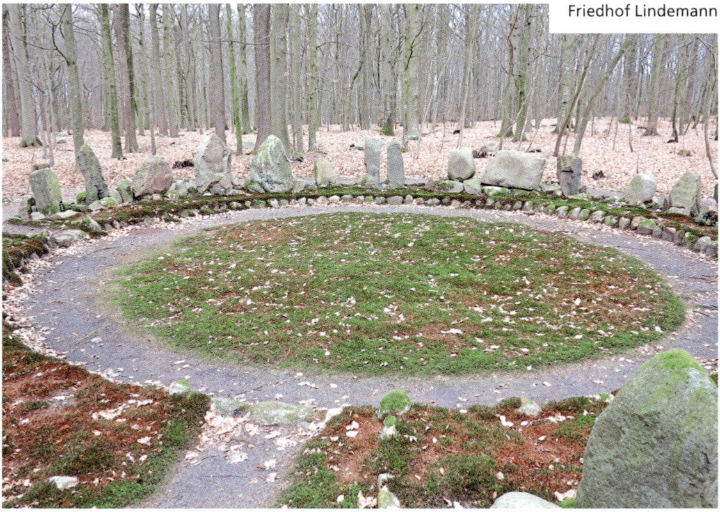

Friedhof Lindemann

aus der Siedlung heraus. Dem Waldpfad folgen wir nach rechts.

An einem Wege-T erreichen wir einen **Querweg** ❻. Wir wenden uns nach links. Ab jetzt begleiten uns rote Markierungen, die schon etwas verwittert sind. Wir bleiben immer auf dem Hauptweg, der sich durch den Wald schlängelt. Auch in einer Linkskurve, von der ein Grasweg geradeaus abzweigt.

An einem Wege-T weist ein Markierungs-Pflock nach rechts auf die Fünffingerlinde hin, unserem Etappenziel. Diese Stelle kann man sich bereits jetzt für den Rückweg merken. Zur **Fünffingerlinde** führt uns eine blau-rote Markierung ❼. Man muss aufpassen, dass man sie nicht übersieht. Sitzgelegenheiten laden zum Verweilen ein. Auf demselben Weg gehen wir zurück und folgen diesem bis zu der zuvor beschriebenen Stelle. Wer mag, kann einen Abstecher zur Schutzstation machen. Dort liegen Informationen zum Riesewohld aus. An dem Markierungspfahl halten wir uns rechts und wandern auf dem Waldweg nach Norden.

Kurz darauf begleitet uns wieder die rote Markierung auf einer Hinweistafel mit der Aufschrift Info-Punkt 9. An der nächsten Wegegabel beginnt ein Spurplattenweg, dem wir nach rechts folgen. Nach einigen Kurven erreichen wir einen Fahrweg, mit dem erneuten Hinweis Quellental. Es ist wieder der uns schon vom Hinweg bekannte

Friedwald

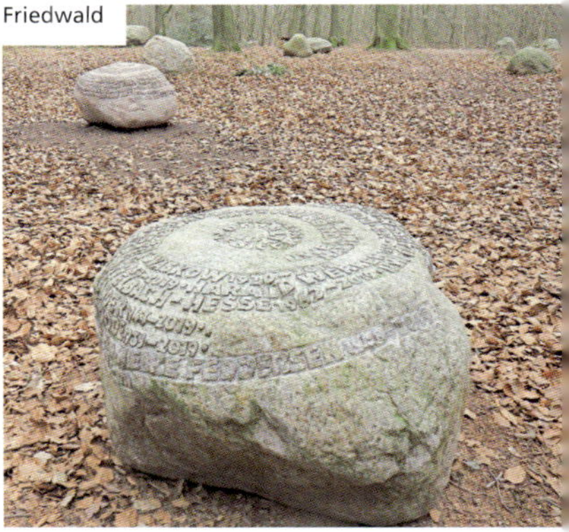

„Landweg". Er ist hier häufig von Autoverkehr frequentiert. Also Vorsicht. Wir verlassen ihn kurz vor der Autobahnüberführung nach links in den ausgeschilderten **Radweg** ❽.

Der Spurplattenweg mündet nach einigen Kurven wieder in unseren schon vom Hinweg bekannten Vierthweg. Wir halten uns rechts Richtung Osterwohld. Kurz vor der Landesstraße folgen wir dem Landweg nach links. Ausschilderung: **Heide und Nordhastedt** ❹.

Auf der anderen Straßenseite gehen wir auf dem Fuß- und Radweg zu unserem Ausgangspunkt zurück.

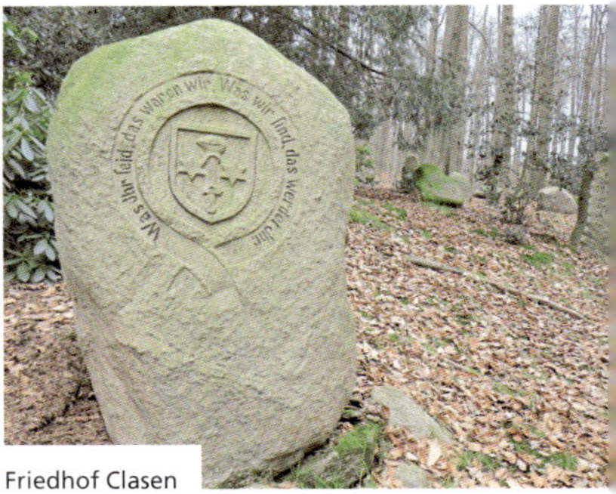

Friedhof Clasen

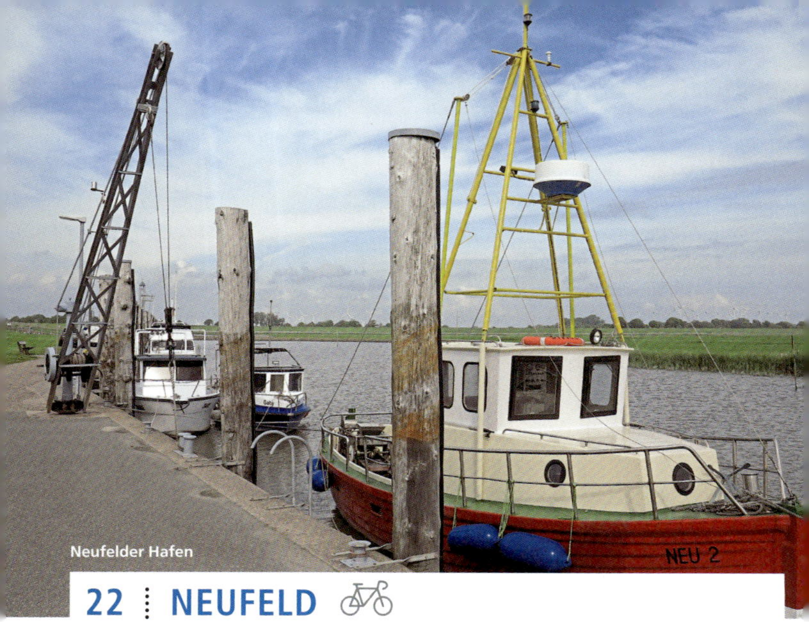

Neufelder Hafen

22 NEUFELD

Runde durch die für Süderdithmarschen so typische Kooglandschaft. Weite Blicke über die Kohlfelder lösen sich ab mit der Faszination des Welterbes Wattenmeer. Am Hafen Neufeld kann man riesige Schiffe auf der Elbe an sich vorbeiziehen lassen. Die Neulandhalle erzählt die Geschichte einer politischen Eindeichung während der Zeit des Nationalsozialismus. Und es lohnt ein Rundgang durch die Marner Altstadt.

- **Ausgangspunkt:** Parkplatz am ZOB mitten in Marne (Deichstraße/Königstraße)
- **Charakter der Tour:** Leichte Radtour ohne Steigungen
- **Fahrzeit ohne Pausen:** 3:35 Std.
- **Streckenlänge:** 40 km
- **Markierungen:** Radwegemarkierungen, Wegweiser für Fahrstraßen
- **Einkehren:** Altstadt von Marne, am alten Hafen Friedrichskoog, Neufelder Hafen

Vom Parkplatz in **Marne** **1** schieben wir die Räder links an den Busbuchten des ZOB vorbei (Sparkasse) und wenden uns an der Maaßen-Nagel-Straße links. Wir fahren bis zu einer größeren Querstraße (Stoppschild), überqueren diese und fahren dann auf dem Radweg nach

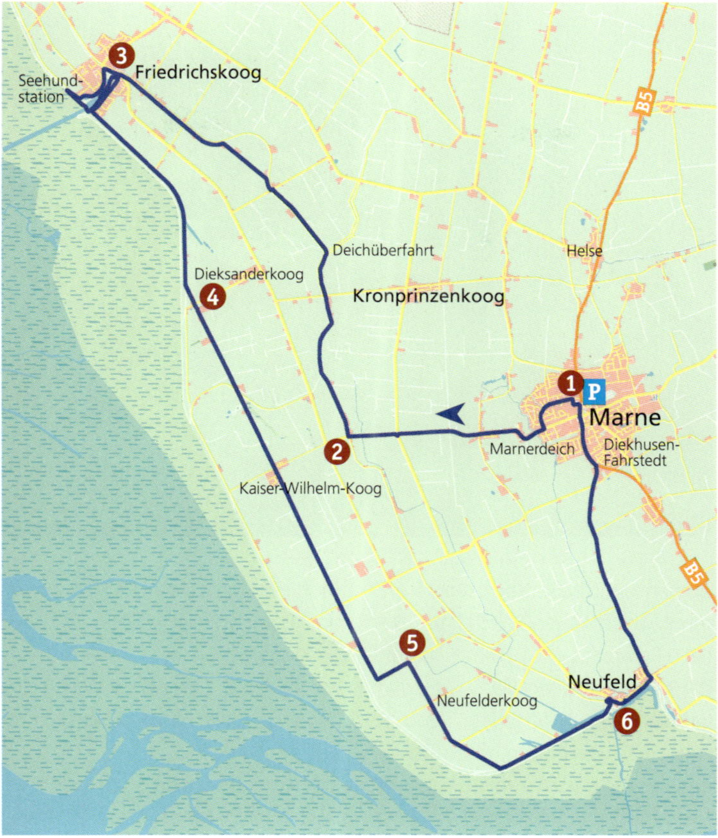

rechts aus Marne heraus. Hinter Marnerdeich endet der Radweg. Wir wechseln auf die Fahrstraße und folgen dieser Richtung Ausschilderung Friedrichkoog geradeaus. Am Ortseingang von Kaiser-Wilhelm-Koog biegen wir in die **Schadendorfstraße** rechts ab ❷. Radweg: Kronzprinzenkoog. Wir fahren immer an einem Binnendeich entlang.

Wir überqueren die nächste Fahrstraße und folgen der Radwegausschilderung nach Friedrichskoog (Mitteldeichweg). Kurze Zeit später knickt der Weg nach links ab. Wir überqueren den Deich und fahren unten links weiter auf dem beginnenden Spurplattenweg. An der nächsten Fahrstraße biegen wir nach links ab, durchqueren den Deich und biegen unmittelbar danach rechts ab Richtung Ponyschule/Ferienhof Mehlert.

In Friedrichskoog endet der Radweg kurz vor dem alten Hafen. Wir über-

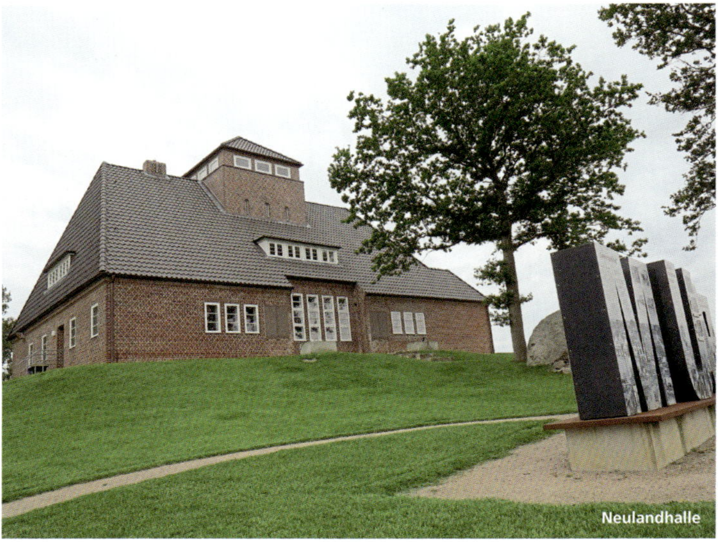

Neulandhalle

queren die Straße nach rechts und fahren anschließend nach links über den Parkplatz. Wir sehen bereits den Seeschwalbenweg, auf dem wir nachher weiterradeln. Es geht zunächst weiter am alten Hafen entlang nach vorn zum ehemaligen Sperrwerk. Dieses können wir nach rechts überqueren. Auf der anderen Seite liegt die Seehundstation. Wir erreichen diese, indem wir die Deichauffahrt nach rechts abwärts nehmen.

Zurück am Mitteldeich biegen wir rechts ab in den schon erwähnten Seeschwalbenweg hinter dem **alten Hafen** 3. Auf ihm entlang erreichen wir bald die **Neulandhalle** 4. Dieser historische Lernort ist einen Rundgang wert. Besichtigungen der Halle sind nur im Rahmen von angemeldeten Führungen möglich. Nach Neufeld fahren wir auf dem schnurgeraden Fahrweg (Franzosensand) alle Abzweigungen ignorierend. Gelegentlich sind Badestellen in der Nordsee nach rechts ausgeschildert.

In **Neufelderkoog** biegen wir nach rechts 5 ab, dem Wegweiser Neufeld folgend. Die Hauptstraße biegt bald nach links ab, wir fahren aber geradeaus am Deich entlang, bis wir Neufeld erreichen. Über den Deich hinweg kommen wir zum kleinen Hafen (Einkehrmöglichkeiten). An diesem entlang biegen wir am **Binnendeich** nach 6 links ab Richtung Marne.

In Marne halten wir uns links auf dem Radweg neben der Bundesstraße und kommen auf diesem bald wieder zum ZOB.

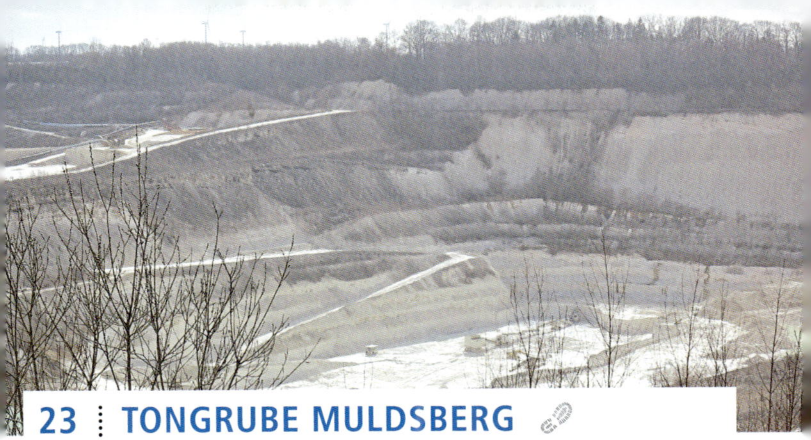

23 TONGRUBE MULDSBERG

Die Gegend um Lägerdorf im Kreis Steinburg ist stark geprägt von Tagebauten. Diese werden bis heute zur Gewinnung von Rohstoffen zur Zementherstellung genutzt. Einige der alten Gruben dienen mittlerweile dem Naturschutz. Die Grube Muldsberg veranschaulicht, wie wertvoll die aufgegebenen Produktionsstätten als Lebensraum für Tiere und Pflanzen sind. In der Nähe befindet sich der Aussichtspunkt Lägerdorf, Heidestraße (Parkplatz, Foto). Dort beschreiben Schautafeln den Kreideabbau in der Region. Man hat einen phantastischen Blick in den Tagebau.

- **Ausgangspunkt:** Ausgangspunkt ist die Kreisstraße zwischen Kaaks und Huge. Kurz nachdem man den Ort Mehlbek-Siedlung passiert hat weist ein Wegweiser mit der Aufschrift „Kirche" nach links. Dort befindet sich ein Parkplatz. Am Ende der kleinen Straße liegt der Friedhof Mehlbek/Huge
- **Charakter der Tour:** Einfache Wanderung ohne nennenswerte Steigungen
- **Gehzeit ohne Pausen:** 1:50 Std.
- **Streckenlänge:** 6,5 km
- **Markierungen:** Grüne Wegweiser Rundweg Tongrube
- **Einkehren:** an der Strecke keine Möglichkeit. In Kaaks „Restaurant Wildwechsel"

Wir überqueren die **Kreisstraße** ❶ und gehen auf dem kombinierten Fuß-, Reit,- und Radweg nach links. Kurz darauf biegen wir nach rechts ab in einen asphaltierten Weg mit der Hinweistafel Rundweg Tongrube.

Nach etwa 15 Minuten Gehzeit ab Parkplatz erreichen wir links einen weiteren kleinen Wanderparkplatz.

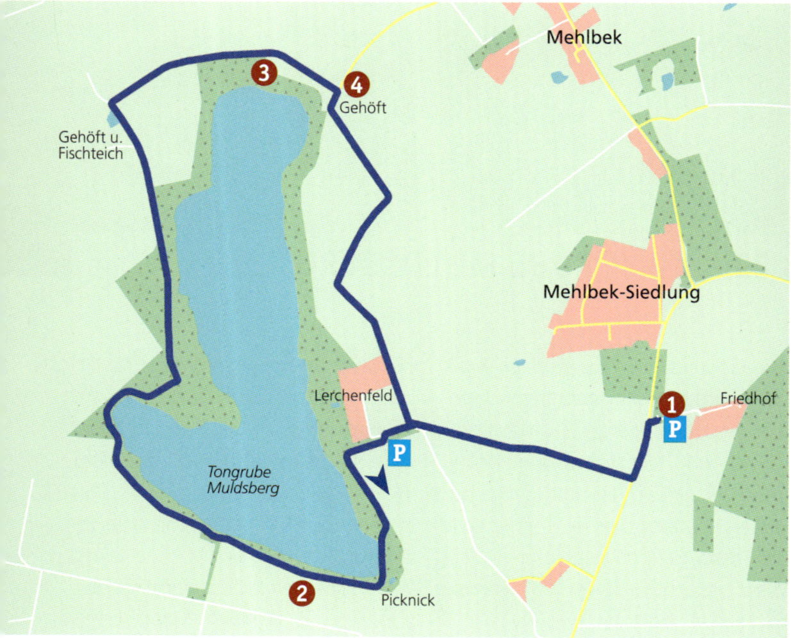

Dort ist die Straße Lerchenfeld ausgeschildert. Am Ende des Parkplatzes erläutert eine Schautafel die Geschichte der Tongrube. Wir folgen dem kleinen Wanderweg (ebenfalls Reit- und Radweg), der sich links daran anschließt. An der Südwestecke der Tongrube befindet sich auf

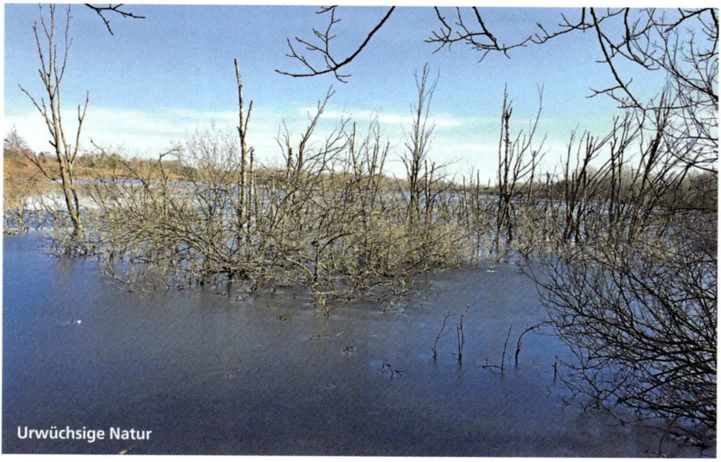
Urwüchsige Natur

einer kleinen Landzunge eine Picknickstelle. Etwa 200 Meter später erreichen wir eine größere **Sitzgruppe** **2**.

Wir folgen immer dem Wanderweg entlang des Ufers der Tongrube. In der Mitte des Gewässers liegt auf abgestorbenen Bäumen eine Kormorankolonie. Der Wanderweg geht bei einem querverlaufenden Gatter in ein Asphaltsträßchen über. An einer Gehöftegruppe gehen wir rechts. Wir passieren einen großen Stromverteilerkasten mit dem Standort „Mehlbek Tongrubenweg". Kurz danach befindet sich auf der rechten Seite eine größere **Sitzgruppe** **3**.

Wenig später führt uns der Weg direkt auf ein weiteres **Gehöft** zu **4**. Die Straße trägt hier wieder den Namen Lerchenfeld. Uns begegnet erneut das Schild Rundweg Tongrube. Es gibt leider keine Möglichkeit, am Ufer entlang zu gehen. Wir wandern rechts weiter bis zum kleinen Wanderparkplatz, an dem wir zu Beginn der Tour auf den Wanderweg stießen.

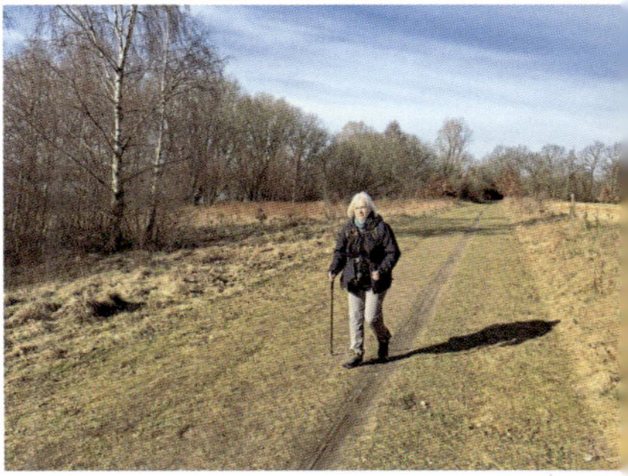

Uns von dort links haltend erreichen wir – erneut an einem Stromverteilerkasten vorbei – in 15 Minuten unseren Ausgangspunkt.

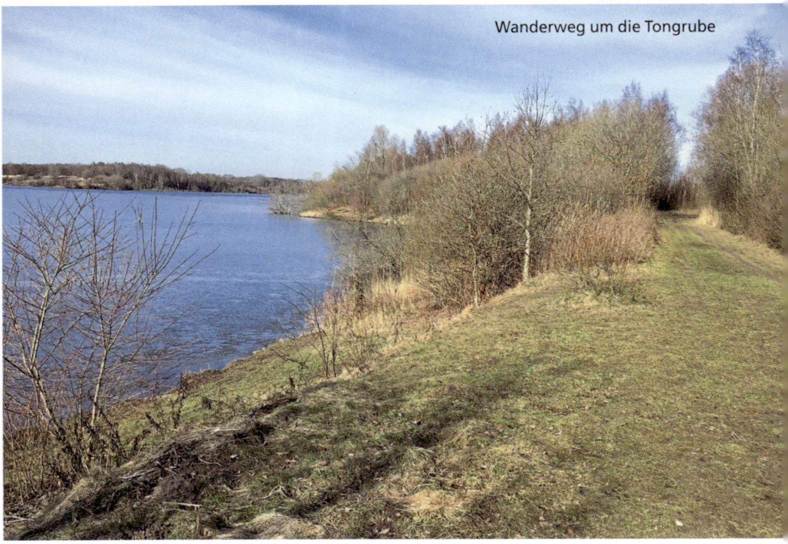

Wanderweg um die Tongrube

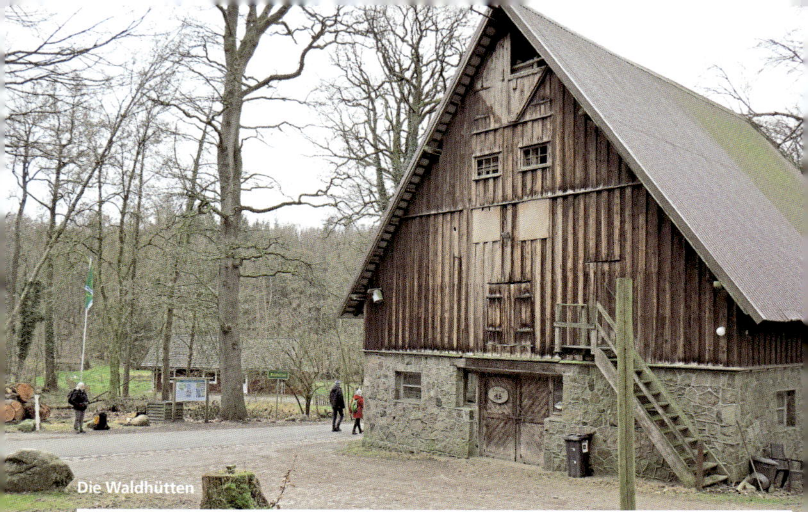

Die Waldhütten

24 ⋮ BOXBERG

Waldwanderung im Naturpark Aukrug entlang von Fischteichen. Man passiert die idyllische Siedlung Waldhütten und durchstreift das Heidegebiet rings um den Boxberg. Die Heide selbst ist keine ursprüngliche Landschaft. Sie entstand nach Abholzung der umgebenden Wälder zum Zweck der Eisenverhüttung. Ohne ständige Pflege würde der Wald durch Samenflug wieder nachwachsen.

- **Ausgangspunkt:** Es befinden sich mehrere Wanderplätze entlang der Route. Für unsere Tour haben wir einen im südlichen Teil des Gebiets gewählt. Ausgangspunkt ist die Landesstraße zwischen der Fachklinik Aukrug (Abfahrt von der B 430) und Hennstedt. Kurz nachdem man die Klinik passiert hat weist ein Wegweiser mit der Aufschrift „Kriegsgräberstätte“ nach links. Unmittelbar danach befindet sich rechts der Straße ein Wanderparkplatz am Beginn eines Waldweges. An seiner Einfahrt steht rechts ein Baum, der mit dem Hinweis „Ochsenweg“ versehen ist
- **Charakter der Tour:** Einfache Wanderung mit einigen Steigungen im Bereich des Boxberges
- **Gehzeit ohne Pausen:** 2:40 Std.
- **Streckenlänge:** 8,7 km
- **Markierungen:** Markierungen 17 und 13. Hinweisschilder Wanderweg und Rundweg
- **Einkehren:** Restaurant Heidehaus, Café am Boxberg unterhalb des Boxbergs

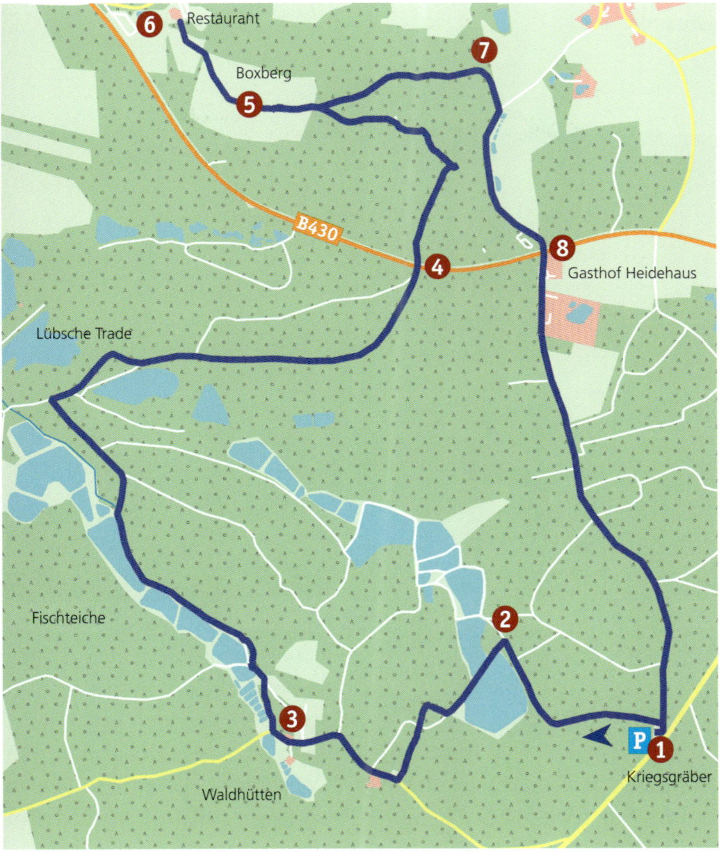

Wir nehmen den ersten Weg nach links neben einer **Schautafel** ❶. Beidseitig des Weges befindet sich die bereits verwitternde Nummerierung 17 an zwei Bäumen. Nachdem wir links einen Teich passiert haben, gelangen wir an ein Wege-T. Wir verlassen den Wanderweg 17 nach links in einen als Fahrradweg 10 markierten **Graspfad** ❷.

Wir folgen immer dem Hauptweg durch den Wald. Gelegentlich ist er mit der 10 markiert. An einem Parkplatz beginnt eine Asphaltstraße. Wir folgen ihr nach rechts und kommen bald zur Teichwirtschaft Waldhütten.

Nach dem Durchqueren der Siedlung verlassen wir die Asphaltstraße und biegen rechts ab in einen **schmalen Pfad**, jetzt wieder der Nummerierung 17 folgend ❸. Linker Hand begleiten uns die Fischteiche. An einem Wege-T biegen wir

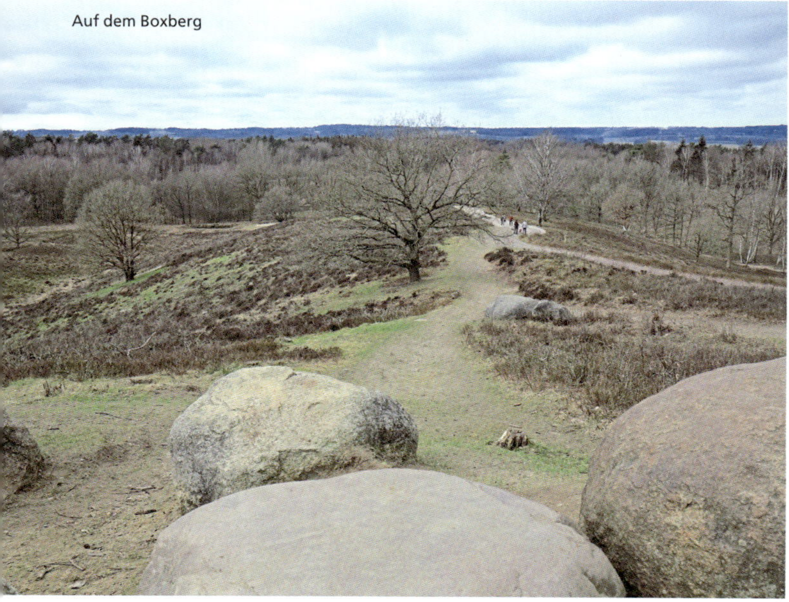

Auf dem Boxberg

nach rechts ab, dem Hinweis 17, B 430 folgend. Wir überqueren die oft stark befahrene Bundesstraße und gelangen über eine **Treppe** ❹ geradeaus auf einen Waldpfad. Wir verlassen den Weg 17, der nach rechts abzweigt.

Wir folgen nicht dem Trimmpfad mit seinen blauen Markierungen,

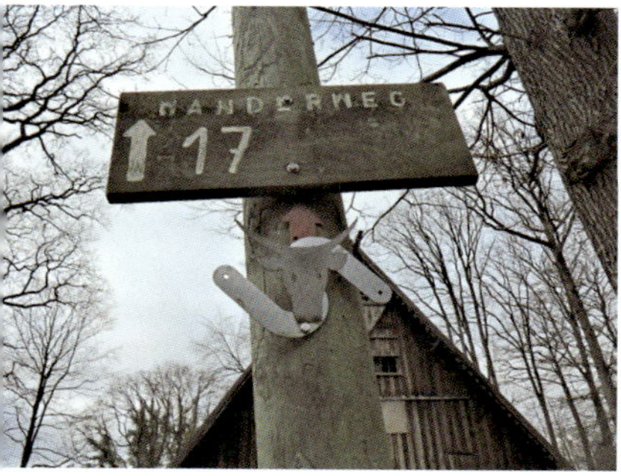

sondern gehen geradeaus weiter. An einer auffälligen Wegekreuzung biegen wir an einer Hinweistafel links ab und wandern auf dem Weg 13 aufwärts. Einem querenden Weg folgen wir nach links. Es geht wieder an Trimmgeräten vorbei.

Wir erreichen den **Boxberg** ❺ mit einigen Sitzgruppen (Picknick) und einer Schutzhütte. Vom vorderen Plateau hat man einen herrlichen Blick über das Areal. Ein breiter Sandweg führt hinab zu einem großen Parkplatz an der Bundesstraße. Dort befindet sich das **Café** ❻ am Boxberg.

Zurück auf dem Boxberg nehmen wir hinter einer Schutzhütte den Weg nach links und folgen der Markierung 13 geradeaus. An der

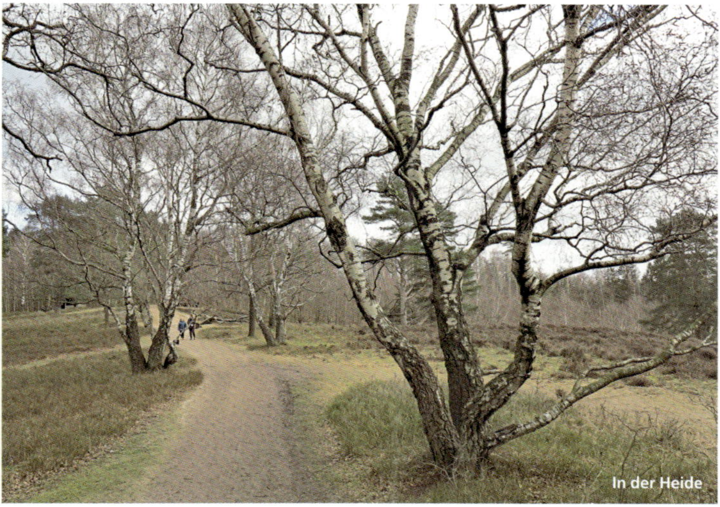

In der Heide

nächsten Kreuzung knickt der Weg 13 nach rechts ab. Wir folgen geradeaus dem Weg 12. Dieser ist kurz darauf als Reitweg mit roten Markierungen gekennzeichnet.

Der Waldweg mündet in einen **Spurplattenweg** ⑦, dem wir nach rechts folgen. Bald sind wir wieder an der Bundesstraße. Wir überqueren sie am **Gasthof Heidehaus** ⑧. Der Straße Schäferkoppeln folgen wir, bis wir unseren Ausgangspunkt am Waldparkplatz wieder erreichen.

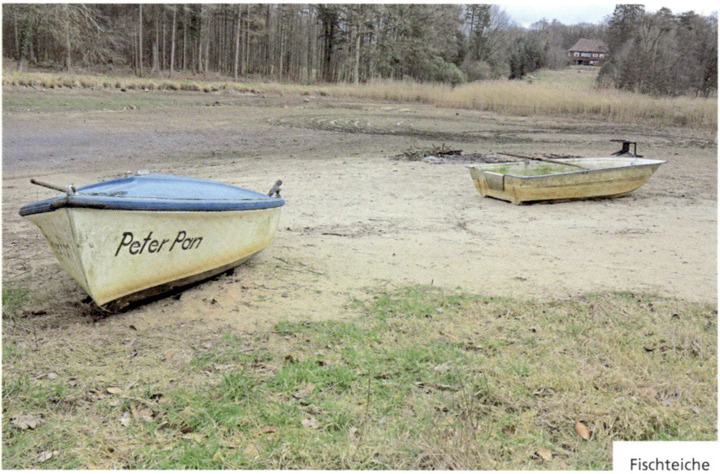

Fischteiche

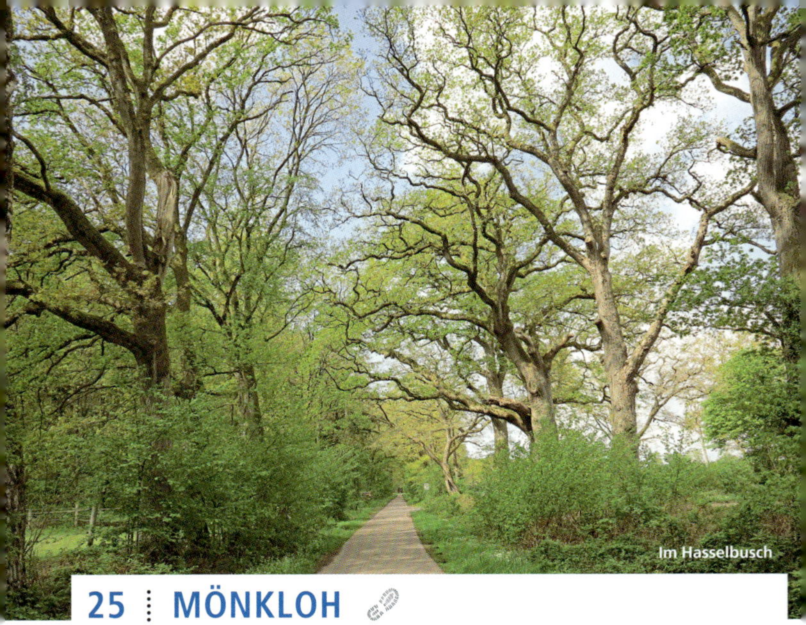

25 MÖNKLOH

Diese Wanderung verläuft größtenteils auf dem Rücken einer Endmoräne mit teilweise weiten Ausblicken. Sie führt aber auch durch schöne Wälder. Unterwegs treffen wir auf einen Waldlehrpfad und die kleinste katholische Kapelle Schleswig-Holsteins.

- **Ausgangspunkt:** Ortsmitte von Mönkloh (Kreis Bad Segeberg), Parkplatz gegenüber dem Dorfhaus, Nähe Glückstädter Straße 41
- **Charakter der Tour:** Ausgiebige Rundwanderung, weitgehend auf befestigten Wegen. Herausfordernd und zuweilen anstrengend zu gehen sind einige schnurgerade Wege
- **Gehzeit ohne Pausen:** 4 Std.
- **Streckenlänge:** 13,7 km
- **Markierungen:** Örtliche Rad- und Reitwegausschilderung
- **Einkehren:** Hotelrestaurant Bokel am See

Vom **Parkplatz** ❶ folgen wir zunächst kurz der Straße Richtung Wrist und überqueren sie in den Wiesenweg hinein (Spaßschild: Klein Italien). Wir erreichen nach etwa 15 Minuten eine Wegekreuzung, die nach links als Waldlehrpfad/Radweg markiert ist. Der Weg ist nicht asphaltiert.

Wir gehen nach links in den Wald und folgen immer dem Hauptweg. An einer Gabel gehen wir gerade-

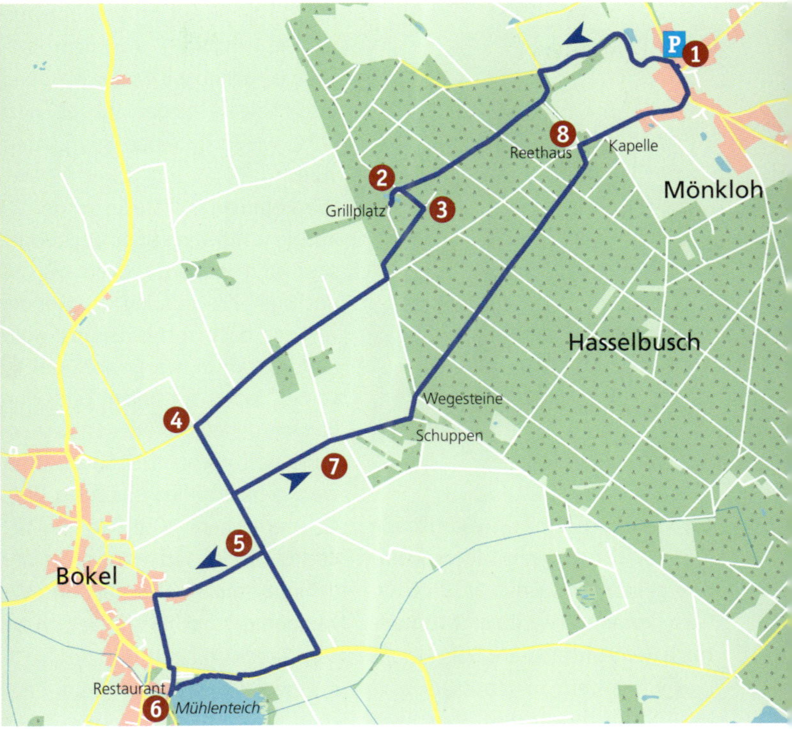

aus auf dem Radweg. Schließlich erreichen wir einen **Grillplatz** 2 mit kleinem Gewässer und Quelle. Der Grillplatz bietet sich für eine Pause an.

Wir gehen wieder kurz in den Hinweg zurück, biegen aber sofort rechts ab. Kurz danach erreichen wir eine **Infotafel** 3. Rechts steht eine kleine Holzbrücke, die wir überqueren. Wir folgen dem Pfad aus dem Wald heraus und erreichen eine schnurgerade Asphaltstraße, in die wir nach rechts hineingehen. Nach einem längeren Stück des Weges gelangen wir an einen **Schilderbaum** 4. Wir folgen der Richtung „Osterhorn über Bokeler See" nach links.

An der **zweiten Kreuzung** gehen wir rechts nach Bokel 5 hinein. An

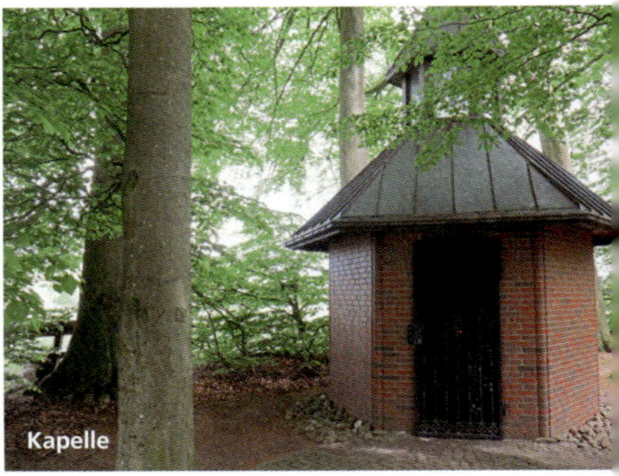
Kapelle

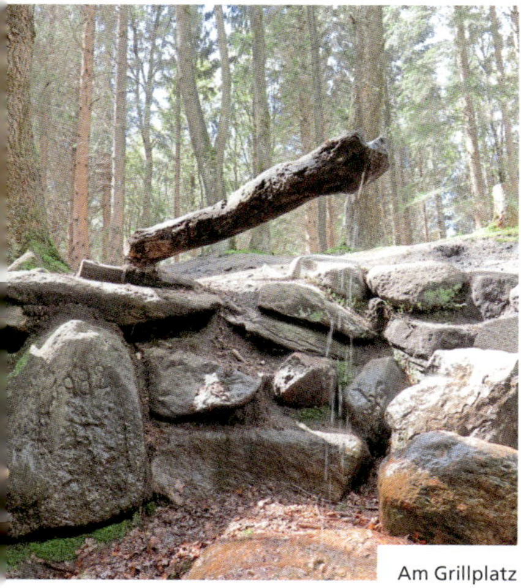

Am Grillplatz

der Kreuzung Zum Felde/Bergstraße (nur von der anderen Seite erkennbar) gehen wir nach links. Bald danach kommen wir zum **Mühlenteich** (Hotel-Restaurant Bokel Mühle) 6. Vor dem Seeterrassen-Pavillon führt ein schmaler Pfad nach links am Ufer entlang. An diesem Drehpunkt der Wanderung empfiehlt sich eine Rast.

Wir gehen auf dem kleinen Pfad am Ufer entlang. Am Ende des Uferbereichs zweigt der Pfad nach rechts

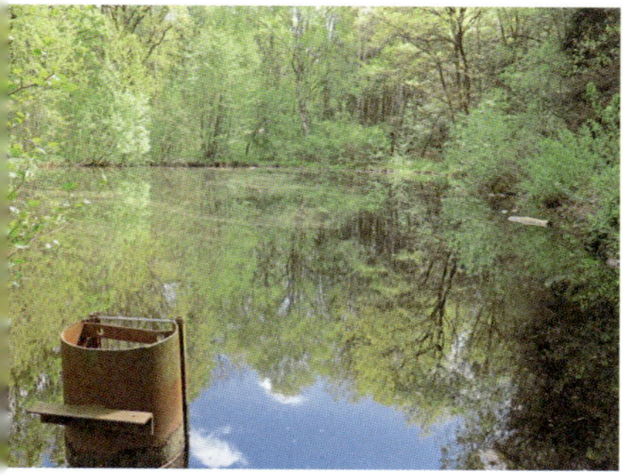

ab. Wir verlassen ihn und überqueren die Fahrstraße. Auf dem Rad-/Fußweg gehen wir weiter. Am zweiten Abzweig biegen wir ab nach links, wieder in einen Spurplattenweg.

Wir kommen zur Stelle, an der wir auf dem Hinweg rechts abgebogen sind und gehen weiter bis zur nächsten Kreuzung. Dort wenden wir uns nach rechts. Später kommen wir an einem **Grabhügel** 7 vorbei, rechts auf freiem Feld. Kurz danach gehen wir an der Verzweigung nach rechts. Der Spurplattenweg geht in einen Sandweg über. Wir erreichen eine Wegegabel. Rechts ist ein Gatter zu sehen und dahinter mehrere Schuppen. Wir wenden uns nach links, bleiben auf dem Sandweg am Waldrand.

An zwei Wegesteinen vorbei erreichen wir eine Kreuzung von Waldpfaden. Die Richtung, aus der wir gekommen sind, ist hier mit Bokel gekennzeichnet. Wir gehen geradeaus weiter.

Nach einer langen, geraden Strecke auf dem Hauptweg macht dieser eine Linkskurve. Wir kommen auf ein **Reethaus** zu (Försterei) 8. An der Asphaltstraße folgen wir der Ausschilderung Waldkapelle, 100 Meter, nach rechts. Dort bietet sich noch einmal eine Pause an.

Auf dem Asphaltweg weitergehend erreichen wir die Hauptstraße in Mönkloh, überqueren diese und kommen bald nach links zum Ausgangspunkt zurück.

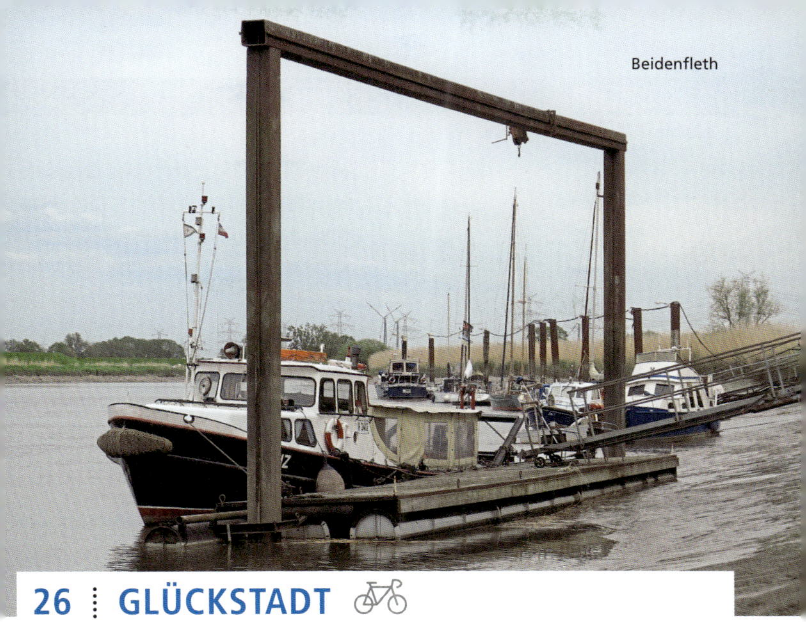

Beidenfleth

26 GLÜCKSTADT

Diese Runde um den Unterlauf der Stör verbindet die malerischen Orte Wilster und Glückstadt. Sie führt durch einige weitere hübsche Dörfer, wie Beidenfleth, Wewelsfleth und Borsfleth. Mit der Fähre in Beidenfleth überqueren wir den Fluss.

- **Ausgangspunkt:** Parkplatz am Colosseum (Etatsrätin-Doos-Str. 22) im Zentrum Wilsters
- **Charakter der Tour:** Leichte Radtour ohne nennenswerte Steigungen. Lediglich die Auffahrt zum Störsperrwerk ist steil
- **Fahrzeit ohne Pausen:** 4:40 Std.
- **Streckenlänge:** 52 km
- **Markierungen:** Radwegemarkierungen, Wegweiser für Fahrstraßen
- **Einkehren:** Diverse Möglichkeiten in Wilster, Beidenfleth, Borsfleth, Glückstadt

Vom Parkplatz **1** am **Colosseum** fahren wir Richtung Kirche. Wir umrunden sie, folgen der Hauptstraße und biegen rechts ab Richtung Brunsbüttel (Wegweiser). Wir erreichen eine Brücke. Unmittelbar dahinter zweigt der schmale Radweg nach links ab **(Glückstadt)** **2**. Wir folgen dem Radweg bis zu einer weiteren Brücke (Pennymarkt). Wir überqueren die Straße und fahren links bis zur nächsten Abzwei-

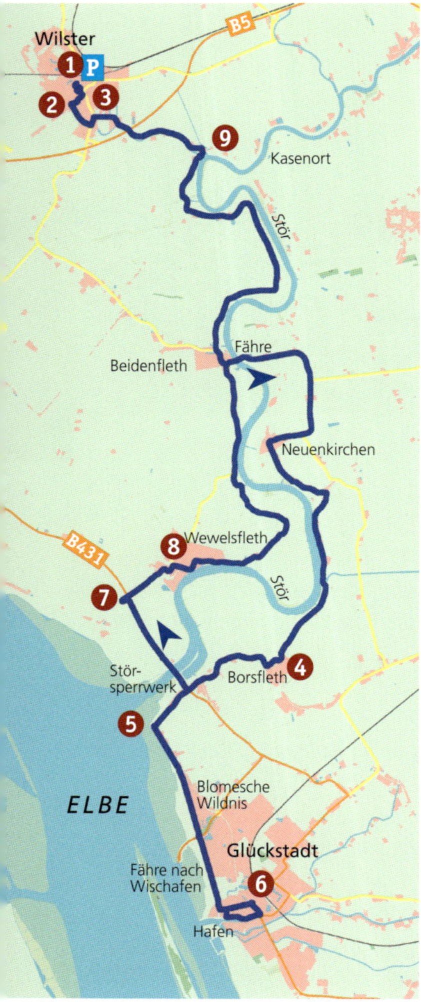

gung. Dort rechts ❸. Immer entlang der Wilster Au erreichen wir Kasenort.

An der Schleuse wenden wir uns nach rechts (Sitzgelegenheiten). Man kann einen ersten Blick auf die Stör werfen. Wir fahren weiter und nehmen an der abknickenden Vorfahrt den Weg nach links (Wewelsfleth/Beidenfleth). Wir fahren immer am Stördeich entlang. Bald biegen wir noch einmal links ab. Der Radweg Glückstadt ist wieder markiert.

In Beidenfleth fahren wir nach links in den Ort hinein. In der Ortsmitte biegen wir links ab (Bahrenfleth/Störfähre). Wir überqueren die Stör mit der Fähre (Gebühr). Auf der anderen Seite nehmen wir die Asphaltstraße geradeaus. Glückstadt ist ausgeschildert. An der nächsten abknickenden Vorfahrt verlassen wir die Straße nach Glückstadt und fahren geradeaus Richtung Neuenkirchen. An der dortigen Kirche fahren wir links. Auf dem Uhrendorfer Weg verlassen wir den Ort. Er wird bald zu einem Schotterweg. Später, an der asphaltierten Querstraße, fahren wir nach rechts Richtung Borsfleth.

In Borsfleth halten wir uns rechts und verlassen den markierten Radweg ❹. Am Ortsende von Borsfleth biegen wir rechts ab, folgen dem Deich, unterqueren die Hauptstraße B 431 (rechts Auffahrt zum Störsperrwerk) und gelangen an den Elbdeich ❺ (Sitzgelegenheiten am Parkplatz). Der Radweg führt entlang der Fahrstraße. Kurz vor Glückstadt biegen wir rechts ab (Gatter) und fahren jetzt am Elbdeich entlang. An der Zufahrt zur Fähre Wischhafen lohnt ein kurzer Abstecher nach rechts mit Blick auf die Elbe.

Wilster

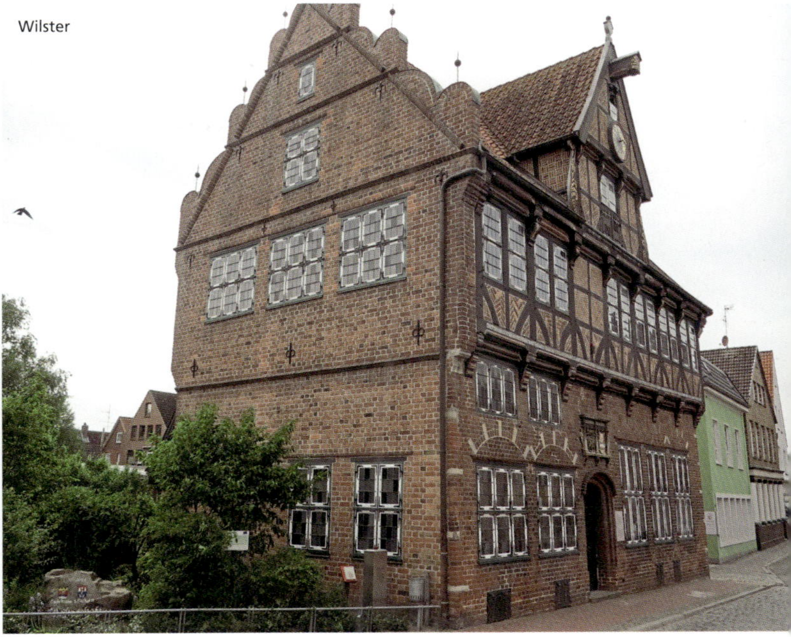

In Glückstadt fahren wir am Hafen entlang zum Markt **6**. Dort lohnt ein Rundgang. Über die Königsstraße fahren wir zurück zum Radweg am Deich. Dort fahren wir zurück und erreichen die Auffahrt zur Störbrücke. Wir überqueren diese und fahren die lange Rampe auf der anderen Seite hinunter. Die Fahrstraße zweigt an einer Kreuzung rechts ab nach Wewelsfleth (Werft). Der Radweg wird nach links gelenkt. Rechts fahrend **7** unterqueren wir die Straße und gelangen nach Welwelsfleth. Auf der Hauptstraße durchqueren wir den Ort. Im Zentrum biegen wir bei Nahkauf rechts ab in die Straße **8** **Deichreihe/Sportboothafen**. Wir folgen dieser aus dem Ort heraus. In Beidenfleth bietet sich eine Pause an der Fähre an. Zurück auf der Straße fahren wir rechts, biegen an der Straße Groß Kampen nach rechts ab und folgen der vom Hinweg bekannten Straße nach rechts. In Kasenort folgen wir nicht dem Wegweiser nach Wilster, sondern biegen hinter der Brücke (Gasthof Schleuse) nach links Richtung Bischof ab.

In Wilster überqueren wir die Hauptstraße, fahren links und biegen hinter der Brücke rechts ab. An der nächsten Querstraße fahren wir rechts, halten uns links in die Schmiedestraße und biegen dann bald links ab zur Kirche und zum Ausgangspunkt zurück.

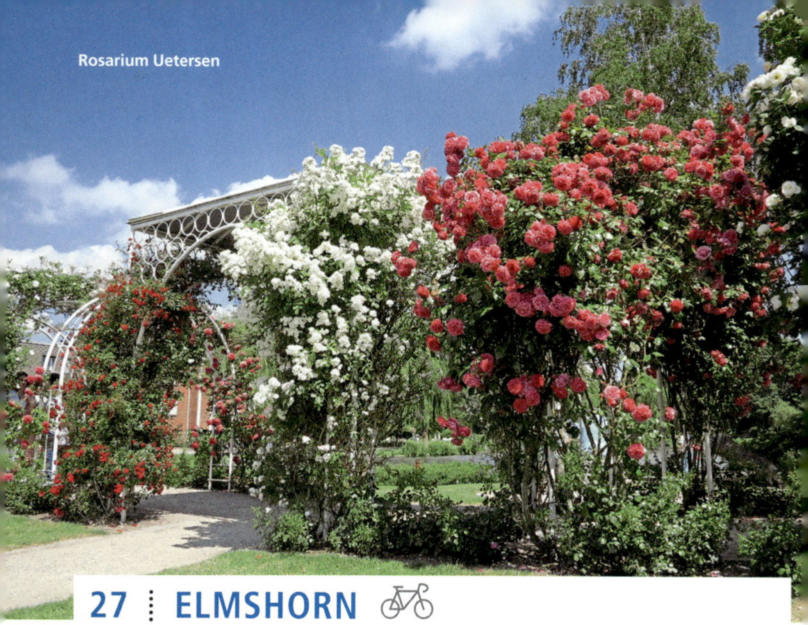

Rosarium Uetersen

27 ELMSHORN

Rundfahrt entlang des Krückaudeichs mit einem Abstecher zum Naturschutzgebiet Liether Kalkgrube, ins Rosarium Uetersen und zum Kloster in Uetersen. Da das Krückau-Sperrwerk nur am Wochenende weitgehend durchgängig überquert werden kann, sollte die Tour für einen Sonntag geplant werden. Zudem ist dann in Elmshorn kaum mit Autoverkehr zu rechnen.

- **Ausgangspunkt:** Parkplatz Südufer/Wedenkamp in Elmshorn. Es gibt weitere Parkplätze in der näheren Umgebung, sollte dieser belegt sein
- **Charakter der Tour:** Weitgehend auf Radwegen oder kaum befahrenen Nebenstraßen. Kurze, teilweise schlechte Spurbahnen. In Elmshorn am Anfang Orientierung nicht ganz einfach
- **Fahrzeit ohne Pausen:** 3:24 Std.
- **Streckenlänge:** 44 km
- **Markierungen:** übliche Radwegemarkierungen
- **Einkehren:** diverse Möglichkeiten in Uetersen und später an der Strecke

Vom **Parkplatz** in Elmshorn (1) aus fahren wir in Richtung Stadt nach rechts, umrunden die Betriebsanlagen von Kölln komplett und biegen an der **Kreuzung** Westerstraße/Hafenstraße (2) links ab in die Hafen-

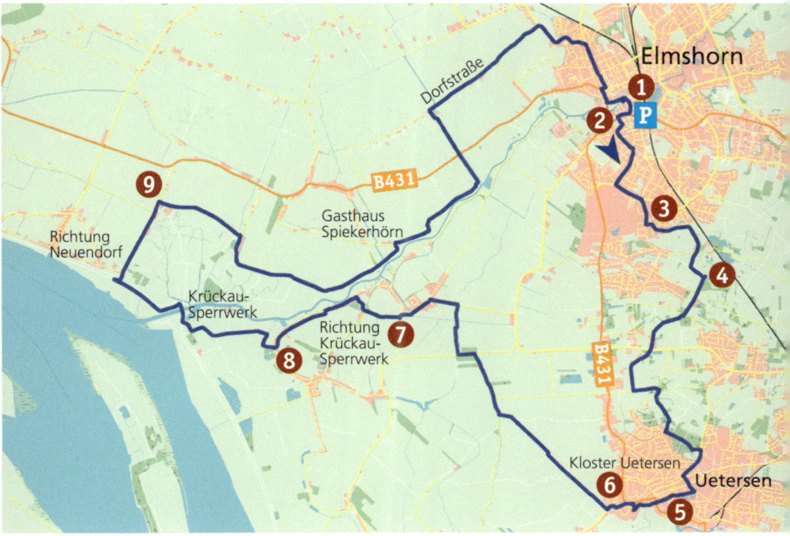

straße hinein. An der nächsten Querstraße biegen wir rechts ab in die Straße Klostersande, Richtung Hamburg, Seestermühle, Seester. Kurz darauf verlassen wir diese Straße und biegen links ab in die Eichstraße, der wir bis zum Ende folgen. Wir biegen ab in die Ollnstraße.

Am Ende der Ollnstraße biegen wir nach links ab in den Heidmühlenweg. Wir fahren neben der Straße auf dem Radweg. An der Straße Lieth folgen wir dieser nach rechts. Bei der ersten Gabel wechseln wir in die Straße Liethmoor nach links. Über die **Liether Feldstraße** 3 verlassen wir Elmshorn. Rechts fahrend erreichen wir bald Klein Nordende und folgen der Straße An der Bahn mit Ausschilderung zum Naturschutzgebiet NSG Liether **Kalkgrube** 4. Hier lohnt sich ein Stopp. Wir folgen jetzt immer der Radwegmarkierung, erreichen eine Querstraße und fahren geradeaus in die Straße Sandberg. Am nächsten Querweg fahren wir links in Richtung Uetersen. Wir folgen weiter der Radwegausschilderung, die nach einer Weile den Hauptweg verlässt und nach links in einen Feldweg abzweigt. Wir erreichen

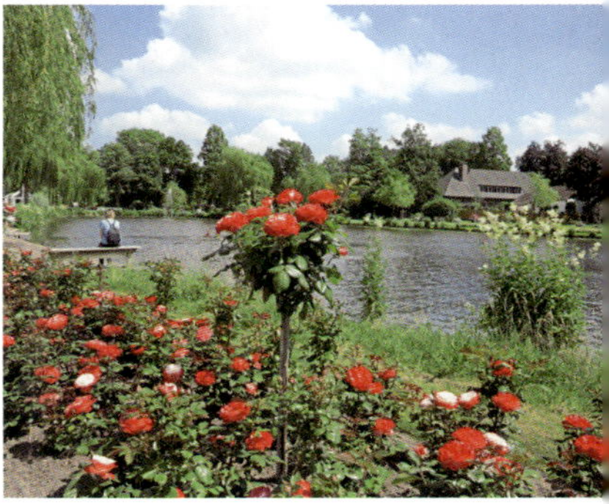

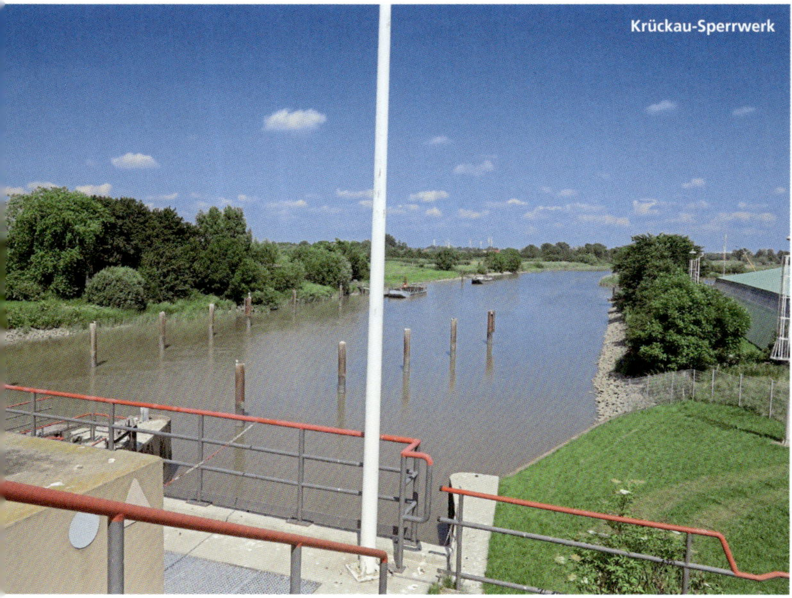

die Theodor-Storm-Allee, hier endet der Feldweg. Wir fahren kurz links und sofort wieder rechts der Radwegeausschilderung folgend durch den Wald. Wir kommen am Restaurant Langes Mühle (Einkehrmöglichkeit) aus dem Wald heraus und fahren an der Querstraße dahinter (Heidgrabener Straße) nach rechts.

An der nächsten Kreuzung überqueren wir die Straße und folgen der Ausschilderung Rosarium nach links. Wir erreichen bald das **Rosarium** 5 (Rundgang). Fahrradständer am letzten Eingang oder hinter dem anschließenden Hotelrestaurant.

Wir fahren auf der Berliner Straße weiter geradeaus und an der nächsten Kreuzung in die Sackgasse hinein. Wir erreichen die Fußgängerzone, die wir schiebend durchqueren. Bald kreuzen wir die Bundesstraße geradeaus in einen Pfad hinein Richtung Klosterbezirk. Hier lohnt sich eine erneute Rast und ein Rundgang. Über den Klosterhof gelangen wir zur Bundesstraße, fahren nach links und verlassen diese in der nach rechts abknickenden Vorfahrtsstraße geradeaus. Bald erreichen wir einen Schilderbaum und biegen nach rechts in die Kirchenstraße **Richtung Seester** 6 ein. Der Spurplattenweg ist der offizielle Radweg.

Wir fahren an der Fahrstraße links Richtung Seester. Kurz darauf geht es rechts ab Richtung Seester. An der nächsten Querstraße links. In Seester fahren wir auf der Dorfstraße nach links. Wir folgen der Radwegausschilderung. Am Ortsende von Seester biegen wir rechts ab Richtung Elmshorn/**Fähre Kronsnest** 7. An der nächsten Querstraße fahren wir links. Jetzt ist das Krückau-Sperrwerk ausgeschildert.

Wir folgen immer der Straße mit der Radwegmarkierung. In Seestermühle muss man aufpassen, dass man den Abzweig Richtung **Krückausperrwerk** 8 nicht übersieht. Der Weg führt in einer Linkskurve scharf nach rechts durch eine Deichöffnung hindurch. Wir folgen dem Radweg und erreichen das Sperrwerk. Nur an den Wochenenden ist eine fast durchgehende Querung möglich. Wir fahren innendeichs weiter und kommen an einen Abzweig mit der Ausschilderung Neuendorf/Elmshorn. Wir erreichen Kuhle und fahren 9 rechts ab Richtung **Elmshorn 12 Kilometer**. Wir passieren das Gasthaus Spiekerhörn (Einkehrmöglichkeit). Wir fahren immer der Radwegausschilderung nach auf einem Spurplattenweg. An der Bundesstraße biegen wir nicht rechts ab Richtung Elmshorn, sondern überqueren die Straße und erreichen die Dorfstraße Spiekerhörn. Wir biegen rechts ab. Am nächsten Wege-T, der Siethwender Chaussee, fahren wir nach rechts. Der Hauptroute folgend, fahren wir am nächsten Wege-T rechts, fahren Richtung Hamburg/Uetersen und biegen an der Bundesstraße kurz nach rechts ab Wir überqueren die Bundesstraße an der Ampel.

Jetzt sehen wir bereits linker Hand wieder die Produktionsgebäude Kölln. An der Ampel überqueren wir die Straße nach links und folgen dem Radweg der Krückau entlang zum Ausgangspunkt.

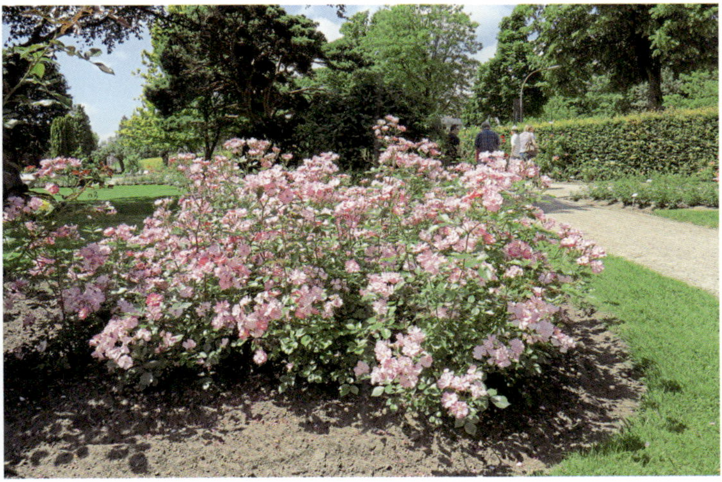

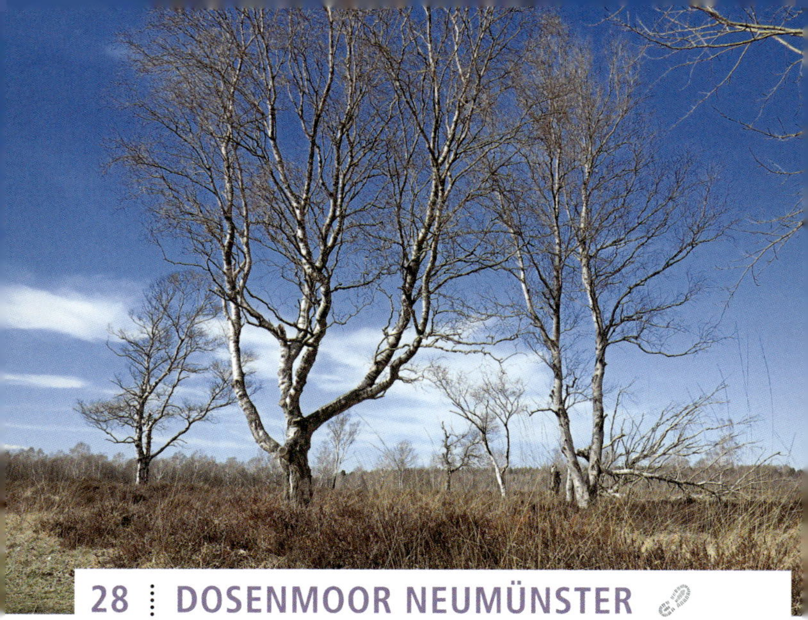

28 DOSENMOOR NEUMÜNSTER

Wanderung durch das Hochmoor Dosenmoor bei Neumünster. Nach Beendigung des Torfabbaus wird das Gebiet seit 40 Jahren wieder renaturiert. Mit etwas Glück kann man Kraniche beobachten.

- **Ausgangspunkt:** Es befinden sich mehrere Wanderparkplätze entlang der Route. Für unsere Tour haben wir den Parkplatz am Bahnhof Einfeld gewählt (Einfelder Schanze/Kieler Straße). Es gibt weitere im Verlauf der Straße Einfelder Schanze stadtauswärts sowie am wenige hundert Meter vom Bahnhof entfernten Abzweig zu den Bootshäusern. Eine andere Parkmöglichkeit befindet sich am Waldparkplatz an der Straße Am Moor 191 (Abzweig rechts von der Einfelder Schanze, kurz hinter dem Gasthaus Schanze am Moor). Startet man dort, verkürzt sich die Wanderung um fast vier Kilometer
- **Charakter der Tour:** Einfache Wanderung ohne Steigungen, weitgehend auf Feldwegen und weichen Wegen durch das Moor. Straße „Am Moor" geschottert und teilweise asphaltiert
- **Gehzeit ohne Pausen:** 3 Std.
- **Streckenlänge:** 10 km
- **Markierungen:** Stilisierte Wanderer auf braunem Grund, nicht durchgängig. Radweg
- **Einkehren:** Restaurants am Parkplatz Bahnhof, Schanze am See

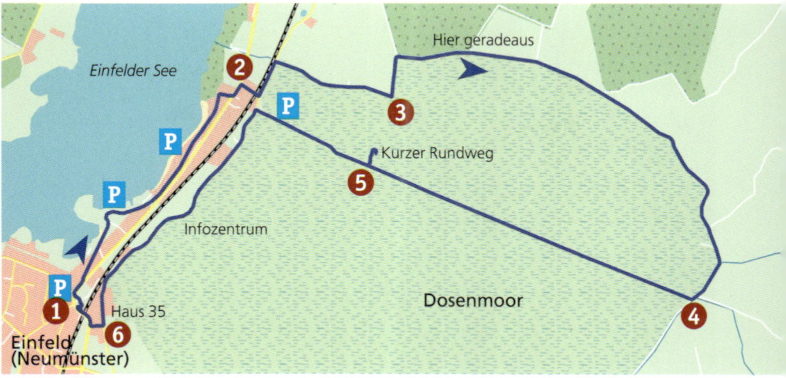

Vom **Parkplatz** ❶ aus (Bahnhof rechts) überqueren wir die Hauptstraße und gehen an ihr entlang, folgen links dem Weg Richtung See. Wir kommen zur Strandallee. An einem Transformatorenhäuschen folgen wir dem Weg zum See nach links. Wir gehen am Ufer des Einfelder Sees entlang. Wir passieren Liegewiesen, Grillplätze, Parkplätze und Bootshäuser. Es gibt öffentliche WC. Am Ende des bewachten Strandes zweigt der Weg nach rechts über den Parkplatz des Restaurants Schanze am See zur Hauptstraße ab. Wir überqueren die Straße, gehen nach links, kommen an drei Gedenkkreuzen für Unfallopfer vorbei und wenden uns nach rechts in den **Stichweg** Einfelder Schanze 103–107 ❷.

Wir unterqueren die Bahnlinie, erreichen den nächsten Parkplatz und gehen auf dem Weg zwischen Bahn und Moor nach links. An der ersten Abzweigung biegen wir nach rechts ab (Wandermarkierung). Am nächsten Wege-T folgen wir der **Markierung** nach links ❸. Der Weg mündet kurz darauf in einen Forstweg. Wir folgen der Markierung nach rechts. An der nächsten Wegespinne verlassen wir den markierten Weg und wandern geradeaus weiter. An der nächsten Wegegabel, am Weg links ist eine auffällige rote Markierung zu sehen, gehen wir geradeaus weiter.

Im Anschluss an eine lange Kurve erreichen wir den **Hauptweg** ❹, der uns nach rechts durch das Moor leitet. Im weiteren Verlauf erreicht man rechts einen **Bohlenweg** ❺.

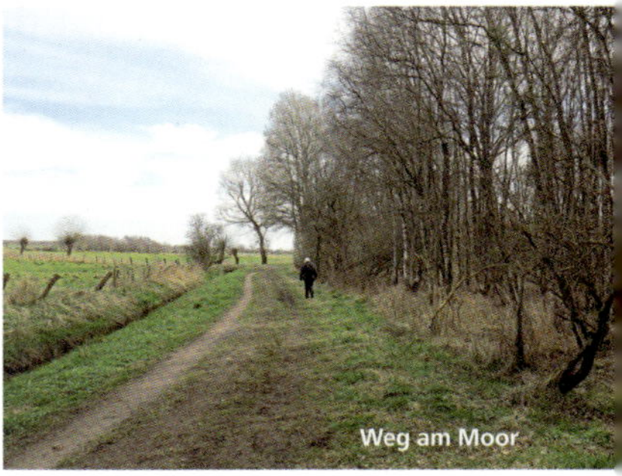
Weg am Moor

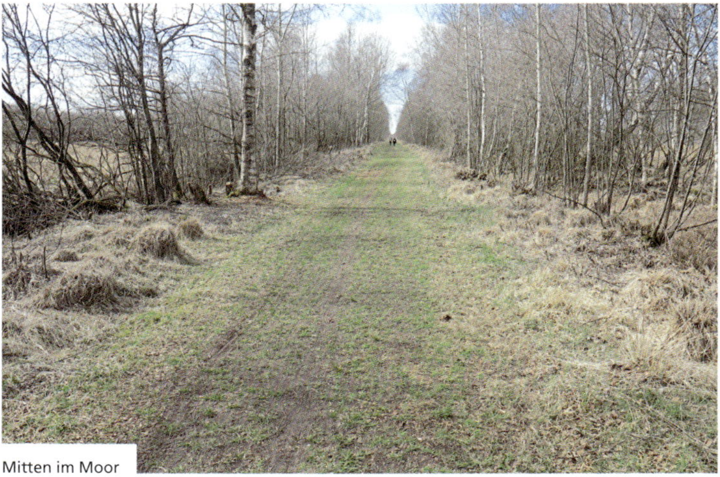

Mitten im Moor

Auf ihm kann man eine kurze Runde durch das Vernässungsgebiet gehen. Bald danach erreichen wir die Straße am Moor in Einfeld. Wir gehen nach links.

Nach 600 Metern kommt man zum Informationszentrum des Dosenmoors im ehemaligen Torfwerk. Wir gehen bis zur Hausnummer 35 6. Dort befindet sich rechts ein schmaler Fußweg zum Bahnhof. An der Hauptstraße geht man rechts, überquert die Gleise und ist kurz darauf am Parkplatz.

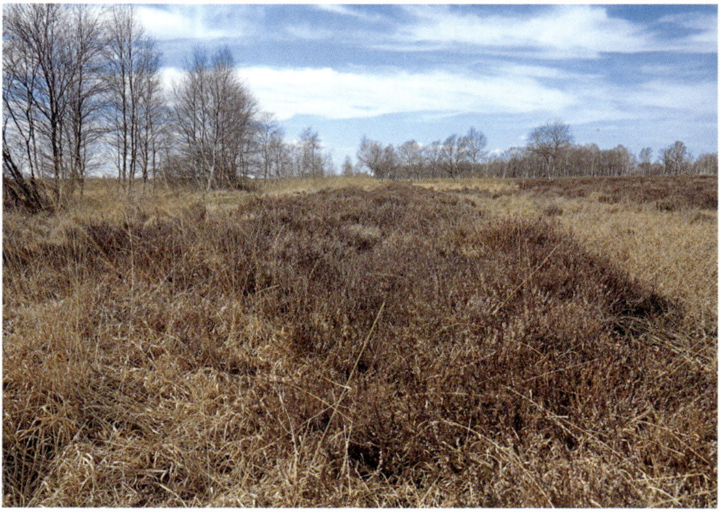

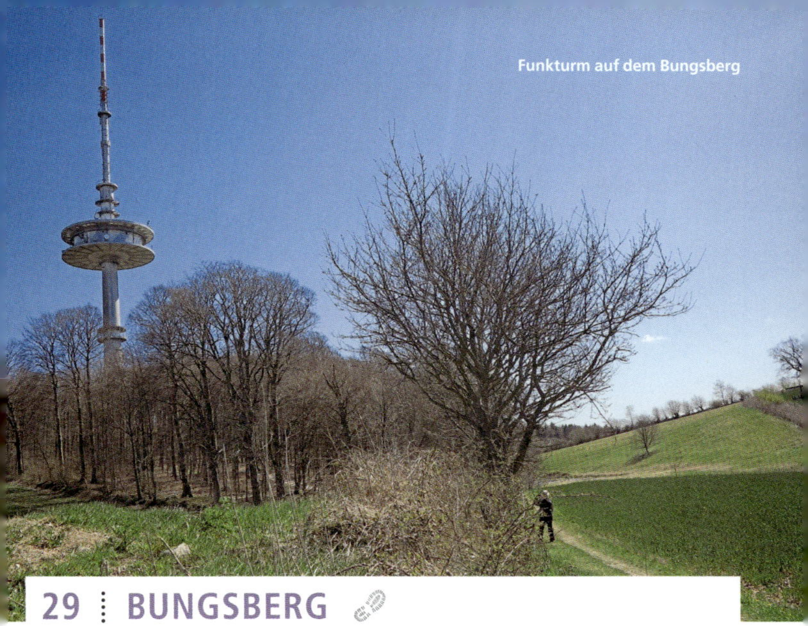

Funkturm auf dem Bungsberg

29 ⋮ BUNGSBERG

Diese Wanderung zum höchsten Berg Schleswig-Holsteins (167 m) führt rund um das Ziel herum über sanfte Hügel und durch ein schönes Waldgebiet. Vom Fernsehturm auf dem Bungsberg hat man einen weiten Blick.

- **Ausgangspunkt:** Parkplatz in Mönchneversdorf, Straße Zum Schlossberg, neben der Bushaltestelle
- **Charakter der Tour:** Rundwanderung mit einigen Steigungen im Bereich des Bungsbergs
- **Gehzeit ohne Pausen:** 2 Std.
- **Streckenlänge:** 7,1 km
- **Markierungen:** Grüne Wegweiser
- **Einkehren:** Restaurant mit Außenterrasse auf dem Bungsberg

Vom **Parkplatz** aus ❶ wenden wir uns Richtung Funkturm und folgen der Ausschilderung nach Kirchnüchel, Kirchnücheler Weg. Auf dem Asphaltsträßchen immer geradeaus. Nach 1,5 km auf der linken Seite biegen wir in einen Fußweg ein, Hinweisschild Bungsberg. Durch den Wald wandern wir hinauf zum Bungsberg ❷. Hier kann man eine Pause machen und die Aussicht vom Funkturm aus genießen.

Zur Fortsetzung der Wanderung gehen wir über den Parkplatz nach

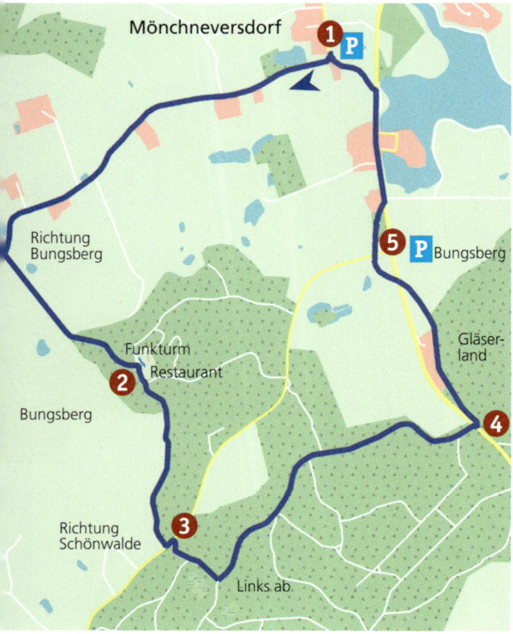

rechts. Kurz danach verlassen wir den Fahrweg und zweigen nach rechts in einen schmalen Pfad ab. Dieser führt uns an einer Sitzgruppe vorbei steil bergab. Der Weg ist mit der Markierung X des europäischen Fernwanderwegs markiert. Wir erreichen die Asphaltstraße, die vom Bungsberg herunterkommt, gehen kurz links, der Ausschilderung Stiftungswiesen, Schönwalde folgend. Gleich darauf geht es nach rechts (3) in den **Wald** hinein. Die X-Markierung wird jetzt noch von einer zweiten in Grün-Blau und Wellenform begleitet.

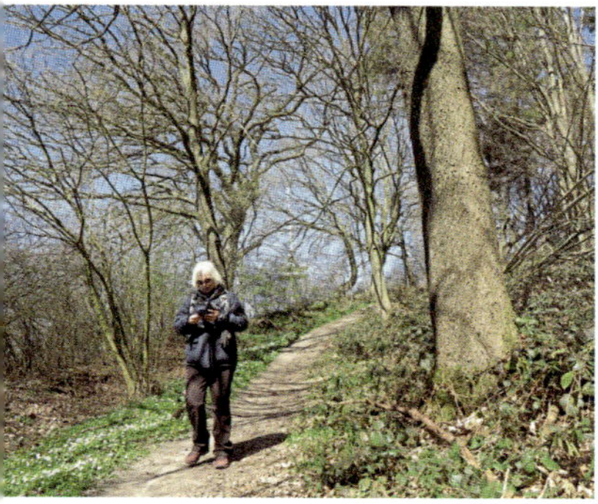

Am nächsten Wege-T stoßen wir auf einen Baum mit Markierungen, die alle nach rechts weisen. Wir nehmen jedoch den Weg nach links. An der nächsten Kreuzung ohne Markierungen gehen wir geradeaus weiter. Wir bleiben immer auf dem Hauptweg.

Wir überqueren die **Fahrstraße** (4) und wenden uns nach links in einen parallel zur Fahrstraße verlaufenden Weg. Dieser ist für „Anlieger frei" gekennzeichnet. Wir überqueren die Fahrstraße und erreichen über die Straße **Gläserland** den gleichnamigen Parkplatz (5) mit Schild Richtung Bungsberg. Wir gehen geradeaus parallel neben der Fahrstraße auf einen gespurten Grasweg weiter. An der Fahrstraße halten wir uns links auf dem Grasstreifen. An der ersten Asphaltstraße folgen wir nach links dem Schild „Anglerkarten" zurück zu unserem Ausgangspunkt.

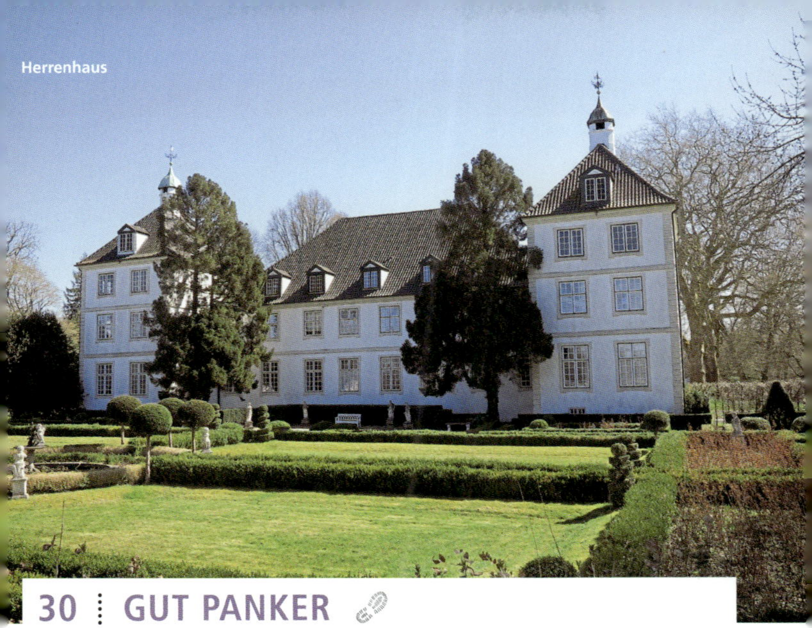

30 ⋮ GUT PANKER

Wanderung im ostholsteinischen Hügelland und mit weiten Blicken über die Ostsee: Panker mit seinen Galerien, Antiquitäten und Reitställen ist eine lohnende Zwischenstation, ebenso der Aussichtsturm Hessenstein. Die Tour ist besonders reizvoll durch den Wechsel zwischen Wald und offenem Gelände.

- **Ausgangspunkt:** Parkplatz in Darry an der Verbindungsstraße Lütjenburg – Panker, gegenüber einer Bushaltestelle in der Ortsmitte (Feuerwehrgerätehaus). Kreuzung der Hauptstraße mit der Straße Sehden. Dort gibt es Parkbuchten
- **Charakter der Tour:** Rundwanderung, überwiegend auf unbefestigten Wegen, einige Steigungen
- **Gehzeit ohne Pausen:** 3:15 Std.
- **Streckenlänge:** 11,3 km
- **Markierungen:** Gelegentlich Wegweiser
- **Einkehren:** Gut Panker, Forsthaus Hessenstein, beides mit Bier- und Kaffeegarten. Nur am Wochenende tagsüber geöffnet

Wir überqueren (1) die **Hauptstraße** und gehen links am Feuerwehrgerätehaus vorbei in die Dorfstraße hinein, Richtung Stöfs. An der nächsten Wegegabel (große Bauminsel, Reetdachhaus) halten wir uns

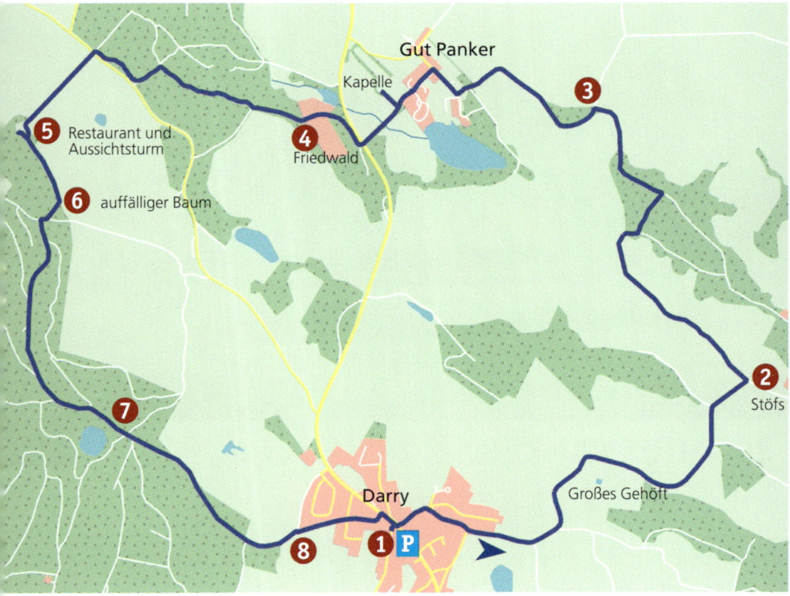

rechts. Bei der nächsten Abzweigung wandern wir geradeaus aus dem Dorf hinaus. Kurz darauf passieren wir das Ortsschild von Darry, Richtung Stöfs. Nach 500 Metern erreichen wir eine Wegegabelung und gehen nach links. Der Weg wird zum Spurplattenweg. An der

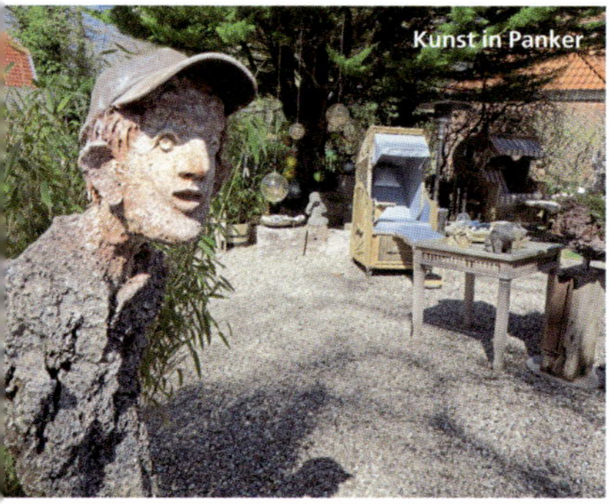
Kunst in Panker

nächsten Gabel folgen wir wieder der Ausschilderung nach Stöfs. Wir erreichen eine auffällige Kreuzung mit Ausschilderung und gehen nach links, Richtung **Panker** 2. Das Schild nach Panker steht rechts.

Wir kommen in einen Wald. Über den Weg ist eine Kette gespannt. 50 Meter dahinter wenden wir uns nach links in einen Weg, der in eine Senke hinabführt. Wir gelangen an ein Wege-T und wenden uns nach links, einen Bach überquerend. An der nächsten Gabel gehen wir links, stoßen auf einen Querweg und sehen links einen **Schilderbaum**: Panker 0,8 Kilometer 3.

Einige Minuten später erreichen wir Panker. Am Parkplatz des Gutes gehen wir rechts. In der Ortsmitte

(Postamt) gehen wir links. Hier ist der Hessenstein ausgeschildert, unser nächstes Ziel. Rechts liegt das Hotel Ole Liese, Einkehrmöglichkeit. Man verlässt Panker auf dem Weg Richtung Hauptstraße und passiert das Herrenhaus. Ein Abstecher zur Kapelle beschert uns eine kleine Rast.

Wir überqueren die Hauptstraße und biegen in den nicht befestigten breiten Weg ein, der Richtung Hessenstein ausgeschildert ist. Er verläuft zunächst parallel zur Hauptstraße, zweigt dann nach links ab. Kurz darauf passieren wir den Parkplatz 4 des Ruheforstes **„Waldbestattung Gut Panker"**.

Kurz hinter dem Parkplatz verlassen wir den Hauptweg, der hier nach links abknickt, nach rechts in einen Waldweg hinein und passieren eine Schranke. Wir erreichen eine Kreuzung von Waldwegen und gehen nach links weiter. Es sind bereits die Geräusche der Fahrstraße zu hören, die wir bald erreichen. Kurz vor der Fahrstraße gehen wir parallel im Wald nach rechts. Von rechts kommt ein Waldweg. Seit einigen Minuten haben wir, nach links blickend, auf dem Pilsberg den zinnenförmigen Aussichtsturm Hessenstein gesehen. Wir überqueren jetzt die Fahrstraße und gehen den breiten, unbefestigten Fahrweg zum Aussichtsturm hinauf. Am **Hessenstein** 5 kann man im Forsthaus einkehren. Den Turm kann man

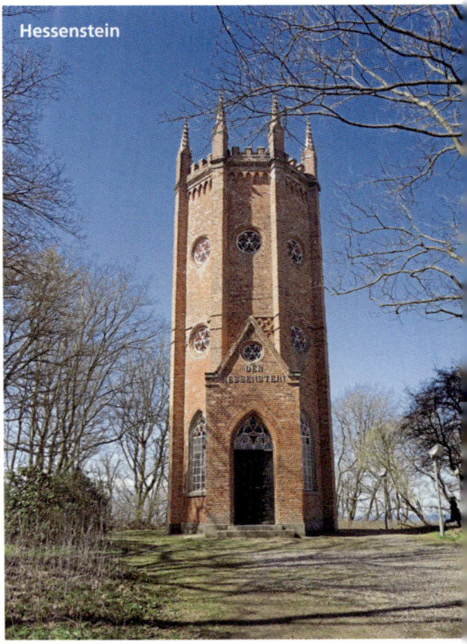

Hessenstein

gegen eine Gebühr besteigen (Automat).

Die Rückseite des Turms im Rücken, das Forsthaus linker Hand, wandern wir auf einem schmalen Weg, der bald breiter wird, am Waldsaum entlang. Wir erreichen einen **auffälligen großen Baum** 6 links auf einer Wiese. Wir folgen hier nicht der Ausschilderung nach Darry geradeaus, sondern zweigen rechts ab in den Wald hinein, Richtung Lütjenburg/Giekau. Am nächsten Querweg gehen wir kurz rechts und sofort wieder links, dem Weg leicht bergab folgend. Dieser ist gekennzeichnet mit einem Pfahl „Leinenpflicht für Hunde".

Wir gehen auf diesem breiten Waldweg, alle Abzweigungen ignorierend. Zehn Minuten später gelan-

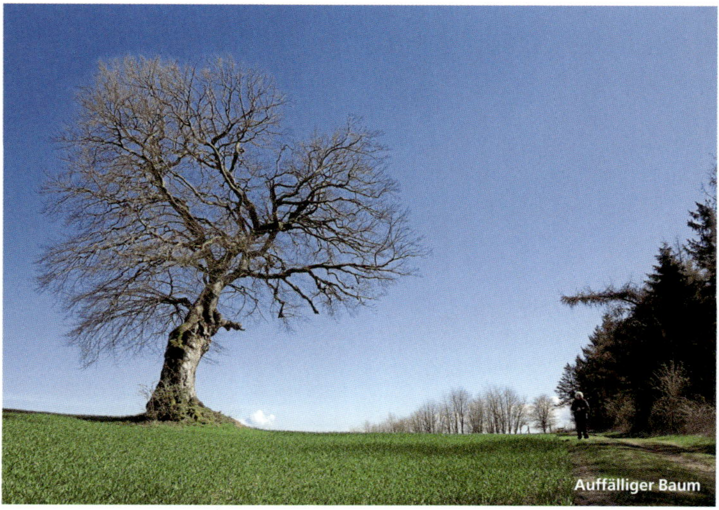
Auffälliger Baum

gen wir an eine Verzweigung, von rechts kommt ein Weg. Ein verwittertes Hinweisschild nach rechts weist in Richtung Langbetten. Dazu ist Giekau/Fresendorf nach rechts ausgeschildert. Wir wandern gera-

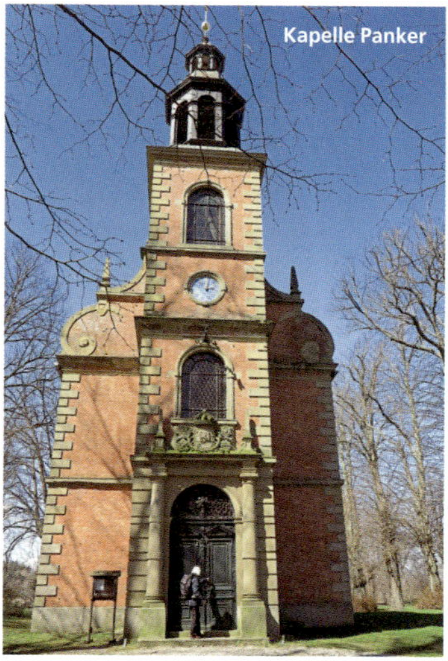
Kapelle Panker

deaus weiter Richtung Darry. Wir folgen dem Hauptweg nach links, der jetzt zu einem Spurplattenweg wird. In der nächsten Kurve steht ein Hinweisschild zum Hessenstein, sowie nach Lütjenburg und Darry. Wir folgen dem Weg nach Darry. Rechts, etwas versteckt im Wald, liegt ein kleiner **Teich** **7**. Wir gehen geradeaus auf dem Hauptweg, kommen bald aus dem Wald heraus und treffen auf einen Spurplattenweg. Nach links weist schon der Wegweiser nach Darry, 0,6 km. Kurz darauf, in einer Linkskurve, erreichen wir einen Picknickplatz. Wir nehmen dort den als **Fußweg** **8** nach Darry gekennzeichneten Weg rechts und gehen in den Ort hinein. Bald erreichen wir die Hauptstraße. Hier halten wir uns rechts. Nach 50 Metern gelangen wir zum Ausgangspunkt zurück.

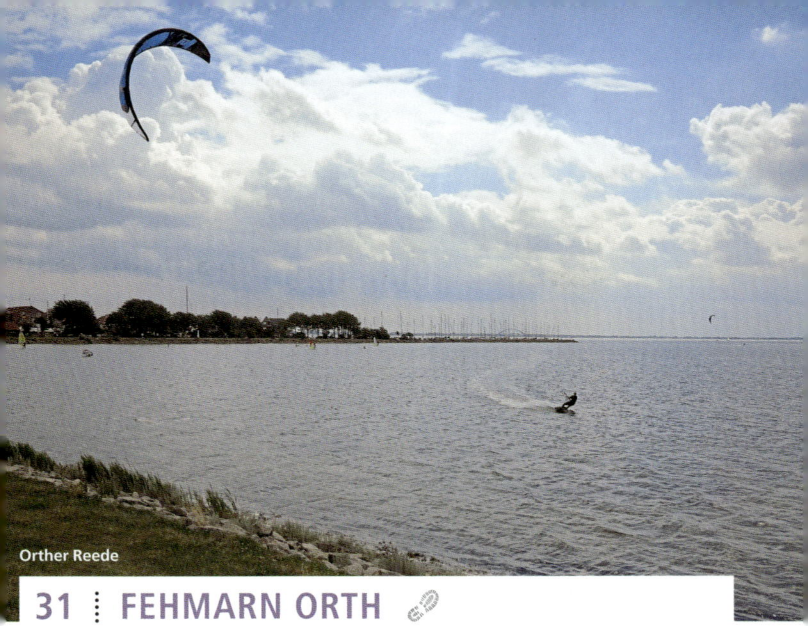

Orther Reede

31 ⋮ FEHMARN ORTH

Strandwanderung auf der Insel Fehmarn: Besucht werden der malerische Hafen von Orth, der Leuchtturm Flügge und der Sandstrand bei Flügge mit seinen Bademöglichkeiten. Drehpunkt ist der Jimi-Hendrix-Stein. Er erinnert an das Popfestival auf Fehmarn von 1970.

- **Ausgangspunkt:** Parkplatz im Hafen von Orth auf Fehmarn. Falls dieser belegt ist, muss man auf den gebührenpflichtigen Parkplatz am Ortseingang ausweichen
- **Charakter der Tour:** Rundwanderung, überwiegend auf unbefestigten Wegen in den Dünen oder auf Gras. Teilweise Asphalt
- **Gehzeit ohne Pausen:** 3 Std.
- **Streckenlänge:** 11,5 km
- **Markierungen:** Überwiegend Radwegemarkierungen
- **Einkehren:** In Orth, Restaurant auf dem Campingplatz Flügge

Vom **Parkplatz** ❶ am Hafen aus gehen wir am Hafenbecken entlang in Richtung der Packhäuser am Ende des Hafenbeckens. Dort halten wir uns links und gehen durch ein **Gatter** ❷ auf den Deich. Er ist als Radweg markiert. Am besten geht man anschließend auf dem Rasenstück links des Deiches weiter. Wir passieren einen Abzweig nach Sulzdorf und Gollendorf.

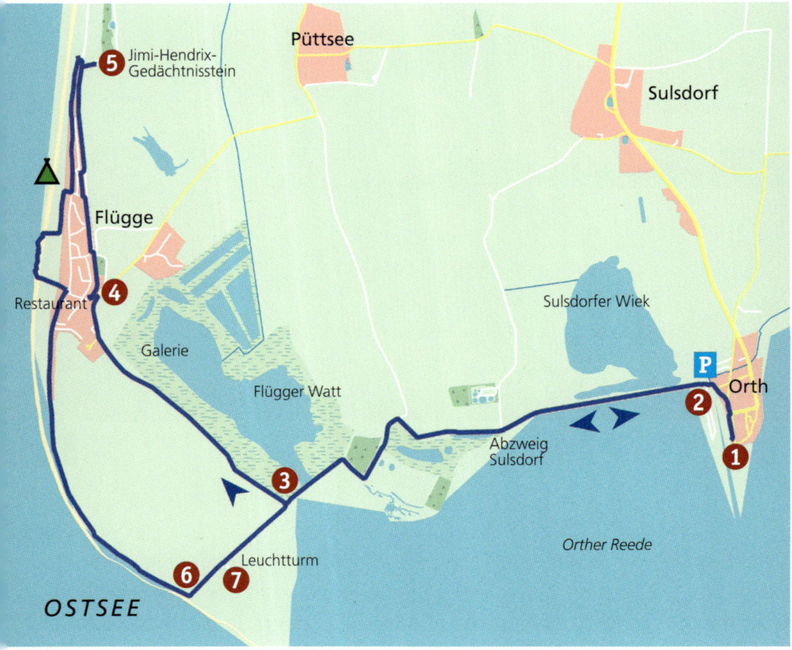

Wir folgen immer dem Hauptweg Richtung Leuchtturm, entweder auf dem Deich gehend oder die Grasstreifen daneben nutzend. Der Weg führt zu einem Gatter, das wir passieren können. Der Radweg senkt sich auf der anderen Seite hinab. Bald erreichen wir ein Wege-T mit Infotafel. Wir gehen nach links und folgen dem Weg geradeaus Richtung Leuchtturm Flügge.

Wir erreichen das Ende des **Deiches** 3. Dort wenden wir uns nach rechts Richtung Flügge, 1.5 km. Wir kommen an einer Galerie vorbei, die auch Tretmobile vermietetet. Kurz danach gibt es an einem gebührenpflichtigen Parkplatz Hinweise zum Besuch des Leuchtturms. Am Campingplatz Flügger Strand, den wir unmittelbar danach erreichen, ist der Jimi-Hendrix-Gedenkstein nach links ausgeschildert sowie „Infozentrum Wallnau" und Strand. Wir gehen links. Unmittelbar danach ist der Gedenkstein in 900 Metern nach rechts auf einem **Deichweg** ausgeschildert 4. Wer den Stein jetzt nicht besuchen will, geht geradeaus durch den Campingplatz auf den Strand. Links ist das Restaurant ausgeschildert, das sich für eine Rast anbietet. Man kann am Strand rasten oder dort baden.

Zum Gedenkstein geht man entweder auf dem Deich oder benutzt die parallel verlaufenden Wege des

Campingplatzes. Am Ende der Strecke steht der **Gedenkstein** 5 rechts auf einer Dünenwiese neben einem Ferienhaus.

Beim Rückweg kann man auf dem Strand gehen, am besten immer an der Wasserkante. Dort ist der Sand hart genug. Oder man geht auf dem Treibsel. In Höhe eines Beobachtungsturms (Strandwache) – vor uns Strandbefestigungen aus Stein – empfiehlt es sich, nach links Richtung Campingplatz zu gehen. Dort geht man rechts am Restaurant vorbei und kommt auf einen Weg, der als Pfad durch die Dünen weiterverläuft. Ein Übergang zum Strand ist unterwegs immer wieder möglich.

Der Weg mündet in einen **Querweg** 6. Rechts ist noch einmal der Strand ausgeschildert, links geht es zum Leuchtturm. Der Weg führt zum Leuchtturm (Einkehrmöglichkeit) 7. Hier bietet sich noch einmal eine Rast an. Wir verlassen das Leuchtturmgelände nach rechts. Neben dem Asphaltsträßchen wandern wir zunächst auf einem Pfad, dann, hinter dem Abzweig nach Flügge vom Hinweg, an den Pumpenhäuschen vorbei, immer am Waser entlang zurück nach Orth. Abschließend passieren wir das vom Hinweg bekannte Gatter mit der Ausschilderung 1,2 km nach Orth.

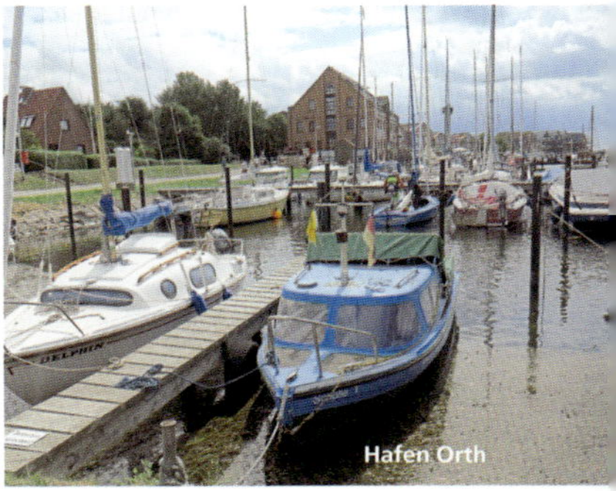
Hafen Orth

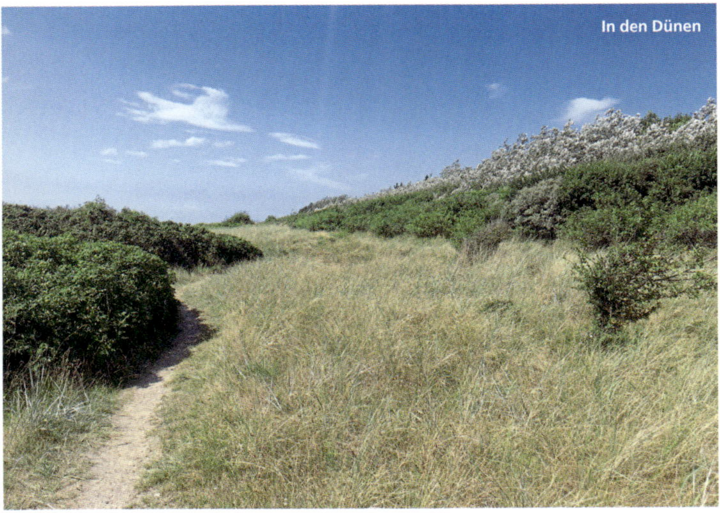
In den Dünen

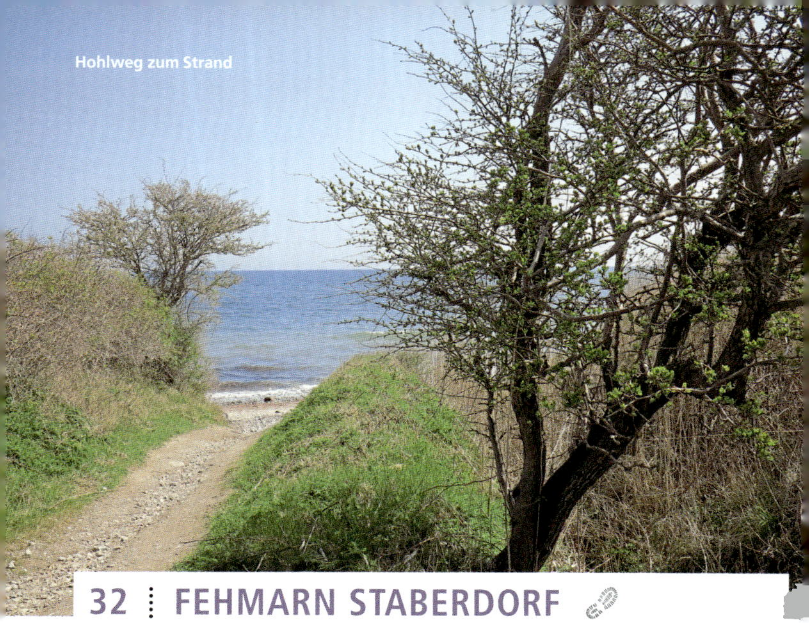

Hohlweg zum Strand

32 FEHMARN STABERDORF

Reizvolle Seewanderung am Südostzipfel Fehmarns. Sie erschließt sowohl die Steilküste als auch den Sandstrand. Der Weg ist gelegentlich durch Knicks unterbrochen. Es gibt Bademöglichkeiten.

- **Ausgangspunkt:** Fehmarn, Staberdorf. Aus Burg kommend mitten im Ort hinter dem Dorfteich. Beim Kriegerdenkmal rechts ist ein Parkplatz vor dem Ferienhof Paulsen
- **Charakter der Tour:** Rundwanderung, meist auf unbefestigten Wegen. Teilweise auf dem Strand. Weitgehend ohne Schatten
- **Gehzeit ohne Pausen:** 3 Std.
- **Streckenlänge:** 10,7 km
- **Markierungen:** keine
- **Einkehren:** Bistro/Pizzeria in Staberdorf

Vom **Parkplatz** (1) aus gehen wir am Teich vorbei links in den Ort hinein. An der Bushaltestelle zweigen wir halbrechts ab in die Straße „An Hinrichsbarg" (Vorsicht: Schild zeigte 2021 in die falsche Richtung). Wir folgen einer langen Rechtskurve. An reetgedeckten Ferienhäusern vorbei verlassen wir Staberdorf. Rechts steht ein verwaschener Findling mit der Aufschrift „Mat. Lafrenz Straße". Wir bleiben auf dem langen Feldweg, der uns in etwa 25 Minuten zur **Ostsee** führt (2).

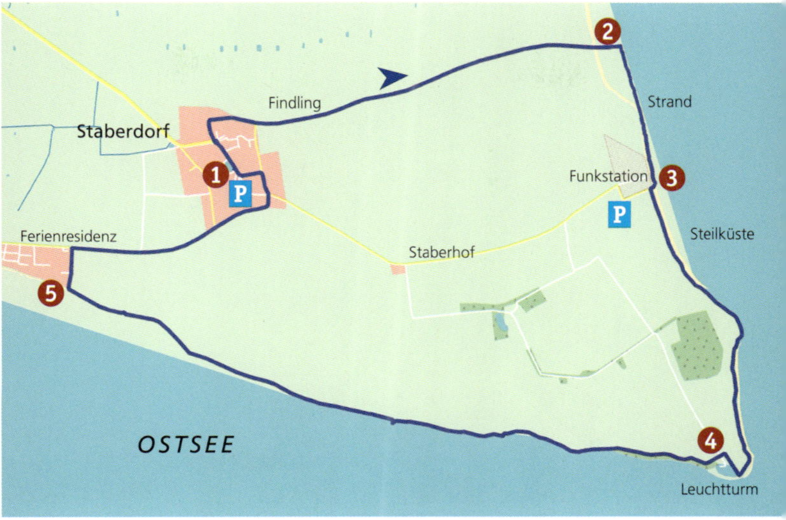

Wir gehen auf den Strand. Dort gibt es Bademöglichkeiten. Auf dem Strand wandern wir nach rechts. Am Ende des Funkturmgrundstücks rechts steigen wir über weitläufige Stufen hinauf und erreichen eine **Sitzgruppe** ❸. Dahinter befindet sich ein Parkplatz nebst Toilettenhäuschen. Oben auf dem Steilufer wandern wir weiter an der Ostsee entlang. Der Weg folgt dem Strand und bald sehen wir rechts den Leuchtturm Staberhuk.

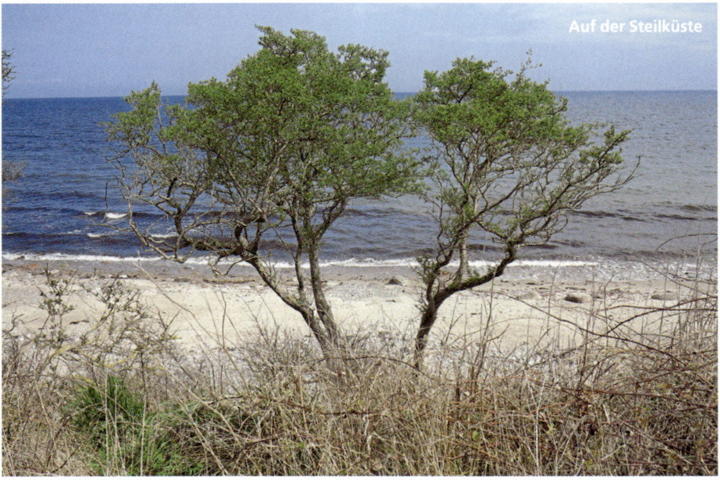
Auf der Steilküste

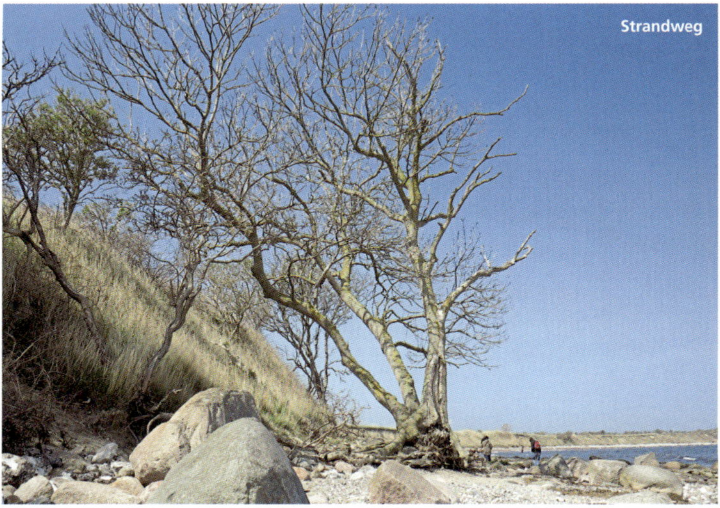

Dort angelangt, können wir auf einem schmalen Pfad zwischen Zaun und Strand zwei Bänke ansteuern. Wir müssen anschließend zurück zum ursprünglichen Wanderweg.

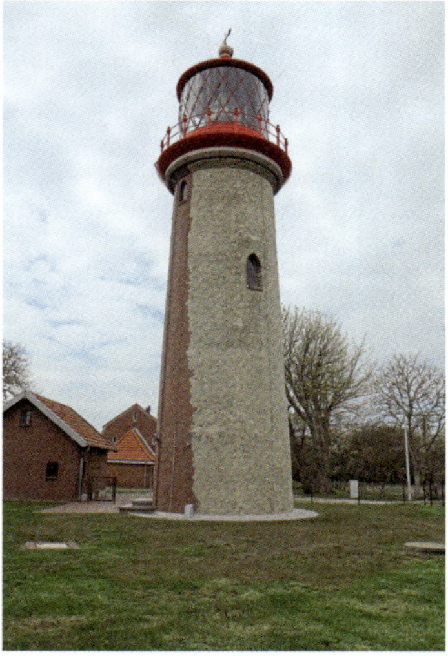

Der weitere Weg führt uns nach rechts. Wir umrunden den **Leuchtturm** landseitig 4 und folgen einem schmalen Pfad, der mit einem Schild „Für Fahrräder gesperrt" gekennzeichnet ist. Der Pfad verläuft immer am Saum der Steilküste. Wir passieren mehrere Knicks (Baumwälle). An einer Stelle (schon in Sichtweite der Feriensiedlung, unserem nächsten Ziel) kann man problemlos zum Strand hinabsteigen.

An der **Feriensiedlung** 5 wenden wir uns nach rechts und später an der Fahrstraße ebenfalls nach rechts. Auf dieser erreichen wir nach gut 20 Minuten Staberdorf. Den ersten Abzweig nach links mit Radweghinweis Staberdorf ignorieren wir. Dem Hauptweg folgend erreichen wir bald nach einer langen Linkskurve unseren Ausgangspunkt.

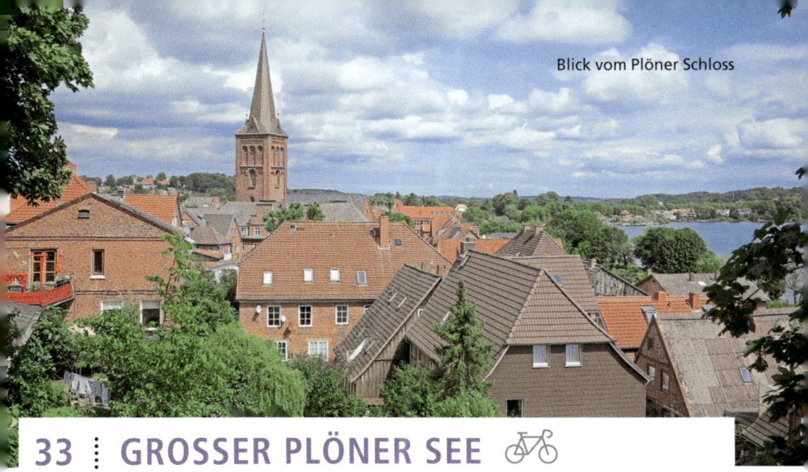

Blick vom Plöner Schloss

33 ⋮ GROSSER PLÖNER SEE

Eine Rundfahrt, die die Vielfalt des Plöner Sees und seiner Umgebung erschließt: Wälder und Hügel, Gewässer und Ortschaften harmonieren in reizvollem Wechsel. Der Blick vom Plöner Schloss, weit über das Umland, ist einzigartig. Die Kirche von Bosau sollte ebenfalls besichtigt werden.

- **Ausgangspunkt:** In Bosau, großer Parkplatz an der Ecke Strandweg/Stadtbeker Straße
- **Charakter der Tour:** Recht anspruchsvolle Rundfahrt mit etlichen Steigungen und Abfahrten, häufig auf Schotterpisten und Feldwegen. Grundsätzlich besteht auch die Möglichkeit einer Schiffstour, bei der Fahrräder transportiert werden können. Informationen unter: grosse-ploenersee-rundfahrt.de/fahrradtouren.html. Bitte in jedem Fall vorher erkundigen, ob diese angeboten werden, kontakt@GrossePloener-See-Rundfahrt.de oder (0 45 22) 67 66
- **Fahrzeitzeit ohne Pausen:** 2:30 Std.
- **Streckenlänge:** 38 km
- **Markierungen:** Radwegmarkierungen, Straßenmarkierungen
- **Etappenorte:** Stadtbek, Bredenbek, Gut Nehmten, Gosau, Sepel, Dersau, Gut Ascheberg, Ascheberg, Plön, Marine-Unteroffizierschule, Fachklinik Ruhleben, Bosau
- **Einkehren:** zahlreiche Möglichkeiten in Plön

Von Bosau, **Strandparkplatz**, Bushaltestelle (1), fahren wir nach rechts aus dem Ort hinaus. Teilweise auf parallelem Radweg, teilweise auf der Fahrstraße. Zunächst Richtung Stadtbek und Dersau. An einem **Abzweig** in Bredenbek Richtung Dersau/Sepel geht es nach rechts (2). Im

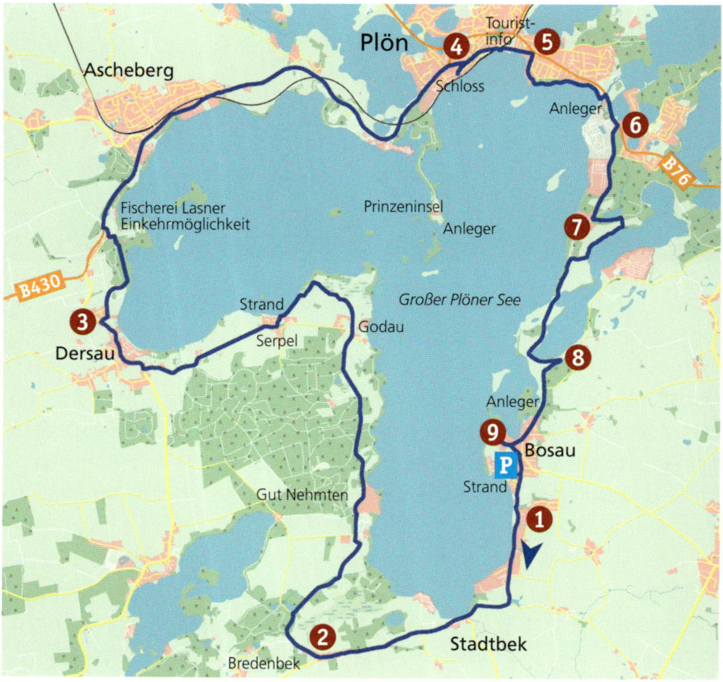

Wald erreichen wir eine Wegegabel. Dort befindet sich ein Schilderbaum. Wir fahren nach rechts Richtung Serpel und Nehmten.

Wir passieren Gut Nehmten (Privatgrund). Wir erreichen Godau, folgen kurz dem Straßenwegweiser Dersau und biegen halbrechts ab Richtung Serpel. In Serpel (kein Ortsschild) führt der Radweg weg vom See. An der Fahrstraße folgen wir Richtung Dersau. In Dersau fahren wir rechts ab Richtung Plön/Ascheberg. Schon fast am Ortsende zweigt ein Radweg Richtung **Ascheberg See** 3 ab. Wir folgen diesem Weg durch den Wald auf dem Hauptfahrweg.

Am Waldrand erreichen wir Gut Ascheberg und fahren links, danach an einem großen Haus rechts und kommen an die Bundesstraße 430. Diese müssen wir überqueren und folgen dem Radweg nach rechts Richtung Plön. Kurz darauf passieren wir – auf der anderen Seite der B 430 – die Fischerei Lasner (Einkehrmöglichkeit).

Hinter einem Bahnübergang wechselt der kombinierte Rad-/Gehweg nach rechts. Wir erreichen, immer unmittelbar parallel zur B 430 fahrend, nach längerer Fahrt die **Fußgängerzone Plöns** 4. Ab hier muss man schieben, Es empfiehlt sich, die Räder abzu-

stellen und zu Fuß zum Schloss hinaufzugehen.
Anschließend gehen wir durch die Fußgängerzone weiter. An deren Ende fahren wir geradeaus, passieren den Bahnhof (Touristinfo) und gelangen durch eine Unterführung, dort ist jetzt Bosau 11 km angegeben, am Friedhof vorbei auf eine ruhige Straße. Der Radweg wendet sich an deren Ende nach rechts **(Rosenstraße)** 5. An der nächsten Gabel geht es rechts am Seeufer entlang.
An der Badestelle Fegetasche zweigt der Weg nach links ab (Minigolf). An der Bundesstraße 76 geht es nach rechts über eine Brücke. Wir passieren den Eingang zur Marineunteroffizierschule. Unmittelbar danach (Lokal Leuchtturm) zweigt der Weg Richtung **Bosau** ab 6.
Beim Erreichen der Fachklinik Ruhleben muss man aufpassen. Der Rad- und Wanderweg zweigt scharf nach links ab 7. Auf schmalem Pfad geht es durch den Wald, der Radweg zweigt nach rechts ab. Wir fahren teilweise am Ufer des Vierer Sees, teilweise im Wald oder in der Feldmark. In einem Gehölz zweigt der Radweg **sehr scharf nach rechts** ab 8. Verpasst man die Abzweigung, kann man an der Fahrstraße danach nach rechts auf dem Radweg Richtung Bosau fahren.
Wir erreichen ein Asphaltsträßchen, geradeaus geht es nach Bosau. In Bosau fahren wir in den Ort hinein. Ein Besuch der **Kirche** ist lohnenswert 9. Danach, vom Gotteshaus kommend, der Ausschilderung Dersau nach rechts folgen. Wir bleiben am nächsten Abzweig im Ort rechts und erreichen über die Stadtbeker Straße unseren Ausgangspunkt.

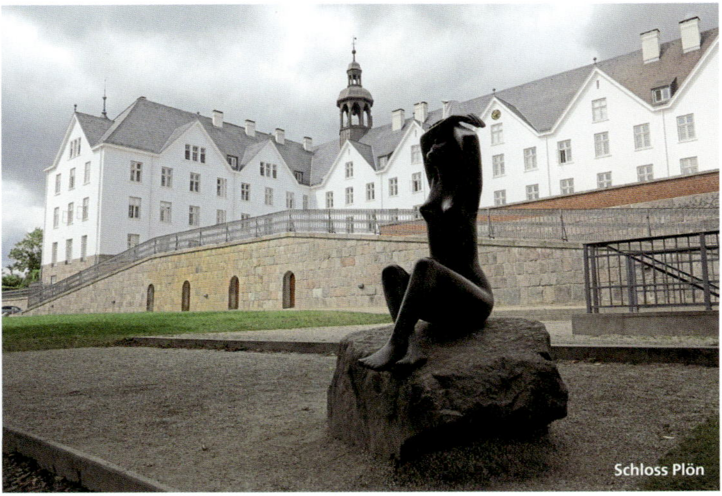

Schloss Plön

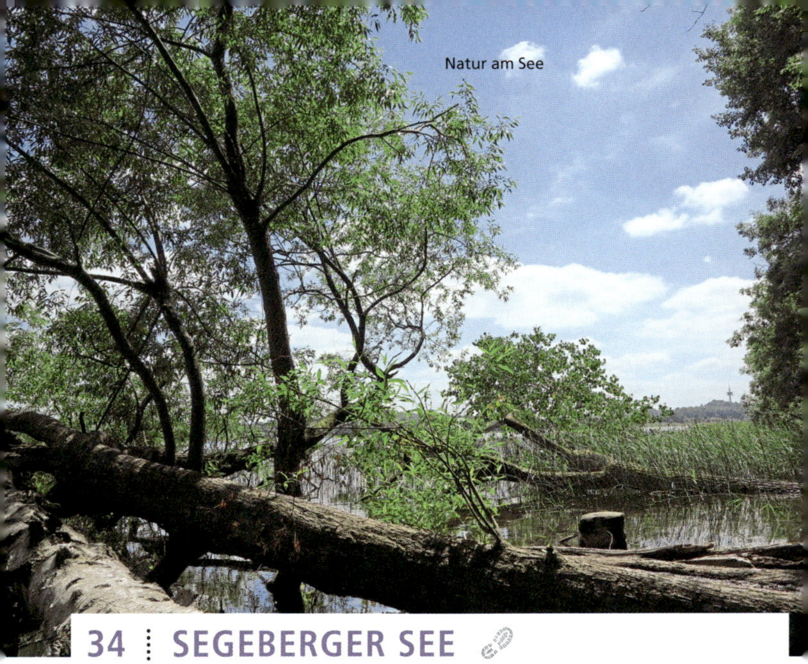

34 SEGEBERGER SEE

Der Kalkberg Bad Segebergs gehört zu den bekanntesten Sehenswürdigkeiten Schleswig-Holsteins. Vor seiner Kulisse finden jährlich im Sommer die Karl-May-Spiele statt. Während der abendlichen Aufführungen im Sommer ist der Kalkberg nur eingeschränkt begehbar.

In unmittelbarer Nähe steht Noctalis, eine Art Hallen-Wildpark, der über das Leben der Fledermäuse im Kalkberg informiert.

- **Ausgangspunkt:** Gemeinde Stipsdorf, Parkplätze rechts an der Dorfstraße vor der Feuerwehr oder an der Straße Krogredder (gegenüber Haus Nr. 15). Alternativ am Ende der Straße Seeweg (links hineinfahren)
- **Charakter der Tour:** Rundweg fast durchgängig am Großen Segeberger See entlang, weitgehend auf unbefestigten Wegen. Nur zu Beginn mit einigen Steigungen verbunden
- **Gehzeit ohne Pausen:** 2:45 Std.
- **Streckenlänge:** 9,4 km
- **Markierungen:** Grüne Wegweiser mit Ortsangaben und Entfernungsangaben
- **Einkehren:** Restaurant „Zum Klüthsee" zu Beginn der Wanderung, diverse Möglichkeiten in Bad Segeberg

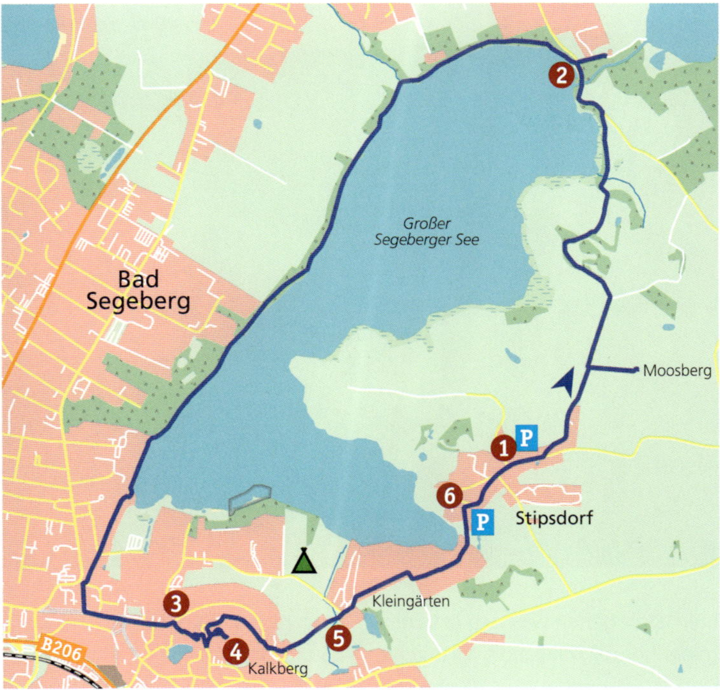

Wir gehen aus **Stipsdorf** hinaus **1** in nördlicher Richtung, der ansteigenden Dorfstraße folgend. Kurz darauf verlassen wir die Dorfstraße nach links in einen als Wanderweg gekennzeichneten Asphaltweg. Rechts zweigt die Fahrstraße ab nach Klein Rönnau. Nach etwa 500 Metern können wir einen schmalen Pfad nehmen, der den Asphaltweg begleitet. An einem Schilderbaum kann man kurz nach rechts zum Moosberg hinaufsteigen. Von dort bietet sich nach links ein schöner Blick auf den Kalkberg.

Der Weg geradeaus ist mit Karstgebiet/Klüthseehof beschriftet. Der Wanderweg gabelt sich. Wir gehen nach links in den Fußweg hinein. Wir bleiben immer auf dem Hauptpfad und passieren bald einen kleinen Tunnel. Wir erreichen den Großen Segeberger See und gehen – durch einen Schilfgürtel vom See getrennt – weiter. An der Fahrstraße halten wir uns links, erreichen eine **Badestelle** **2** und rechts das Restaurant Zum Klüthsee.

Der Wanderweg führt immer am Seeufer entlang bis wir schließlich an einer weitläufigen Uferpromenade Segeberg erreichen. Wir gehen geradeaus in die Stadt hinein, wo wir zur Fußgängerzone kom-

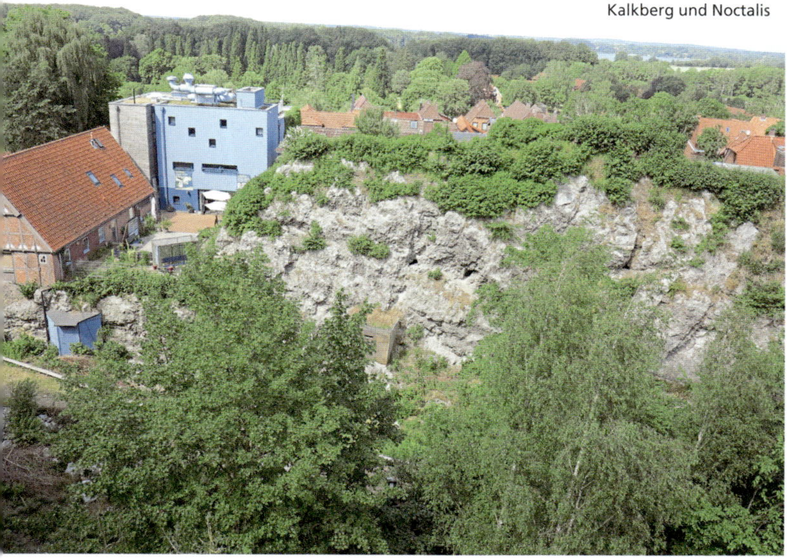

Kalkberg und Noctalis

men. Dort gehen wir nach links und folgen ihr nach links bis zur Kirche. Dort stoßen wir auf die Wegweiser Kalkberg und Stipsdorf. Am Rathaus biegen wir nach rechts 3 ab und steigen zum Kalkberg/Noctalis hinauf. Nach einigen Kehren bergauf gehen wir zunächst nach rechts und genießen vom **Kalkberg** aus den Blick hinunter auf die Freilichtbühne 4. Man kann schon das Gebäude der Fledermauswelt sehen. Wir erreichen es über eine breite Treppe, die von einem Plateau beim Abstieg nach rechts hinab führt.

Das Noctalis lohnt einen Besuch. Wir folgen der Oberbergstraße, dort ist der Schmetterlingsgarten des Nabu ausgeschildert. Wir überqueren die Lübecker Straße, gehen kurz rechts, und folgen am Haus 86a einem kleinen Fußweg nach links. Auf dem Asphaltsträßchen gehen wir links am Haus Nummer 22a vorbei aus Segeberg hinaus.

Der Schmetterlingsgarten 5, den wir kurze Zeit später passieren, hat nur sehr eingeschränkte Öffnungszeiten am Wochenende. Rechts am Campingplatz vorbei erreichen wir den Wald und wandern dort auf dem Weg rechts weiter. Bei den Lauben einer Kleingartenkolonie gehen wir links in den Wald hinein (nicht scharf links). Geradeaus gehend, den Segeberger See links, gehen wir über einen schmalen Aufstieg nach Stipsdorf hinauf. Am **Seeweg** 6 halten wir uns rechts und gelangen so zu unserem Ausgangspunkt zurück.

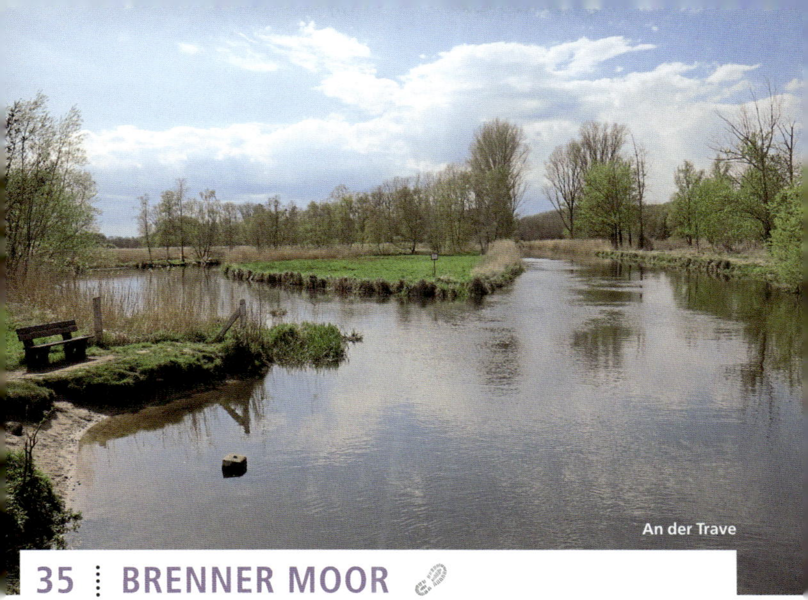

An der Trave

35 BRENNER MOOR

Wanderung durch das Brenner Moor, das teilweise aus Salzwasserquellen gespeist wird, die aus einem unterirdischen Salzstock stammen. Der Wanderweg führt auf Bohlenwegen streckenweise direkt durch das Moorgebiet. Die Wanderung ist Teil eines Pilgerwegs. Am Drehpunkt liegt die Innenstadt Bad Oldesloes.

- **Ausgangspunkt:** Parkplatz am Kloster Nütschau, Nütschau, Schlossstraße
- **Charakter der Tour:** Wanderung im Travetal mit reichlich unterschiedlicher Vegetation
- **Gehzeit ohne Pausen:** 3:30 Std.
- **Streckenlänge:** 12 km
- **Markierungen:** X des europäischen Fernwanderwegs, örtliche Markierungen
- **Einkehren:** Einkehrmöglichkeiten in Bad Oldesloe

Vom **Parkplatz** 1 aus gehen wir nach links und verlassen Nütschau. Bald zweigen wir am Schild „Busparkplatz“ nach rechts ab. Wir gehen bergauf an Wiesen vorbei, auf denen üblicherweise Hochlandrinder grasen. Linker Hand ist eine Kreuzwegfigur (Marterl) zu sehen. Nach einem kurzen Abstieg gehen wir an einem Wege-T links (wieder eine Kreuzwegfigur) bis zu einer Wegekreuzung mit Sitzgelegenheit.

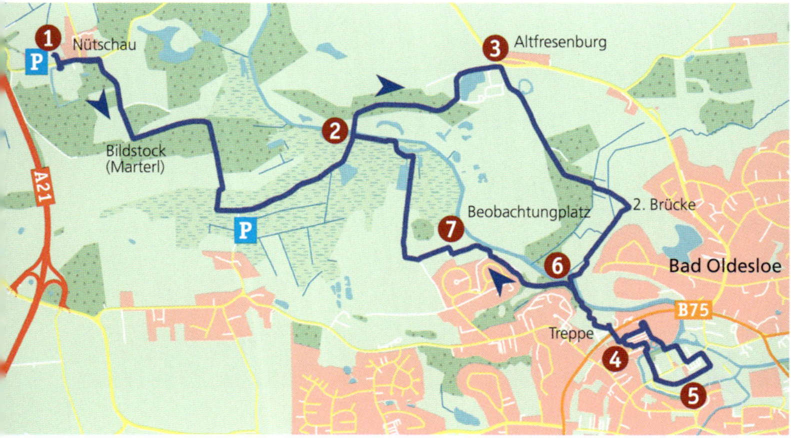

Wir zweigen rechts ab und folgen dem Weg über eine Brücke. Bald kommen wir an einem Wanderparkplatz vorbei und gehen geradeaus bis zur Grünen Brücke ❷.

Wir gehen hinüber und folgen dem Wanderweg. Bald erreichen wir das Herrenhaus Altfresenburg. Dieses umrunden wir. An einem Parkplatz kurz vor der Fahrstraße zweigen wir nach rechts ab auf einen kleinen **Asphaltweg** ❸, dem wir folgen. Wir queren auf der Strecke zwei Brücken. Nach der ersten gehen wir geradeaus weiter. An der zweiten biegen wir scharf rechts ab. Wir folgen dem Wanderweg immer in der Hauptrichtung nach rechts. An der nächsten Gabel erreichen wir die **Trave** ❻, überqueren sie und gehen links weiter.

Kurz darauf steigen wir über eine Treppe rechts auf. Wir gehen an einem kleinen Park entlang, an dessen Ende wir nach rechts abbiegen. Danach gehen wir links, kommen zum Hallenbad, gehen kurz rechts und dann links auf den Eingang zu. Über die Brücke gehen wir zur Sporthalle des VfL Oldesloe ❹. Uns links haltend erreichen wir die **Altstadt** ❺ über eine Brücke (KUB).

Auf dem Rückweg überqueren wir wieder die Brücke, umrunden das Hallenbad, kommen zum Park, gehen rechts, dann links und steigen über die Treppe zum Wanderweg ab. Wir gehen links, lassen die **Brü-**

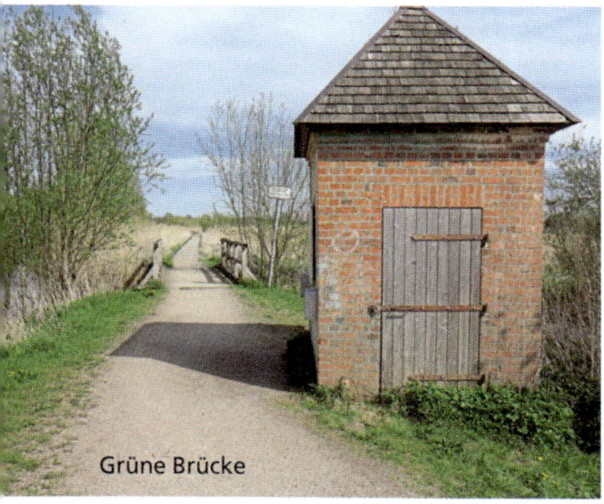

Grüne Brücke

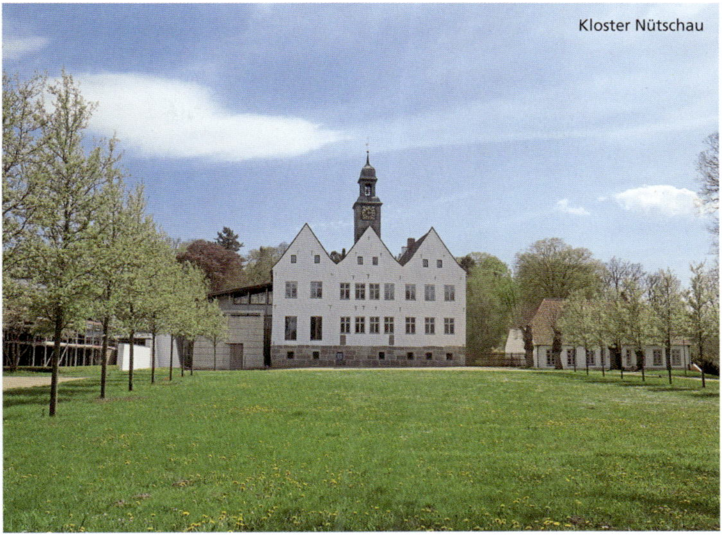
Kloster Nütschau

cke rechts ❻ liegen. Der Wanderweg ist mit der Jakobsmuschel als Pilgerweg gekennzeichnet. Der Pilgerweg führt über eine Treppe rechts abwärts. Der Pfad führt uns rechts abwärts durch ein eingezäuntes Kleingartengelände. An dessen Ende liegt ein Parkplatz mit **Infotafel** ❼. Ein kleiner Stichweg geradeaus lohnt einen Abstecher zu einem Beobachtungsplatz im Moor. Am Parkplatz gehen wir links weiter, der Pilgerweg ist markiert. An der nächsten Gabel gehen wir rechts, Beschilderung „Weg zur grünen Brücke". An der **Grünen Brücke** ❷ zweigen wir links ab. Wir sind jetzt auf dem Weg, den wir vom Hinweg kennen. Wir kommen wieder am Parkplatz vorbei und folgen der Beschilderung „Wanderweg nach Nütschau". Teilweise ist der Weg mit gelben Dreiecken markiert. An der markanten Kreuzung sehen wir wieder den Pilgerhinweis. Wir passieren das erste Marterl, gehen rechts hinauf.

Bald schon sehen wir Nütschau. Wir kommen am zweiten Kreuz vorbei, gehen über den Busparkplatz und erreichen, uns nach links in den Ort wendend, den Ausgangspunkt.

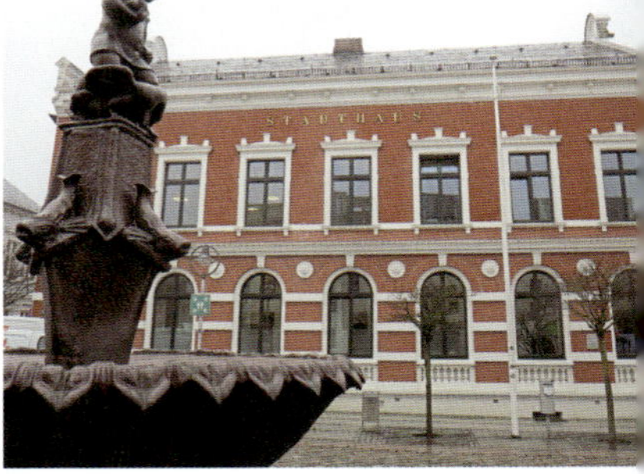
Marktplatz in Bad Oldesloe

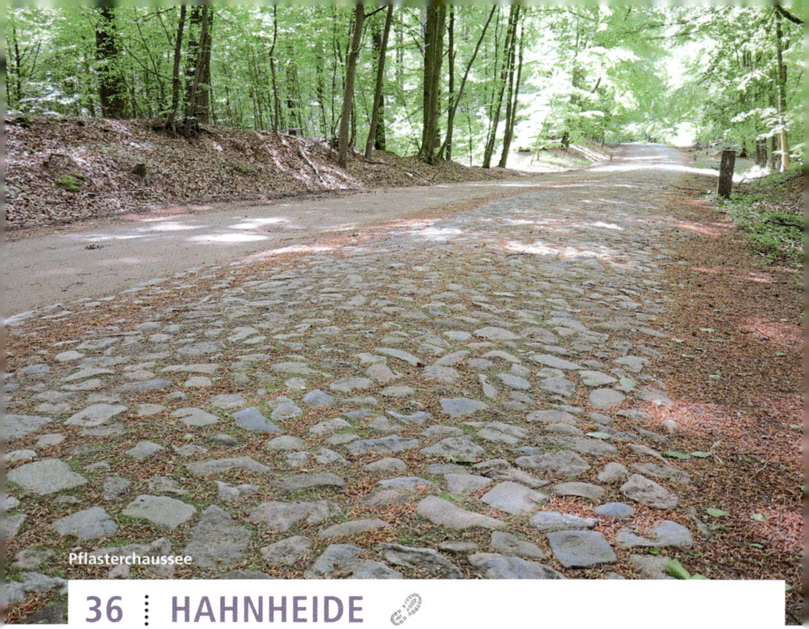

36 HAHNHEIDE

Die „Hohe Heide" ist das größte Waldnaturschutzgebiet im Land. Ein schöner Mischwald, der mit Feuchtgebieten durchsetzt ist. Ein weiter Rundblick bietet sich vom Aussichtsturm am Großen Hahnberg. Zwei Gasthäuser liegen an den Drehpunkten der Strecke.

- **Ausgangspunkt:** Wanderparkplatz am Restaurant Waldeslust in Hamfelde (Dorfstraße 6)
- **Charakter der Tour:** Rundwanderung mit einigen Steilstücken. Oft auf Sandwegen. Der Hohenfelder Damm ist eine besondere Straße mit halbseitiger Befestigung und Sandstreifen für trockene Phasen. So wurden früher oft Wege angelegt. Orientierung wegen der zahlreichen Querwege und Kreuzungen nicht immer ganz einfach
- **Gehzeit ohne Pausen:** 3 Std.
- **Streckenlänge:** 10,3 km
- **Markierungen:** Schilder mit Gebietsbezeichnungen. Nur wichtig, wenn man sich verlaufen hat
- **Einkehren:** Am Ausgangs- und Endpunkt Gasthaus Waldeslust, Hamfelde und Landgasthof Stahmer in Hohenfelde am Drehpunkt

Vom **Parkplatz** 1 gehen wir auf das Lokal Waldeslust zu und biegen vorher links ab. Wir biegen am 2. Abzweig links ab (Lüdersweg). Danach

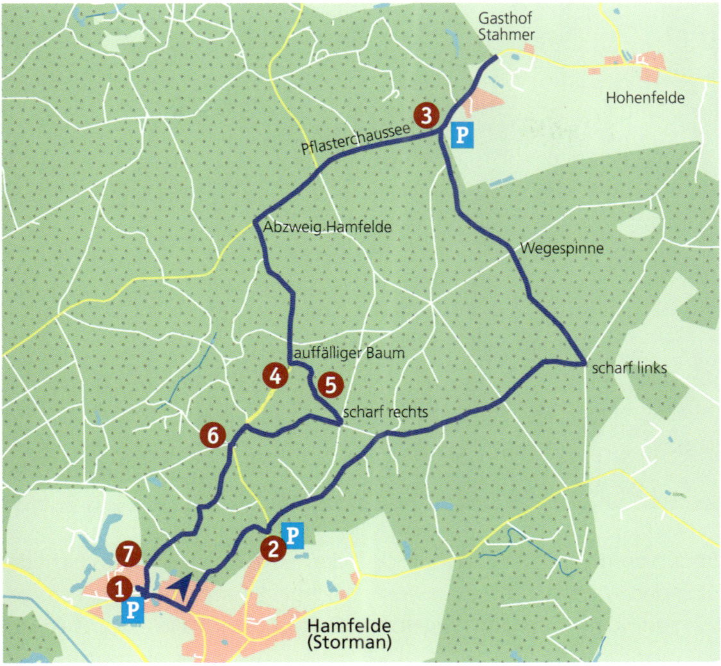

kommt bald ein auffälliger Waldweg von links, wir wenden uns nach rechts. Wir erreichen, uns rechts haltend, einen 2 Parkplatz am **Waldrand**, wenden uns nach links und verlassen den Parkplatz nach rechts. An der nächsten Gabel gehen wir rechts (Reitweg).

An der nächsten Verzweigung gehen wir nach rechts leicht bergab. Immer dem Hauptweg geradeaus folgend. Nach etwa drei Kilometern seit dem Start erreichen wir eine Kreuzung. Wir gehen scharf links. An der nächsten Kreuzung (Wegespinne) gehen wir geradeaus, dem Schild Hohenfelde folgend. Wir kommen an einem **Parkplatz** 3 aus dem Wald heraus und gehen nach rechts in die Ortschaft hinein. Wir machen am Landgasthof Stahmer eine Pause.

Wir gehen vom Parkplatz (wieder) aus dem Ort heraus und nehmen die Pflasterchaussee. Wir passieren den Abzweig nach Linau und gehen geradeaus weiter. Wir biegen bald darauf in einen Abzweig ein, der als Fahrweg nach Hamfelde beschildert ist. Am kleinen Parkplatz 4 (auffällig hoher **zerzauster Baum**), verlassen wir die Fahrstraße nach links. Kurz darauf steigen wir über einen Wurzelweg aufwärts nach rechts.

Wir erreichen den **Aussichtsturm** 5 auf dem Großen Hahnheider

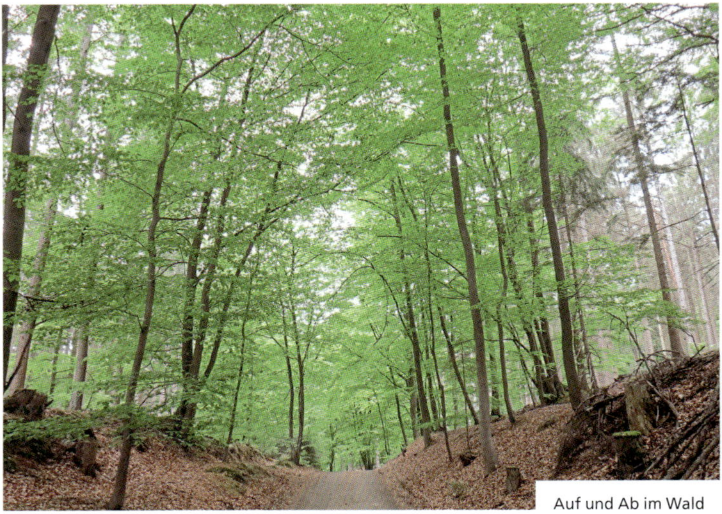

Auf und Ab im Wald

Berg. Von oben schöner Rundblick über den Wald. Wir setzen unseren Weg am Turm vorbei fort. Unten in der Senke wenden wir uns nicht der Richtung Hamfelde zu, sondern gehen scharf rechts in einen Waldweg hinein. Am nächsten breiten Querweg (Baumschranke) wenden wir uns nach links.

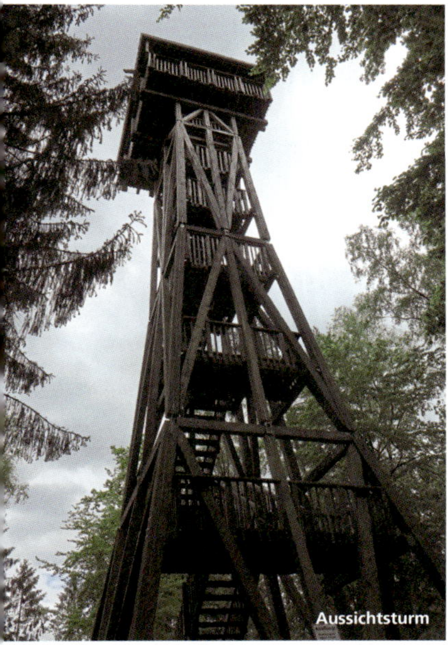

Aussichtsturm

An der nächsten Kreuzung (Wegespinne) halten wir uns kurz rechts und dann scharf links in einen abwärtsführenden Pfad 6. Er folgt zunächst parallel dem Hauptweg, wendet sich aber bald nach rechts. Wir folgen immer dem Hauptpfad. An einer Gabel zweigt der Pfad deutlich nach links ab (rechts Grasweg). Wir bleiben in der Hauptrichtung. Uns rechts haltend folgen wir dem jetzt schmalen Hauptpfad.

Bald erreichen wir einen **Zaun** 7. Wir folgen diesem bis zur Straße und gehen nach rechts zu unserem Ausgangspunkt.

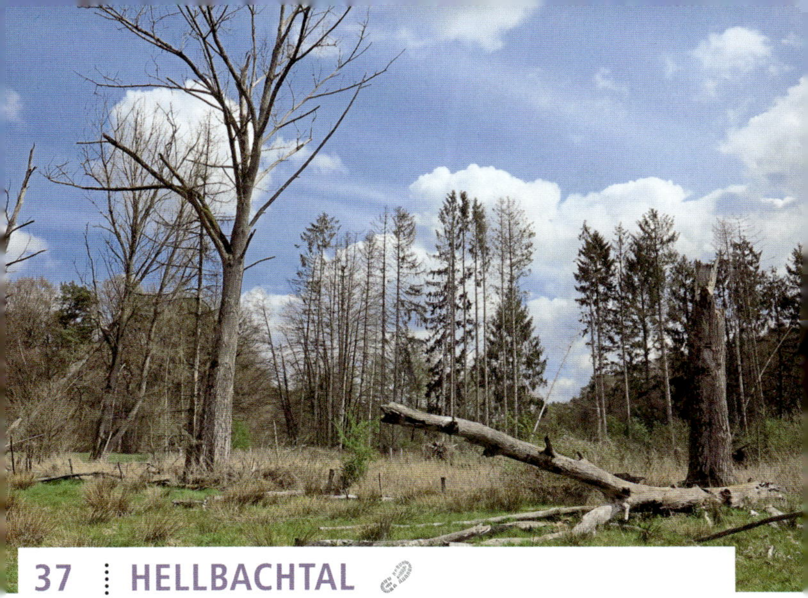

37 HELLBACHTAL

Wenn man irgendwo wirklich von „Wald und Wiese" sprechen kann, dann hier. Das Naturschutzgebiet Hellbachtal bei Mölln verfügt über ein mildes örtliches Klima. Es ist geprägt von weiträumigen Wiesen und Mischwäldern auf den Hängen neben dem Wanderweg.

- **Ausgangspunkt:** Wanderparkplatz kurz vor dem Segelfluggelände in Mölln-Waldstadt. Man erreicht ihn über die Straße Görlitzer Ring
- **Charakter der Tour:** Rundwanderung zwischen Seen und durch ein Feuchtwiesengelände. Kurze Strecken auf Holzbohlen
- **Gehzeit ohne Pausen:** 2:55 Std.
- **Streckenlänge:** 10,3 km
- **Markierungen:** X des europäischen Fernwanderwegs, örtliche Markierungen
- **Einkehren:** keine Einkehrmöglichkeit

Vom Parkplatz 1 aus gehen wir nach rechts auf die **Waldstraße**, die hier noch Fahrstraße ist. Rechts ein Hinweis „Rundweg" und „Göttin". Am ersten Abzweig wenden wir uns nach links, „Reitweg-Markierung". Wir erreichen das Ufer des **Drüsensees** 2 und wenden uns nach rechts, der Markierung X folgend.

Am Ende des Drüsensees zweigt der Weg X nach links ab. Wir folgen dem Weg und überqueren den Hellbach über eine Brücke. Am nächs-

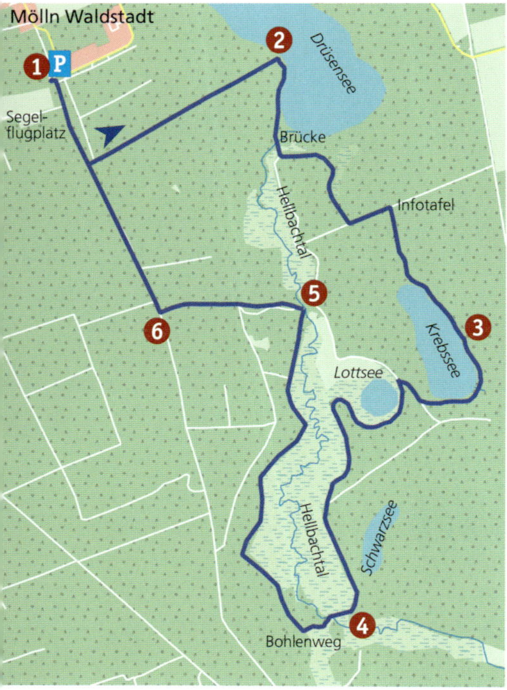

ten Wege-T gehen wir links, den bisherigen Wanderweg verlassend. Der Weg ist mit einer Art Narrenkappe am Baum gekennzeichnet. Dieser Weg zweigt bald links ab.

Stege und Holzbohlenwege

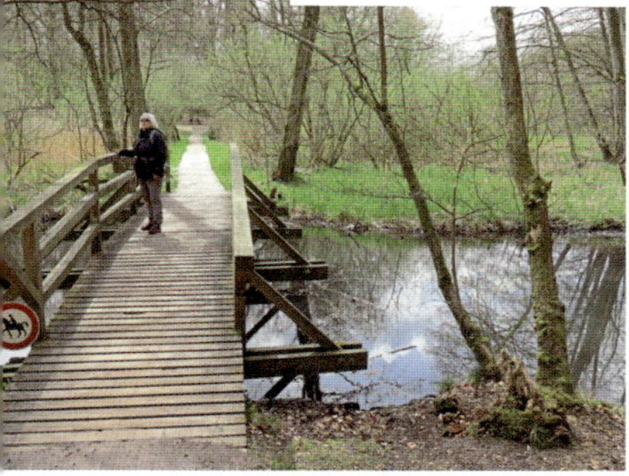

Wir gehen geradeaus und stoßen auf einen breiten Schotterweg. Es ist ein Radweg. Wir wenden uns nach links.

200 Meter danach gehen wir an einer Infotafel nach rechts, Markierung Krebssee. Wir gelangen an eine **Badestelle** mit Sitzgelegenheit ❸. Am nächsten Wege-T halten wir uns rechts, erreichen den Lottsee und gehen nach links, den Markierungen „Schwarzsee" und „Rundweg" folgend. Links zweigt ein Pfad zum Schwarzsee ab. Wir gehen geradeaus weiter auf dem Weg X. Rechts von uns liegen schon die weiten Wiesen des Hellbachtals.

Kurz vor einem Unterstand zweigt der Wanderweg nach rechts ab. Wir überqueren auf einem **Bohlenweg** ❹ erneut den Hellbach. An der nächsten Abzweigung gehen wir rechts Richtung Mölln, 7 Kilometer. Wir erreichen die mit „Adam + Eva-Eiche" bezeichnete Kreuzung ❺. Hier gibt es mehrere Sitzgelegenheiten. Rechts führt eine Brücke über den Hellbach. Wir gehen nach links, folgen dem Radweg. Am nächsten Wege-T ❻ gehen wir nach rechts. Hier ist Mölln-Waldstadt ausgeschildert. 20 Minuten später haben wir unseren Ausgangpunkt wieder erreicht.

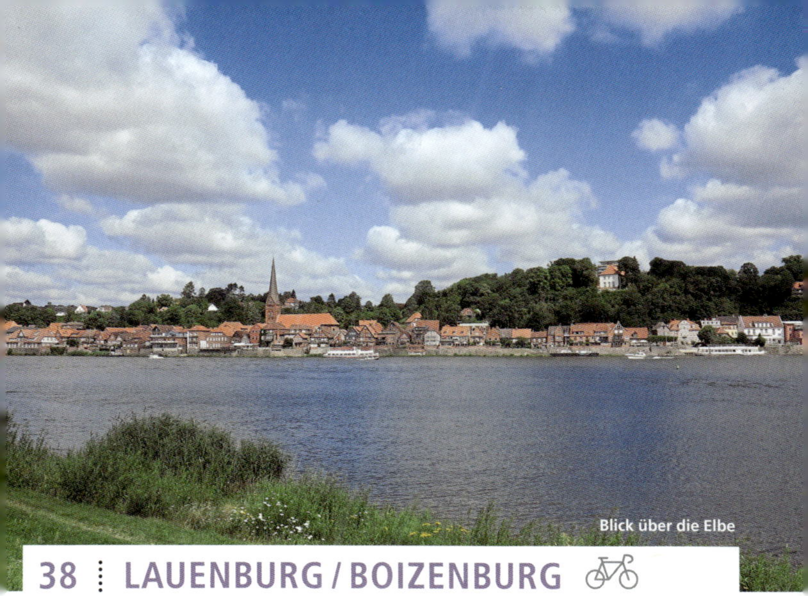

Blick über die Elbe

38 LAUENBURG / BOIZENBURG

Eine ausgedehnte Radtour durch die wechselvolle Landschaft auf beiden Seite der Elbe. Drei Bundesländer werden durchradelt. Mit Lauenburg, Bleckede und Boizenburg zudem Städte ganz unterschiedlicher Prägung.

- **Ausgangspunkt:** Lauenburg hat verschiedene Parkmöglichkeiten. Mitten in der Stadt liegt der gebührenfreie Parkplatz am Schüsselteich (hinter der Araltankstelle), von dem aus unsere Beschreibung beginnt. Weitere Möglichkeiten sind in der Hafenstraße zu finden (Nähe Hausnummer 24), am Lösch- und Ladeplatz (gebührenpflichtig) und am Bahnhof
- **Charakter der Tour:** Lauenburg ist kein gutes Pflaster für Radfahrer. Die Straßenbeläge in der Altstadt sind selbst für Fußgänger nur schwer zu gehen. Zudem ist die Ausschilderung der Radwege schlecht. Die Tour hat zwischen Boizenburg und Lauenburg einige heftige Steilstücke. Radfahrer ohne E-Räder müssen sich auf Schiebestrecken im Wechsel mit Schussfahrten einstellen
- **Fahrzeit ohne Pausen:** 4:30 Std.
- **Streckenlänge:** 51 km
- **Markierungen:** die üblichen Markierungen für Radwege.
- **Einkehren:** Gute Möglichkeiten in Lauenburg, Bleckede (Schloß und Innenstadt) Boizenburg am Hafen und auf dem Weg in die Altstadt

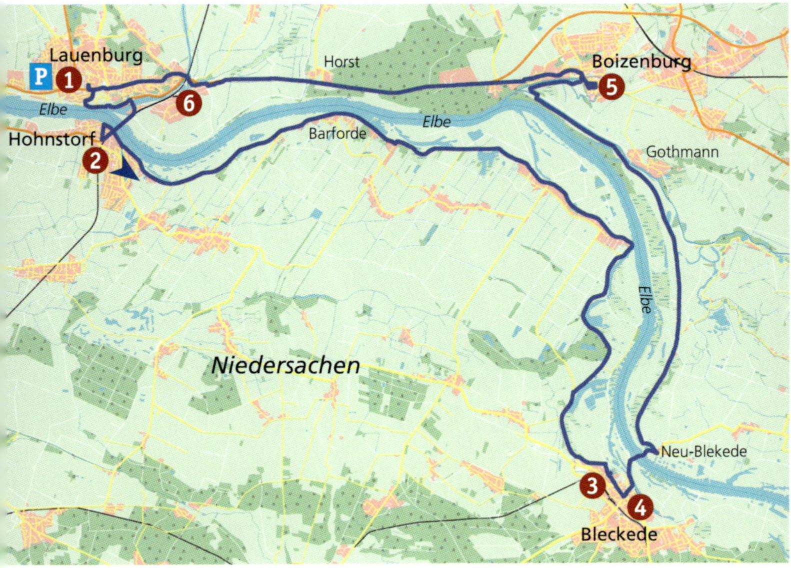

Vom Parkplatz **Schüsselwiese** ❶ fahren wir auf der Hauptstraße nach links und biegen kurz darauf nach rechts in die Grünstraße ein. Der Weg führt uns abwärts – bald steil auf Pflaster – zur Altstadt hinunter. Je nach Fahrrad ist bereits hier Schieben ratsam. Auf dem Pflaster bewegen wir uns schiebend oder radelnd durch die Elbstraße mit ihren hübschen Fachwerkhäusern. Wir gelangen an deren Ende zum Platz des Lauenburger Rufers mit schöner Aussicht. Über die Bahnhofstraße (rechts) verlassen wir Lauenburg und überqueren die beiden anschließenden Brücken.

Am Ende der langen Rampe ❷ der **zweiten Brücke** in Hohnstorf (Niedersachsen) fahren wir die erste Straße nach rechts (man kann trotz des Gatters durchfahren). Wir gelangen an die Elbe, mit Blick auf Lauenburg. Dort fahren wir nach rechts weiter. Erst am Fischereimuseum (Wohnmobilstellplatz) stoßen wir auf den ersten Hinweis nach Bleckede. Dieser Richtung folgen wir jetzt durchgehend, fast immer am Elbdeich entlang. Es gibt gelegentlich Überfahren, an denen man auf die Elbe blicken kann. An manchen Stellen sehen wir den Fluss aber auch so.

In Bleckede folgen wir der Beschilderung zum **Schloss** ❸ (Einkehrmöglichkeit). Anschließend fahren wir in die Innenstadt auf einer normalen Straße. Der Weg zur Fähre ist schlecht beschildert. Am Kreisel ❹ müssen wir aufpassen, um die Abzweigung nach links nicht zu verpassen.

Mit der Fähre setzen wir über auf die Seite Mecklenburg-Vorpommerns, bleiben aber verwaltungsrechtlich in Niedersachen. Das Amt Neuhaus schloss sich nach der Wende wieder dem Landkreis Lüneburg an. Unmittelbar am Deich nach Auffahrt von der Fähre folgen wir der Ausschilderung nach Boizenburg. Wir kommen über den Hafen und die Reichenstraße (Restaurant 16 in der Kurve lohnt Einkehr) in die Stadt, die über viele schöne Häuser verfügt. Der **Marktplatz** 5 ist sehenswert. Der Ort bietet sich für einen Rundgang an, auch wenn ihm die Geschäftigkeit Lauenburgs abgeht.

Wir verlassen die Altstadt über die Königstraße und verlassen Boizenburg auf dem Radweg zunächst rechts, dann links auf der Hauptstraße, bis wir kurz vor Lauenburg an einem Parkplatz neben der Hauptstraße die Palmschleuse 6 erreichen. Von dort geht es nach Überquerung des Elbe-Lübeck-Kanals links neben der Hauptstraße auf dem Radweg in die Stadt hinein, bis zu unserem Ausgangspunkt zurück.

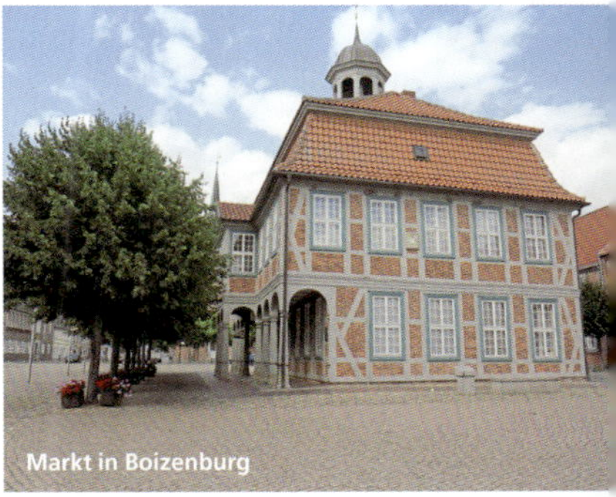

Markt in Boizenburg

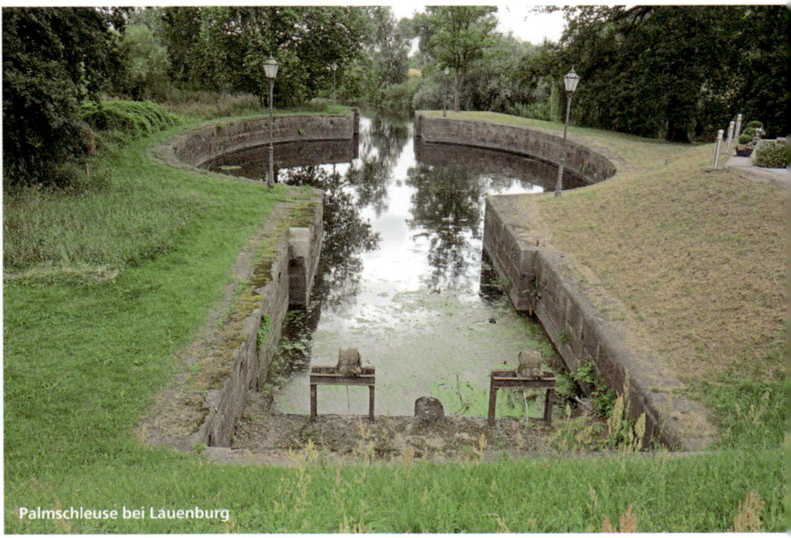

Palmschleuse bei Lauenburg

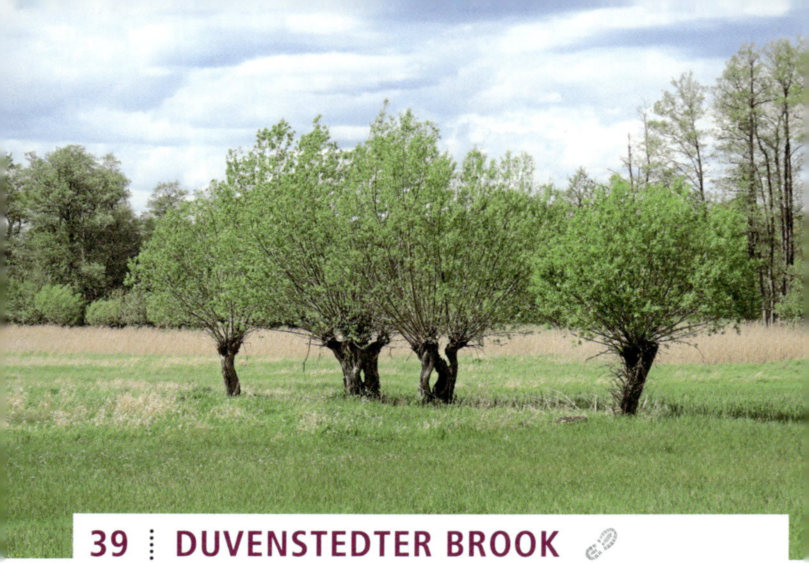

39 DUVENSTEDTER BROOK

Der Duvenstedter Brook ist ein imposantes Naturgebiet mit sehr urtümlichem Charakter. Zahlreiche Feuchtwiesen, Totholz, die weite Natur und Tierbeobachtungsmöglichkeiten verleihen der Tour einen einzigartigen Reiz.

- **Ausgangspunkt:** Wanderparkplatz in Hamburg an der Ecke Brügkamp/Ole Boomgarden (Nähe Waldfriedhof Wohldorf)
- **Charakter der Tour:** Rundwanderung durch ein großes Feuchtgebiet, mit Wiesen, Wald und Steppe. Es gilt Hundeverbot. Etliche Wege sind aus Naturschutzgründen gesperrt. Alle Wege sind gleichzeitig Radwege, was besonders am Wochenende für Hochbetrieb sorgt
- **Gehzeit ohne Pausen:** 2:20 Std.
- **Streckenlänge:** 9,7 km
- **Markierungen:** Hauptsächlich Radwege, für unsere Tour ohne Bedeutung
- **Einkehren:** Gasthaus „Zum Bäcker", Landhaus Ohlstedt (nicht direkt an der Tour)

Vom **Parkplatz** 1 aus gehen wir nach rechts (nicht Richtung Friedhof) in einen asphaltierten Weg (Brügkamp) hinein. Nach Überqueren einer Brücke gehen wir an der ersten Gabel rechts. An der nächsten Gabel geradeaus, Markierung gelbes Dreieck.

Der **Hauptweg** 2 ist kurz darauf gesperrt. Wir zweigen nach links

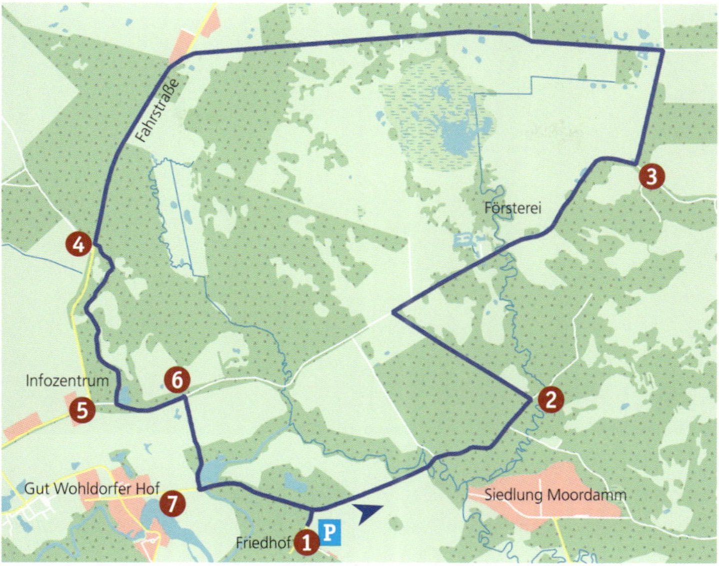

ab. Am kommenden Wege-T geht es nach rechts. An der folgenden **Kreuzung** (Forsthaus, Infotafel) 3 zweigen wir links ab. An der nächsten Kreuzung wieder links.

Wir erreichen die Fahrstraße (Wiemerkamper Weg) und wenden uns auf dem Gehweg nach links. Am Ortsschild Wohldorf-Ohlstedt, Wandsbeck, wechselt der Gehweg

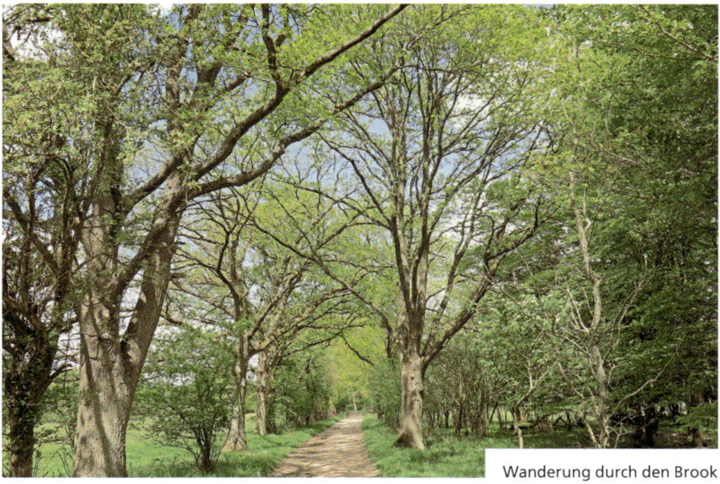

Wanderung durch den Brook

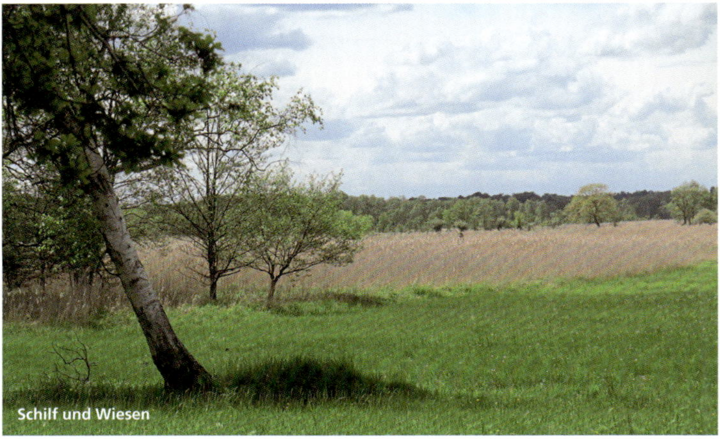

Schilf und Wiesen

auf die rechte Straßenseite. Gut zehn Minuten später wechseln wir wieder die Seite, gehen in den **Wald** 4 und folgen dem Pfad parallel zur Straße.

Wir erreichen ein **Asphaltsträßchen** 5 (Duvenstedter Triftweg). Sofern wir das Infozentrum zum NSG besuchen wollen, gehen wir rechts. Ansonsten halten wir uns kurz links und wechseln bei der ersten Möglichkeit nach rechts auf einen parallel zum Sträßchen laufenden Pfad. An der ersten Abzweigung gehen wir **rechts** 6. Wir erreichen wieder die Straße **Brügkamp** 7 gehen links und überqueren eine kleine Brücke. 500 Meter weiter sind wir wieder am Parkplatz.

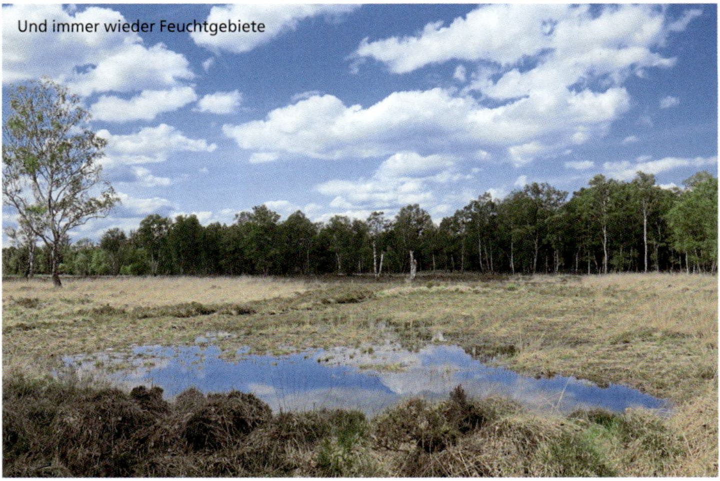

Und immer wieder Feuchtgebiete

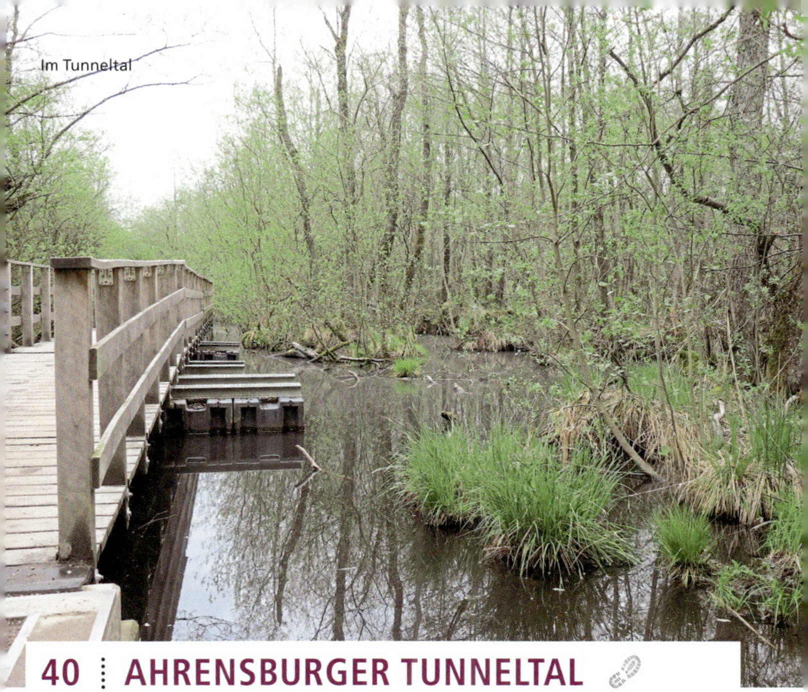

Im Tunneltal

40 ⋮ AHRENSBURGER TUNNELTAL

Abwechslungsreiche Waldwanderung im Naturschutzgebiet. Zahlreiche große Bäume begleiten unseren Weg, zumeist Buchen. Die Reste der Burg Arnesvelde zeigen die gewaltigen Ausmaße der alten Wallanlagen. Spektakulär ist am Schluss der Gang über einen schwebenden Steg mitten durch das Feuchtgebiet.

- **Ausgangspunkt:** Parkplatz an der Hamburger Straße in Ahrensburg (P+R Ahrensburg West) hinter der Shell-Tankstelle, neben McDonald's gelegen. Gegenüber befindet sich ein Eingang zur U-Bahnstation Ahrensburg-West
- **Charakter der Tour:** Angenehme Wanderung ohne nennenswerte Steigungen, zumeist im Wald. Bei Regen im Bereich der Burg Arnesvelde rutschig. Unterwegs zahlreiche Infotafeln, die über das Gebiet Auskunft geben
- **Gehzeit ohne Pausen:** 2:40 Std.
- **Streckenlänge:** 8,5 km
- **Markierungen:** Örtliche Markierung als Archäologischer Rundwanderweg
- **Einkehren:** In Ahrensburg

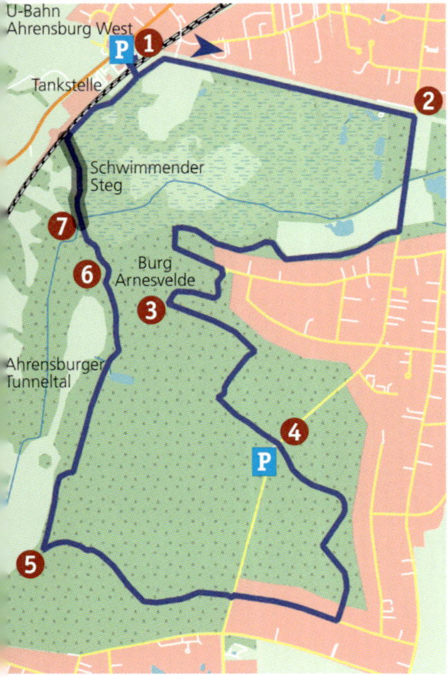

Vom **Parkplatz** nehmen **1** wir die Brücke, die die Bahnlinie überquert (Hinweisschild: Burg Arnesvelde).

Am Wanderweg gehen wir links Richtung Ahrensburg. Wir folgen dem Kuhlenmoorweg geradeaus entlang der Hochbahnlinie.

Wir erreichen eine **Fahrstraße** (Hagener Allee) **2** und gehen nach rechts. An der ersten möglichen Abzweigung wenden wir uns nach rechts und folgen dem archäologisch-naturkundlichen Wanderweg. Wir erreichen eine Kreuzung mit einer Infotafel, die über die Burg informiert. An dieser Stelle ist von ihr noch nicht viel zu sehen. Wir gehen nach links weiter. Bald darauf kommen wir zu einem Wendehammer am Ende der Straße „Am Rehm". Wir gehen dort rechts in den Wald zurück und folgen dem Weg. Er führt immer in Sichtweite der Wohngebäude durch den Wald.

Auf Höhe der letzten Häuser biegen wir in einen schmalen Pfad (Reitweg) nach rechts ab. Der Weg gabelt sich bald (erneut ein Schild Reitweg) und wir wenden uns **nach links 3**. Am nächsten breiten Weg gehen wir links.

Wir erreichen wieder die Hagener Allee **(Parkplatz) 4** und überqueren die Straße geradeaus. Bald gelangen wir an eine Siedlung. Der Wanderweg führt rechts vor den Häusern entlang. An der ersten Kreuzung im Wald gehen wir links. Der Weg führt in die Siedlung hinein (Markierung Meisenstieg). An der Wohnstraße gehen wir rechts. Erneut queren wir die Hagener Allee und gehen geradeaus auf dem Reitweg weiter. Wir bleiben immer auf dem Hauptweg. Am Waldrand folgen wir dem **Rundwanderweg 2 5** nach rechts.

An der nächsten Kreuzung folgen wir dem Rundwanderweg 2 nach links. Der Weg 2 biegt nach rechts ab, wir gehen geradeaus. Kurz darauf erreichen wir die Burg Arnesvelde an einer anderen Stelle. Gut zu erkennen sind hier Gräben und Wallanlagen.

Wir gehen nach **links 6**, folgen dem Weg, der hier mit einem gelben Dreieck markiert ist. An einem Querweg gehen wir nach links

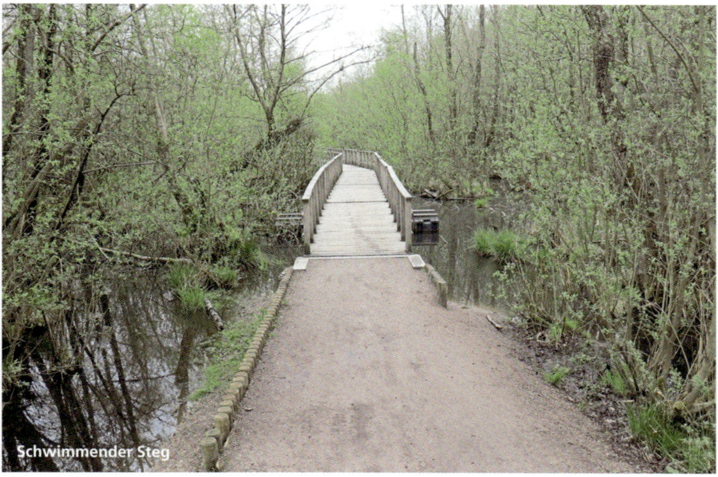

Schwimmender Steg

(Rundwanderweg 1). An der nächsten Gabel bleiben wir auf dem Hauptweg.
Bald kommen wir zur **Moorbrücke** 7, auf der wir den Bruchwald durchqueren. Dem anschließenden Weg folgend, sind wir nach 10 Minuten wieder an der steilen Fußgängerbrücke und erreichen nach links unseren Ausgangspunkt.

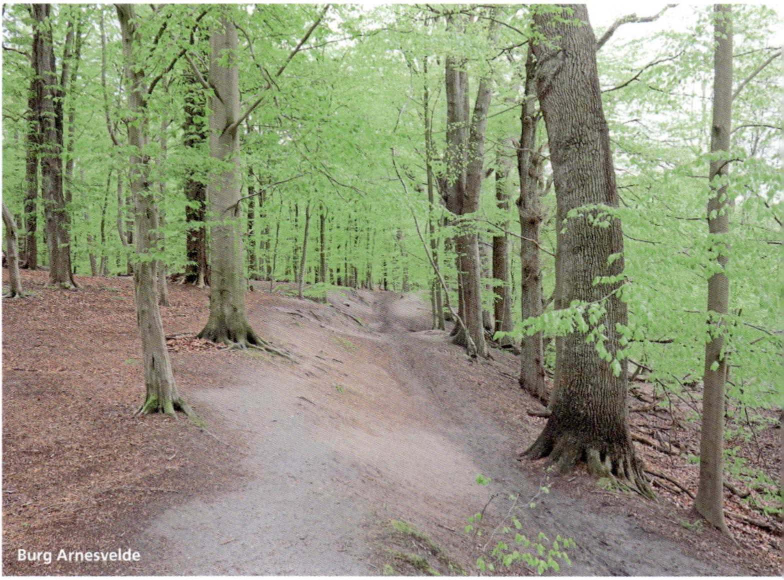

Burg Arnesvelde

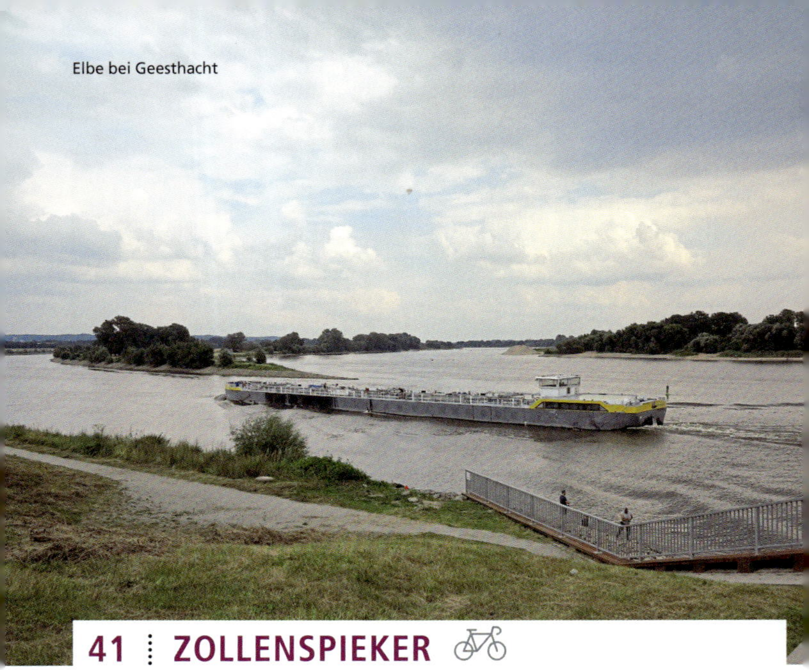

Elbe bei Geesthacht

41 ⋮ ZOLLENSPIEKER

Rundfahrt auf beiden Seiten der Elbe durch drei Bundesländer. Die Vierlande vermitteln mit ihrer Mischung aus Gemüsegärten, Natur und Straßendörfern einen südeuropäischen Reiz. Unterwegs bieten zahlreiche Sitzgruppen Picknickmöglichkeiten. Der Elbdeich lässt sich oft überqueren, sei es, um die Aussicht zu genießen oder um hinunter zu einem Strandabschnitt zu fahren. Die Gedenkstätte Neuengamme lohnt einen kleinen Umweg.

- **Ausgangspunkt:** Parkplatz an der Elbbrücke Geesthacht, Am Schleusenkanal 32 (gegenüber)
- **Charakter der Tour:** Einfache Rundfahrt mit Querung der Elbe über die Fähre Zollenspieker. Die üblichen Steigungen an Brücken oder Überfahrten
- **Fahrzeit ohne Pausen:** 2:30 Std.
- **Streckenlänge:** 38 km
- **Markierungen:** Radwegemarkierungen. Im Bereich Vierlande teilweise rote Schrift
- **Einkehren:** Diverse Möglichkeiten am Radweg, besonders auf der niedersächsischen Elbseite. Am Drehpunkt der Tour: Fährhaus Zollenspieker auf der Hamburger Seite

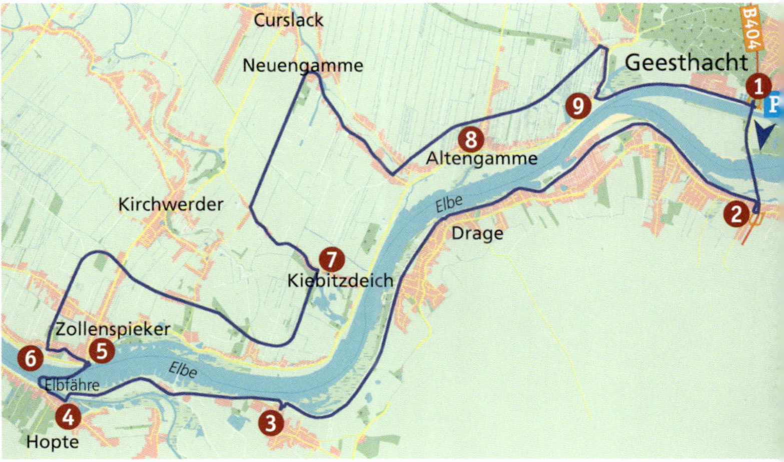

Vom **Parkplatz** ❶ aus überqueren wir die Fahrstraße und fahren die Fahrrad-Rampe jenseits der Elbbrücke hinauf. Am Ende der Schleuseninsel passieren wir die Fischtreppe Geesthacht. Sie ist seit 2019 defekt. Am anderen Elbufer können wir sofort rechts abbiegen oder die **Rampe** ganz hinunterfahren ❷. Danach dann scharf rechts. Von nun an folgen wir immer dem Weg binnendeichs entlang. Es lohnt sich, an dafür geeigneten Stellen anzuhalten und auf die Elbe zu schauen. Zusätzlich bieten sich mehrere Einkehrmöglichkeiten an. Ab und an ist unser Zwischenziel Hopte auf den Radwegschildern angegeben.

Nach 12 Kilometern erreichen wir die **Elbuferstraße** ❸. Dort wechseln wir auf die gegenüberliegende Seite, wo der Radweg verläuft. Wir fahren nach rechts. Der Radweg verläuft auf der Seite des Gegenverkehrs und ist sehr schmal. Der Radweg ist gelegentlich zugeparkt von Autos. Also Vorsicht. Zum Glück erreichen wir bald den Abzweig der Fähre Hopte – Zollenspieker. Dazu fahren wir links durch eine Unterführung ❹ und anschließend nach rechts. Wir überqueren zweimal die Straße und gelangen zum Anleger.

Wir überqueren auf der Fähre (Gebühr) die Elbe. Am Hamburger Elbufer bietet sich die Gelegenheit zu einer Rast. Es gibt mehrere Einkehrmöglichkeiten, z.B. im Fährhaus. Die Weiterfahrt erfolgt nach links. Wir überqueren die Fahrstraße und wenden uns in die Straße **Kirchwerder Elbdeich** (Rote Radwegmarkierung) ❺. Wir passieren den Hinweis Polizei (Auf dem Sulzbrack) und fahren unmittelbar danach rechts in den **Privatweg** hinein, der für Radfahrer frei ist ❻. Wir kom-

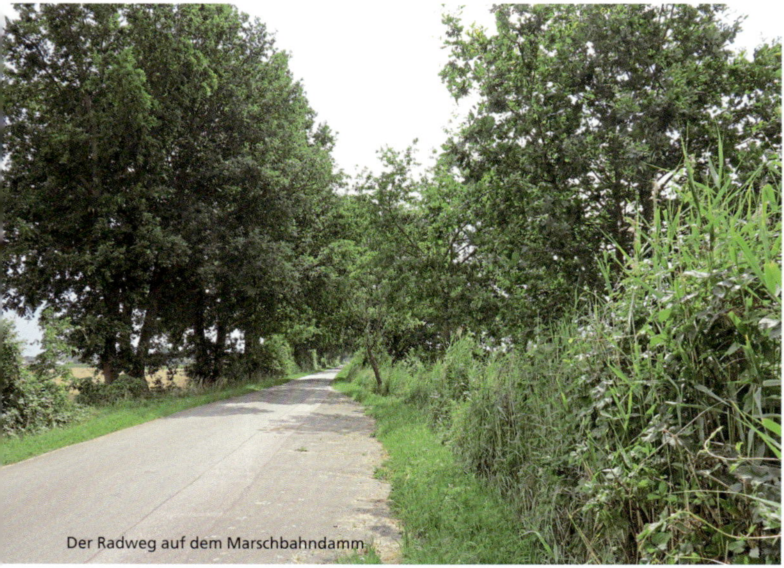

Der Radweg auf dem Marschbahndamm

men an rot gestrichenen Häusern vorbei.

Bald danach teilt sich der Radweg. Wir nehmen den rechten der drei Möglichkeiten, Radweg 5, Altengamme, Geesthacht. Wir fahren auf dem Neuengammer Marschbahndamm. An der Querstraße **Kiebitzdeich** lohnt es sich, nach links zur Gedenkstätte Neuengamme abzubiegen (nicht markiert) 7. Über den Jean-Dolidier-Weg gelangen wir bald darauf rechts zum Haupteingang der Gedenkstätte. Dort gibt es Fahrradständer. Anschließend fahren wir weiter am Gedenkstättenkomplex entlang, bis wir am Neuengammer Hausdeich rechts abbiegen und an der Bushaltestelle Neuengammer Marschbahndamm wieder nach links auf unsere ursprüngliche Fahrstrecke abbiegen.

Wer die Gedenkstätte nicht besucht, fährt auf der Hauptstrecke geradeaus weiter. Einen Hinweis nach Geesthacht und zur Nicolai-Kirche kann man ignorieren, der Hauptweg geht geradeaus weiter. Allerdings bietet sich der Ort **Altengamme** für einen Stopp an 8. Am nächsten Querweg fahren wir rechts. Anschließend folgen wir nicht der Fahrradauschilderung nach Geesthacht sondern der Fahrstraßenausschilderung nach rechts.

Hinter dem Abzweig der Fahrstraße überqueren wir die Straße und folgen dem rechts gelegenen **Radweg** 9 bis zum Ausgangpunkt. Immer mit schönem Blick auf die Elbe.

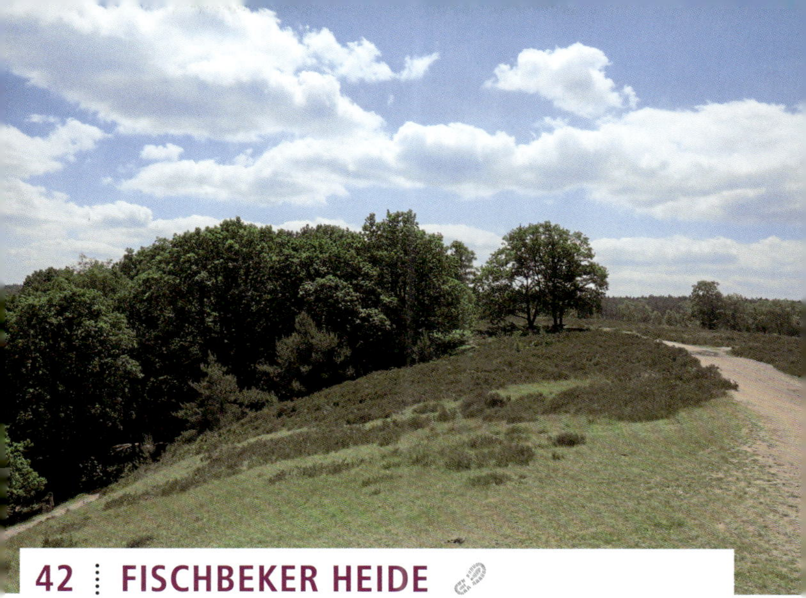

42 ⋮ FISCHBEKER HEIDE

Ein schöner Rundweg durch den nördlichsten Ausläufer der Lüneburger Heide. Typische Heideflächen wechseln sich ab mit lichtem Mischwald.

- **Ausgangspunkt:** Ausgangspunkt in Hamburg ist der Parkplatz an der Kreuzung Schnuckendrift/Hogenbrook im Stadtteil Fischbek
- **Charakter der Tour:** Wanderung mit einigen Steigungen
- **Gehzeit ohne Pausen:** 2:10 Std.
- **Streckenlänge:** 8,3 km
- **Markierungen:** Wegweiser Gelbes Dreieck, Wanderweg 6 Fischbeker Heide, H (Heidschnuckenweg)
- **Einkehren:** An der Strecke keine Möglichkeit. Es gibt zahlreiche Bänke und Picknickmöglichkeiten

Vom **Parkplatz** ❶ aus, die Häuser im Rücken, treten wir halbrechts aus dem Wald heraus und gehen auf dem mit einer 2 markierten Weg entlang. An einer ersten Gabel (Sitzbank), kurz hinter einem Schild mit der Markierung N1, steigen wir rechts einen kleinen Hang hinauf. Nach einem kurzen Anstieg wenden wir uns an der nächsten Kreuzung nach links (Markierung H). Kurz darauf ist der Weg mit 3 markiert.

An der nächsten Gabel verlassen wir diesen Weg und wenden uns auf einem schmalen Pfad nach

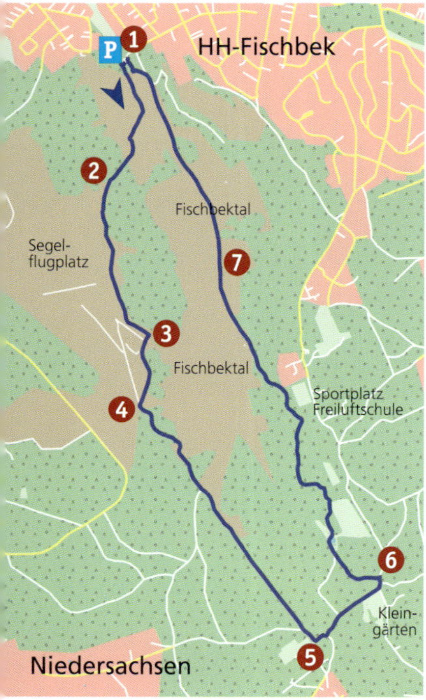

rechts. An der Gabel danach folgen wir dem Hauptweg nach links. Immer diesem Weg folgend gehen wir auf die **offene Heide** hinaus 2, links von uns befindet sich lichter Wald. Wir erreichen den Flugplatz des Luftsportvereins auf einer Anhöhe. **Schilder** weisen auf möglichen Flugbetrieb hin 3.

Am Rand eines kleinen Abhangs (links) gehen wir am Flugplatzgelände entlang. Der Weg folgt jetzt den Markierungen H und gelbes Dreieck. Wir kommen zu einem weiteren **Aussichtspunkt** 4. Wir wenden uns nach links, Richtung Wildpark Schwarze Berge, Museum Kiekeberg. Der Weg ist hier auch als Wanderweg 6, Fischbeker Heide markiert.

Nachdem wir eine ganze Zeit lang der Markierung H gefolgt sind, erreichen wir die Siedlung **Tempelberg 89** 5, rechts Sackgasse. Am nächsten Schilderbaum folgen wir nach links wieder der Markierung Fischbeker Heide, Richtung Schafstall, Wildpark, Museum. Kurz darauf erreichen wir im Anschluss an eine Lichtung eine Kleingartenkolonie. Wie gehen auf dem Wanderweg 6 Fischbeker Heide weiter, biegen aber sofort an einer **Verzweigung** 6 nach links ab, Wegweiser Fischbektal.

Den Teich kurz danach umrunden wir halb und folgen nach halblinks wieder dem gelben Dreieck. Wir wandern immer auf diesem Hauptweg. Am Sportplatz der Freiluft-

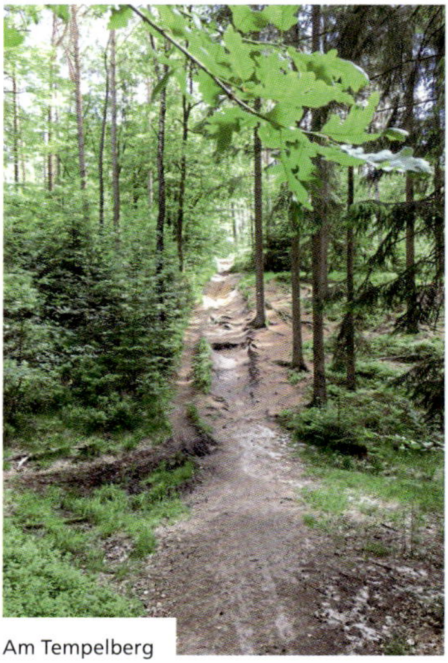

Am Tempelberg

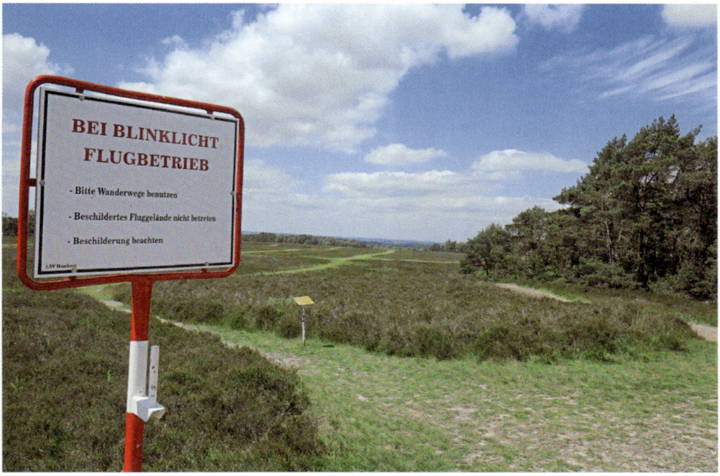

schule ist an einem Schilderbaum der Parkplatz Scharlbarg markiert. Er liegt unmittelbar in der Nähe unseres Ausgangspunkts. An einer großen Kreuzung zweigt der Wanderweg 6 nach rechts ab. Wir gehen jedoch geradeaus weiter (Markierung 3). Rechts befinden sich schattige **Picknickmöglichkeiten** **7**.

Auf dem Hauptweg erreichen wir unseren Ausgangspunkt.

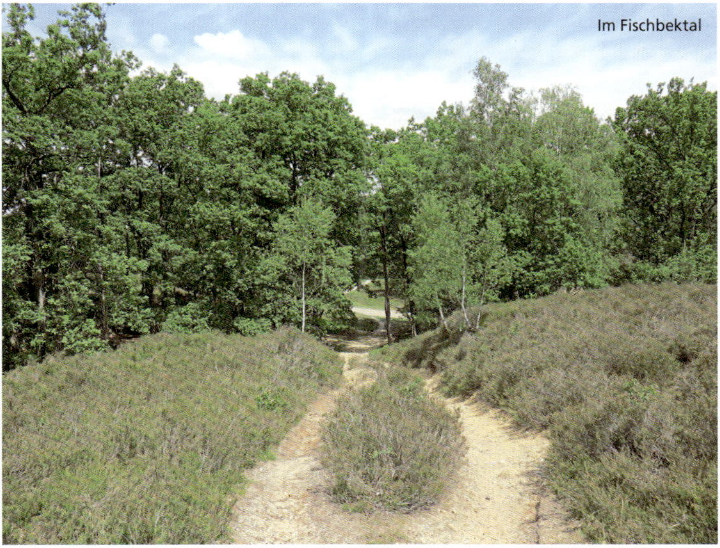
Im Fischbektal

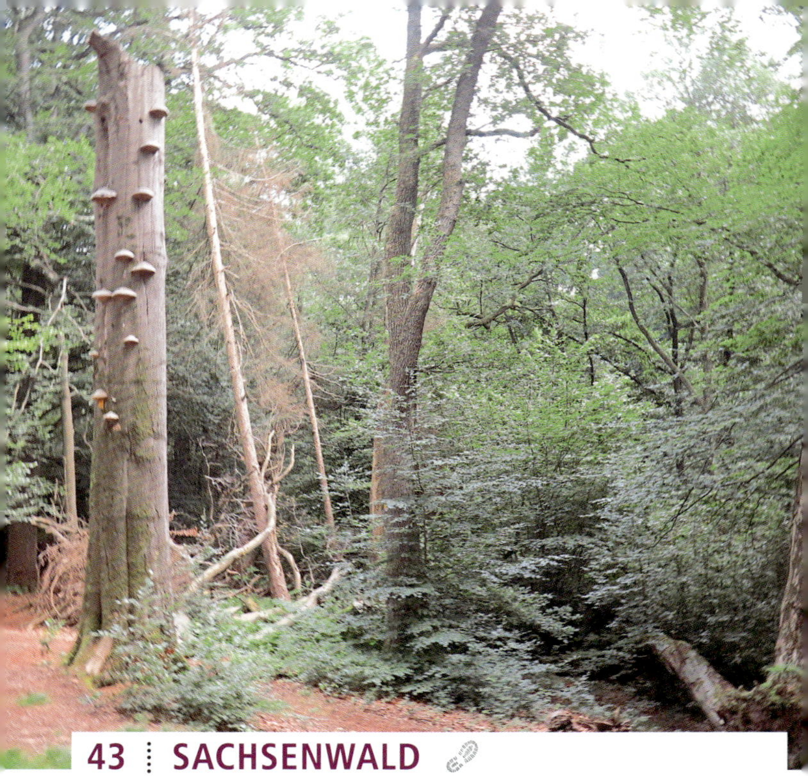

43 SACHSENWALD

Ausgedehnte Waldwanderung durch den Sachsenwald und das Billetal rund um Friedrichsruh, dem Alterssitz Otto von Bismarcks. Ein Museum und die Grabstätte Bismarcks können besichtigt werden. Lohnenswert ist auch der Schmetterlingsgarten. An heißen Tagen angenehm kühl durch den dichten Laubwald.

- **Ausgangspunkt:** Aumühle, Parkplatz am Schmetterlingsgarten in Friedrichsruh am Ende der Straße Am Museum/Schlossweg
- **Charakter der Tour:** Leichte, aber ausgedehnte Rundwanderung. Überwiegend auf Waldwegen. Gelegentlich mit Bauschutt verdichtete Schotterpiste
- **Gehzeit ohne Pausen:** 3:30 Std.
- **Streckenlänge:** 13 km
- **Markierungen:** Gelbes Dreieck, Markierungen 1, 2, 3
- **Einkehren:** Café in Sachsenwaldau, Forsthaus Friedrichsruh, Restaurant Bismarckmühle

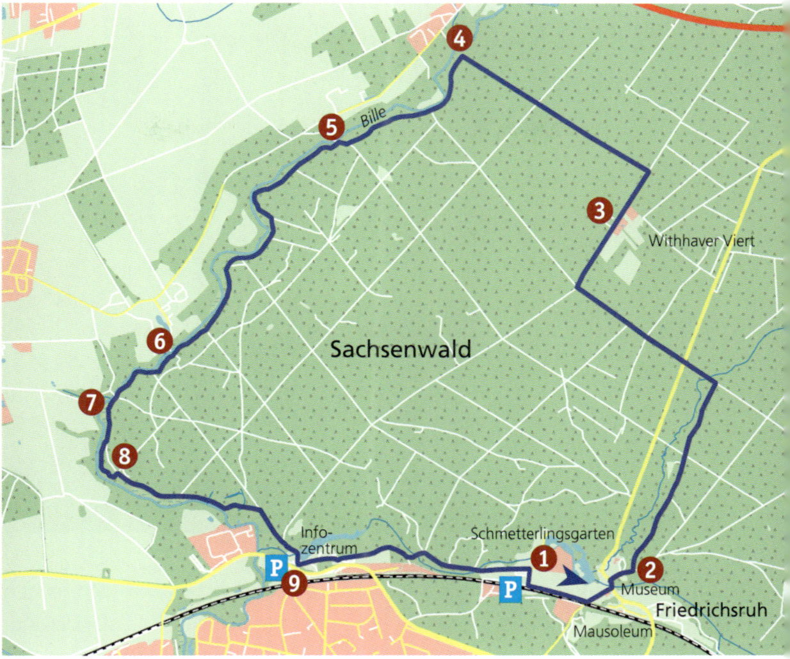

Vom Parkplatz ❶ am **Schmetterlingsgarten** aus kann man vor der Wanderung den lohnenswerten Garten aufsuchen (Eintritt). Anschließend verlässt man den Parkplatz auf dem Asphaltweg nach rechts.

An der nächsten Querstraße gehen wir links. Am Bahnübergang kann man nach rechts zum Bismarckmausoleum gehen (gebührenpflichtig). Ansonsten gehen wir nach links an der Backsteinmauer entlang. Straße: Am Museum. Kurz darauf erreichen wir rechts das Bismarckmuseum (gebührenpflichtig).

Wir gehen hier kurz an der Hauptstraße nach links und sofort nach rechts in den Ödendorfer Weg hinein. Wir passieren das Forsthaus Friedrichsruh und seinen Gästeparkplatz (Einkehrmöglichkeit). Wir gehen an einer **Schranke vorbei** in den Wald hinein ❷. An der ersten Abzweigung nehmen wir den Weg nach links, Markierungen gelbes Dreieck, 2, 4. Für Reiter verboten.

Wir folgen immer dem Hauptweg, bis er auf einen Querweg stößt (Wege-T). Das gelbe Dreieck zeigt nach links, auch die Markierung 2. Die 4 weist nach rechts. Wir gehen links auf die Fahrstraße zu, die man bereits seit einiger Zeit hören kann. Wir überqueren die Straße. Ein Hinweisschild weist auf die Forstsiedlung Witzhaver Viert hin.

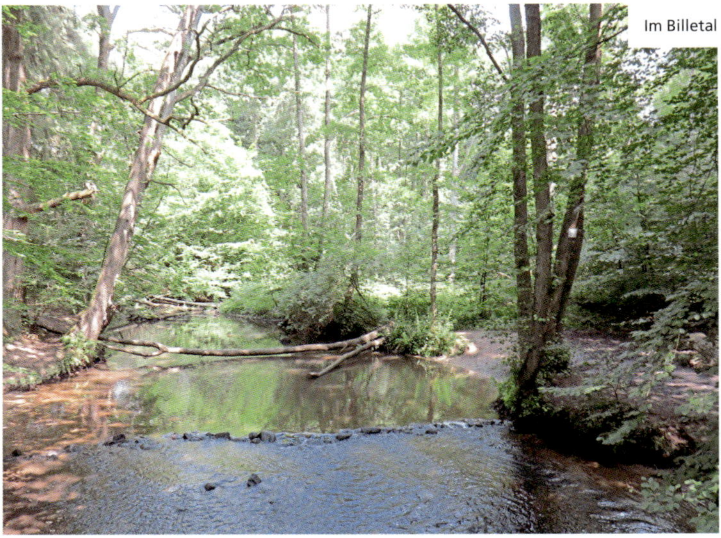
Im Billetal

An einer großen Kreuzung im hier offeneren Wald knickt der Weg 2 nach links ab. Links ist eine überdachte Schautafel. Wir folgen dem mit einem kleinen Schild markierten Radweg 9 nach rechts. Wir durchqueren die **Waldsiedlung** Witzhaver Viert ❸, passieren eine Schranke und gehen auf dem Hauptweg weiter. Etwa 300 Meter hinter der Siedlung nehmen wir den ersten Abzweig nach links. Markierung: Gelbes Dreieck. An der nächsten Kreuzung weist das schon verwitterte Dreieck nach rechts. Wir gehen geradeaus auf dem mit Bauschutt befestigten Weg.

Wir erreichen die **Bille** ❹. Vor uns ein Schild „Naturschutzgebiet" und die Andreaskreuzmarkierung X. Wir gehen nach links auf dem schmalen Pfad oberhalb des Steilufers der Bille. Von jetzt an folgen wir immer dem Pfad in Ufernähe. Er verläuft manchmal dicht am Gewässer, manchmal etwas weiter entfernt.

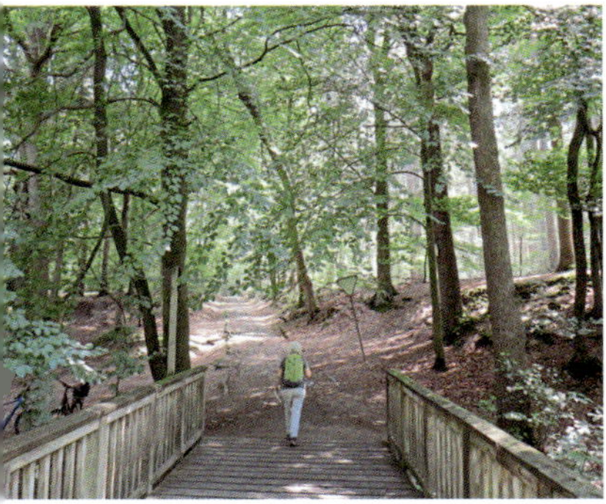

Im weiteren Verlauf passieren wir insgesamt drei Brücken zu unserer rechten Hand. Der Weg führt immer geradeaus links an den Brücken vorbei. Hinter der ersten **(Doktorbrücke)** ❺ ist der Wanderweg mit einer 1 gekennzeichnet. Die zweite Brücke führt nach rechts in den Ortsteil **Sachsenwaldau** ❻ von Reinbek. Dort gibt es das Café Intakt in einer sozialtherapeutischen Einrichtung. Kurz danach passieren wir die **Fürstenbrücke** ❼ und gehen weiter auf dem Uferrandweg, jetzt markiert mit 1 und 3. Wir folgen diesem Weg. Er führt später von der Bille weg nach links. An der nächsten **Kreuzung** gehen wir rechts ❽. Auf dem Hauptweg bleibend kommen wir an der **Bismarckmühle** ❾ (Einkehrmöglichkeit) aus dem Wald heraus.

Wir gehen über die Brücke und halten uns an der ersten Straße (nicht erst an der Fahrstraße) links. Sie führt am Restaurant Italia (Einkehrmöglichkeit) vorbei.

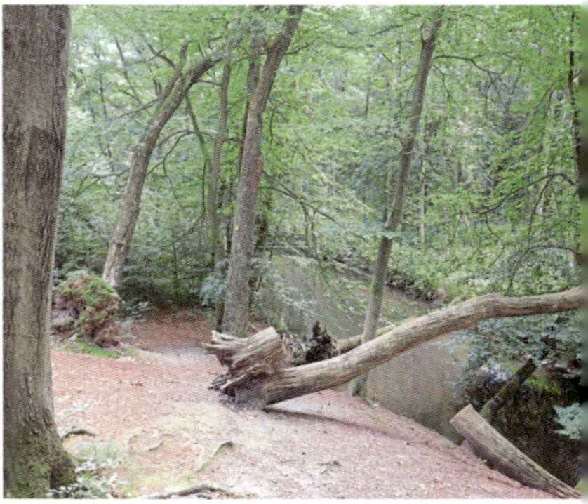

Wir folgen dieser Straße, sie knickt bald nach rechts zur Fahrstraße ab. Wir gehen geradeaus weiter, der Ausschilderung „Garten der Schmetterlinge" folgend. Wir passieren einen Reitstall, anschließend den Lokschuppen und erreichen schließlich unseren Ausgangspunkt.

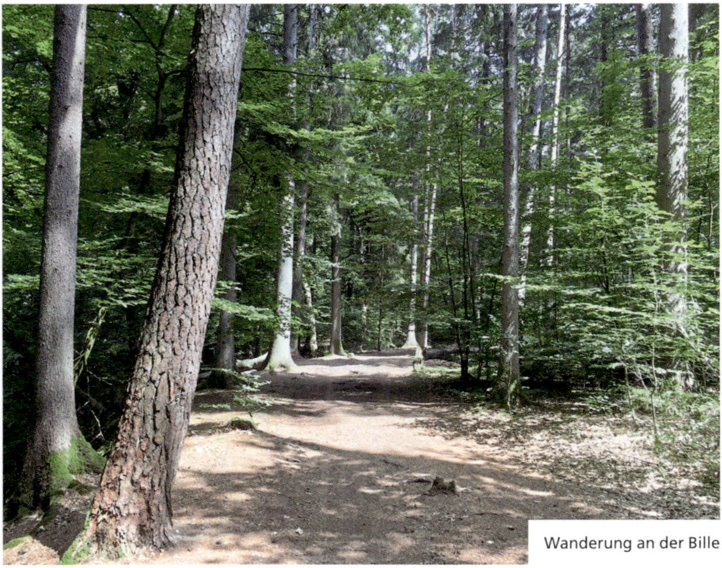

Wanderung an der Bille

Au
In Norddeutschland gebräuchliche Bezeichnung für Bachläufe und kleinere Flüsse.

Banke
dänisch: Auflandung, ursprünglich eine Art Sandbank.

Brook
Bruch, bewaldetes Feuchtgebiet.

Buhne
Ins Meer gebautes, reihenförmiges Hindernis zum Brechen der Wellen und zur Verhinderung von Sandausspülungen.

Dalben
Haltepfähle aus Holz oder Metall für Schiffe in Gewässern.

Dam
dänisch: Teich, Tümpel.

Förde
Aus Gletschervorstößen entstandene lange Meeresbuchten in Schleswig-Holstein (Skandinavien: Fjorde).

Halligen
Kleinere Inseln in der Nordsee, teilweise durch Dämme mit dem Festland verbunden.

Haubarg
Alte Form von Bauernhöfen in Nordfriesland (Heuberg).

Geest
Hügelland. Folgt in Schleswig-Holstein nach Osten auf die Marsch.

Huk
Küstenvorsprung.

Kilde
dänisch: Quelle.

Kliff
Steilküste an Nord- und Ostsee. Im Binnenland der Westküste auch Klev genannt. Rand der Geest.

Knick
Bepflanzter Erdwall zur Abgrenzung von Feldern. Gepflanzte Bäume wurden früher systematisch geknickt, damit sie seitlich auswuchsen und anschließend in der Form von Harfen nach oben wuchsen. Dienten so als natürliche Zäune.

Koog
Dem Meer abgewonnenes, eingedeichtes Marschland. (niedersächsisch: Groden, niederländisch: Polder).

Kro
dänisch: Wirtshaus. Von Krog: Krug.

Langbetten
Grabanlagen der Steinzeit. Tote wurden in den Steinkammern der Langbetten bestattet.

Marsch
Schwemmland, das aus Meeresablagerungen aufgewachsen ist. In den Kögen durch Landgewinnung entstanden.

Moräne
Ablagerung von Erde und Gestein nach der Schmelze eines Gletschers. Meist höher als das flache Umland oder Teil einer Hügelkette.

Noor
Haff, vom Meer fast vollständig getrennter Meeresarm oder See (Lagune).

Odde
In die See hineinragende Landspitze.

Priel
Wasserlauf im Watt oder Vorland.

Redder
An den Seiten bewachsener Hohlweg.

Siel
Selbständig durch die Einwirkung der Gezeiten sich schließender oder öffnender Wasserdurchlass durch einen Deich. Auch Sieltor genannt. In Niedersachsen und Hamburg auch: Brack.

Sti
dänisch: Pfad, Fußweg, Steg.

Vorland
Vor dem Deich gelegenes, nicht eingedeichtes Gebiet. Meist Salzwiesen oder Sandbänke.

Warft
Künstlich aufgeschütteter Siedlungshügel. In Dithmarschen auch: Wurt.

Watt
Seichter Meeresstreifen in der Nordsee. Zweimal am Tag von Wasser überflutet. Besteht hauptsächlich aus Schlick.

Wehle
Teich auf der Landseite eines Deiches. Häufig nach einem Deichbruch übriggebliebenes Wasserloch.

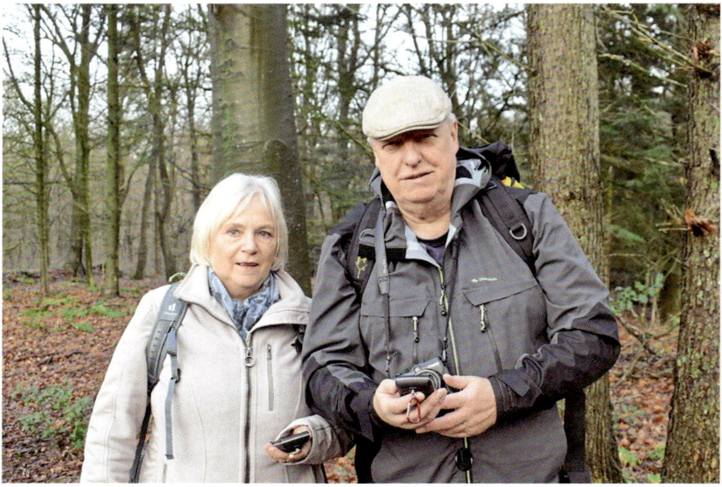

Foto: Claudia Zidom

Gerhard Wagner, Jahrgang 1955, war bis zu seiner Pensionierung Chefredakteur der Dithmarscher Landeszeitung in Heide. Der passionierte Wanderer ist seit Jahren in den Mittelgebirgen Deutschlands, aber auch im europäischen Ausland unterwegs, meistens begleitet von seiner Ehefrau Kornelia Wagner. Jetzt haben beide erneut Schleswig-Holstein erwandert.